Wieland Schwanebeck (Hrsg.)

Über Hochstapelei

Perspektiven auf eine kulturelle Praxis

Wieland Schwanebeck (Hrsg.)

Über Hochstapelei

Perspektiven auf eine kulturelle Praxis

Neofelis Verlag

Bibliografische Information der Deutschen Nationalbibliothek
Die Deutsche Nationalbibliothek verzeichnet diese Publikation in der Deutschen Nationalbibliografie; detaillierte bibliografische Daten sind im Internet über http://dnb.d-nb.de abrufbar.

Umschlaggestaltung: Marija Skara
Druck: PRESSEL Digitaler Produktionsdruck, Remshalden
Gedruckt auf FSC-zertifiziertem Papier.
ISBN: 978-3-943414-56-1

Inhalt

Danksagung 7

Wieland Schwanebeck
Über Hochstapelei.
Perspektiven auf eine kulturelle Praxis (Einleitung) 9

I. Lügenlandschaft

Markus Wierschem
„All of the true things I am about to tell you are shameless lies."
Zum Lob der Lüge in der amerikanischen Literatur
des 20. Jahrhunderts 25

Sophie Spieler
Die Elite im *Fegefeuer der Eitelkeiten.*
Lüge und Täuschung als die großen Gleichmacher? 43

Roland Pfister / Anna Foerster / Katharina Schwarz / Robert Wirth
Lässt sich ein guter Hochstapler als solcher entlarven?
Wenn ja: Wie? 63

Lukas Stopczynski
Mika lügt nicht 74

II. Expertenreich

Sonja Veelen
Die Geister, die ich rief...
Hochstapeln als strukturell gefo(e)rderte Kulturpraxis? 85

Anne Herrmann
Das Unfassbare fassbar machen?!
Die RTL-Berichterstattung am 11. September 2001
als Grenzerfahrung für offensichtliche
und ‚versteckte' Experten 101

Felix Lempp / Jannis Funk
„Some New Things Never before Seen!“
Hochstapelei im Making-of 119

Wieland Schwanebeck
Willkommen im Hochstapler-Biotop.
Plagiarismus und andere universitäre Betrügereien 133

III. Luftschloss

Sebastian Thede
Betrug des betrogenen Betrügens.
Walter Serners (unzuver)lässiges Liebeskonzept in *Die Tigerin* 159

Bernhard Stricker
Nachahmung und Theatralität.
All about Eve im Licht der Philosophie Stanley Cavells 177

Lukas Stopczynski
Die Blindtext-Generation.
Hochstaplerische Strategien der Textproduktion
in zeitgenössischen medialen Kontexten 195

Stephan Porombka
Über die Notwendigkeit, die Hochstapelei
auf höchstem Niveau flach zu legen (Epilog) 205

Abbildungsnachweise 222

Autorinnen und Autoren 223

Danksagung

Das Erscheinen dieses Buches wäre, ebenso wie die Stipendiatentagung, aus der es hervorgegangen ist, nicht möglich gewesen ohne die vielfältige Unterstützung durch allerhand Helfer_innen in allen Stadien des Projekts. Im Vorfeld der Tagung stand die Erarbeitung einer Konzeption, in die der Gedankenaustausch mit einer Reihe von Personen eingeflossen ist – zu ihnen zählen Dr. Anita Krätzner (BStU) sowie ganz besonders Anne Herrmann (Universität Leipzig). Unterstützung wurde uns auch während der eigentlichen Tagung zuteil. So gebührt nicht nur unseren Keynote-Vortragenden, Prof. Dr. Jürgen Müller (TU Dresden), Prof. Dr. Stephan Porombka (UdK Berlin) und Dr. Sebastian Sattler (Cologne Graduate School in Management, Economics and Social Sciences) ein Dankeschön dafür, unserer Einladung zur Teilnahme gefolgt zu sein und mit ihren Vorträgen facettenreiche Diskussionen inspiriert zu haben, sondern auch den zahlreichen Teilnehmer_innen der Tagung, Stipendiaten wie Vertrauensdozenten. Der reibungslose Ablauf wurde unterstützt von meinen Kolleg_innen und den Hilfskräften der von Prof. Dr. Stefan Horlacher geleiteten Professur für Englische Literaturwissenschaft, besonders Eike Goldammer, Ulrike Kohn und Gesine Wegner.

Vor allem gebührt aber der Studienstiftung des deutschen Volkes ein herzliches Dankeschön dafür, dem Projekt einer Stipendiatentagung über Lüge, Täuschung und Hochstapelei von Beginn an aufgeschlossen gegenübergestanden, jederzeit Hilfe gewährt und die Planung des Projekts in vollem Umfang und ohne bürokratische Stolpersteine unterstützt zu haben – genannt seien insbesondere Dr. Thomas Ludwig sowie Dr. Pascal Pilgram. Auch die Drucklegung dieses Buches, für dessen umsichtiges Lektorat Frank Schlöffel verantwortlich zeichnete, wäre ohne die Studienstiftung nicht möglich gewesen.

Über Hochstapelei
Perspektiven auf eine kulturelle Praxis (Einleitung)

Wieland Schwanebeck

Begibt man sich auf die Spuren des Hochstaplers und nutzt dabei das Internet als Informationsquelle, lernt man schnell, dass Hochstapler nicht gleich Hochstapler ist – als Hochstapler firmieren nicht nur falsche Ärzte, Trickbetrüger und Heiratsschwindler, sondern auch Vertreter einer Sportart, die den skurrilen Charme alter *Wetten, dass …?*-Ausgaben verströmt: Beim Stacking nämlich (in Deutschland auch als Kistenstapeln bekannt) geht es darum, Getränkekisten zu Türmen von abenteuerlicher Höhe zu arrangieren, ohne dass die Konstruktion zum Einsturz kommt. Wer den eifrigen Athlet_innen nachspürt, die sich eigens ein Kletterequipment umschnallen, um dutzende von Bierkästen in Höhen von bis zu zehn Metern aufzutürmen, begibt sich abseits der Feuilletons und Boulevardpresse, die sich meist der Berichterstattung über das kunterbunte Treiben von Felix Krulls Erben widmen. Die mediale Heimat des hingebungsvollen Kistenstaplers ist eher die Regionalpresse, wo entsprechende Wettbewerbe bspw. am Rande von Heimatfesten Erwähnung finden und Rekordversuche dokumentiert werden. Da scheint es naheliegend, eine einfache Dichotomie zwischen beiden Hochstaplerarten aufzumachen: auf der einen Seite die Jetsetter mit dem gefälschten Doktor-Diplom, die an der Verfilmung ihrer Bestseller-Memoiren mit Matt Damon oder Leonardo DiCaprio in der Hauptrolle tüfteln, auf der anderen ein paar Landeier, die eher aus Verzweiflung über den langen Abstand zwischen zwei Schlachtfesten begannen, alternative Aufbewahrungsorte für die von ihnen selbst geleerten Bierflaschen ausfindig zu machen.

Doch andererseits sind beide vielleicht gar nicht so verschieden, wie diese nur gelinde überspitzte Darstellung suggeriert – wer Zweifel an ihrer Repräsentativität hegt, der vergleiche nur einmal den Bericht über den Weinkistenstapel-Wettbewerb im *Mühlacker Tagblatt* vom August 2010 mit den Geschichten rund um die Orgien und Exzesse des verurteilten Finanzbetrügers Jordan Belfort, die anlässlich der Premiere von Martin Scorseses Film *The Wolf of Wall Street* (2013) durch die deutsche Presse gingen.[1] Tatsächlich lassen sich schnell Parallelen finden, denkt man einmal genauer über beide Disziplinen nach. Ein Anbieter, der im Netz das Traverse-Equipment verleiht, mit dem sich Kistenstapel-Aktionen veranstalten lassen, listet etwa folgende Hinweise:

> Die Teilnehmer müssen möglichst schnell möglichst viele Kisten unter sich stapeln. Insgesamt zehn Meter hoch ist die Traversenkonstruktion, die auch als Werbefläche ein echter Hingucker ist. Sie bietet viel Platz für Beachflags, Fahnen und Banner und kann bei Dunkelheit eindrucksvoll beleuchtet werden. Kistenstapeln soll ungetrübte Freude bereiten – deshalb können Sie bei uns aus Sicherheitsgründen den Kistenstapel-Wettbewerb nur inklusive geschultem Personal und geprüften Klettergurten und Materialien mieten.[2]

Diejenigen, die sich in abenteuerliche Höhen begeben, werden also in erster Linie vom Spieltrieb („ungetrübte Freude") motiviert bzw. stehen, wie es Peter Sloterdijk für die Hochstapelei postuliert hat, „unter der Herrschaft des Lustprinzips".[3] Sie sind zudem als Stars in der Manege („bei Dunkelheit eindrucksvoll beleuchtet") Nietzsches Akrobat vergleichbar, der in der Literatur seit Anbruch der Moderne ein ums andere Mal als Allegorie des hochstaplerischen Prinzips auftaucht,[4] und taugen als markenbewusste Aushängeschilder für

1 Andrea Garhöfer: Hochstapler lassen die Gäste staunen. In: *Mühlacker Tagblatt*, 23.08.2010. http://muehlacker-tagblatt.de/archiv/hochstapler-lassen-die-gaeste-staunen (Zugriff am 23.01.2014).

2 Schneller & höher – höher & schneller – und dabei nicht das Gleichgewicht verlieren. http://kistenstapeln.de/index.html (Zugriff am 23.01.2014).

3 Peter Sloterdijk: *Kritik der zynischen Vernunft*, Bd. 2. Frankfurt am Main: Suhrkamp 1983, S. 854.

4 Die Seiltänzerfigur, die am Anfang von Nietzsches *Zarathustra* (1883–1885) steht, taucht u. a. in Texten wie Joris-Karl Huysmans' *À rebours* (1884), Thomas Manns *Bekenntnissen des Hochstaplers Felix Krull* (1954) sowie Patricia Highsmiths *The Talented Mr. Ripley* (1955) auf. Eine Auseinandersetzung mit Nietzsches Tropus im Licht seiner Rezeption in der Hochstaplerliteratur findet sich in Wieland Schwanebeck: *Der flexible Mr. Ripley. Hochstapelei und Männlichkeit in Literatur und Film*. Köln / Weimar / Wien: Böhlau 2014, S. 126–134.

Statussymbole und *Must-haves* („als Werbefläche ein echter Hingucker“). All dies rückt sie durchaus in die Nähe zu ihren medial ungleich schillernder in Erscheinung tretenden Namensvettern – aber zugleich geht auch das verschroben wirkende Hobby in der Praxis nicht ohne Risiko ab, wie der Hinweis auf die unabdingbaren Gurte verrät. Wer hochstapelt, spielt, doch er tut dies unter Berufung auf den dem Spiel innewohnenden, heiligen Ernst, von dem schon Huizinga in seiner bekannten Untersuchung spricht[5] und auf den sich auch Felix Krull beruft: „Leichtlebigkeit ist nicht meine Sache, gerade im Spaß nicht; denn es gibt Späße, die sehr ernst genommen werden wollen, oder es ist nichts damit.“[6]

Auch aktuelle Meldungen rund ums Hochstapeln – und damit sei der Fokus auf das Spiel mit Schein und Sein verengt – reflektieren dies, denn die dahinter stehenden Geschichten sind zwar durchaus aberwitzig, doch stimmen sie in ihrer immensen Zahl durchaus nachdenklich; schließlich knüpft sich an die omnipräsente Klage über den Mangel an Authentizität und Aufrichtigkeit, der mit der Ära der Hochstapler assoziiert wird, auch ein gehöriges Maß an Nostalgie. Zu Beginn des 21. Jahrhunderts wird immer wieder die Diagnose geäußert, Hochstapler seien einmal mehr ins gesellschaftliche Zentrum gewandert und taugten als Anschauungsobjekte für eine Lektion über den Zeitgeist – vom bei einer Lüge ertappten Politiker über die Tendenz zur Selbstprofilierung in sozialen Netzwerken wird dabei alles als Symptom für diese „soziale Epidemie“ gedeutet, „deren Klimax noch lange nicht erreicht ist.“[7] Zugegeben: Die Beweislast scheint erdrückend. Es vergeht keine Woche ohne neue Geschichten um falsche Ärzte oder Politiker, die sich beim Promovieren in ihren (oder den vom Ghostwriter gesetzten) Fußnoten verheddert haben, kein Monat ohne ein Bekenntnis prominenter Kulturschaffender, die sich mit dem Hochstapler identifizieren,[8] und kein Jahr, in dem nicht ein Film über einen Hochstapler (oder seinen amerikanischen Vetter,

5 Vgl. Johan Huizinga: *Homo Ludens. Vom Ursprung der Kultur im Spiel*, aus d. Niederl. v. Hans Nachod. Reinbek: Rowohlt 1991, S. 30.

6 Thomas Mann: *Bekenntnisse des Hochstaplers Felix Krull*. Frankfurt am Main: Fischer 1957, S. 232.

7 Christian Saehrendt / Steen T. Kittl: *Alles Bluff! Wie wir zu Hochstaplern werden, ohne es zu wollen. Oder vielleicht doch?* München: Heyne 2011, S. 281.

8 Vgl. etwa das gemeinsame Bekenntnis von Luc Bondy und Peter Handke im Gespräch mit der *Zeit*. Peter Kümmel: Handke: Darf man das nicht sagen? Bondy: Nein! In: *Die Zeit*, 03.05.2012, S. 50–51.

den gewinnorientierten, schlitzohrigen *con man*) im Rennen um Hollywoods wichtigste Filmpreise wäre (2012 etwa Ben Afflecks *Argo* und Paul Thomas Andersons *The Master*, 2013 neben dem genannten Scorsese-Film auch David O. Russells *American Hustle*). Zuletzt wurde selbst den Deutschen ein wenig blümerant – dass ein paar Bewohner des Elfenbeinturms mit ihrem hartnäckigen Insistieren auf die Wahrung wissenschaftlicher Standards einen Sympathieträger wie Karl-Theodor zu Guttenberg von der politischen Bühne gedrängt hatten (wiewohl ihn sich, Umfragen zufolge, noch zwei Tage vor seinem Rücktritt die Hälfte der Deutschen als Bundeskanzler in spe vorstellen konnte)[9], mochte ja noch angehen. Wie aber sollte man sich damit anfreunden, dass auch der ADAC einfach hochgestapelt, nämlich die Zahl der über den „Gelben Engel" (u. a. für das beliebteste Auto der Deutschen) abstimmenden Mitglieder maßlos in die Höhe getrieben hatte? Wie bitte im Ausland erklären, dass die Hochstapelei wohl das einzige Feld zu sein schien, auf dem die Deutschen noch ihren geliebten Ehrentitel des Exportweltmeisters erfolgreich verteidigen, wie die international aufsehenerregenden Verurteilungen von Albrecht Gero Muth oder Christian Karl Gerhartsreiter suggerieren? Und schien nicht, je mehr Fälle aufgedeckt wurden, die Spur immer mehr zu *uns* zurückzuführen, die wir nicht nur jahrelang unser Vertrauen in die mittlerweile im Kreuzfeuer der Kritik stehenden Institutionen gesetzt hatten, ohne es mit der Überprüfung allzu genau zu nehmen, sondern uns gar ebenfalls in Luftschlösser hatten entführen lassen? Wenn der Stern verglüht ist und sich der Kreislauf des Spektakels – „Erregung, Rausch, Entladung, Zusammenbruch" – geschlossen hat, dann wendet sich „die postkoitale Depression des eben noch übererregten Organismus" häufig *gegen* das vormalige Objekt der Begierde.[10] Denn wo waren sie plötzlich hin, die Anleger_innen, die den Renditeversprechen von Jürgen Harksen vertraut und ihm sogar Tickets für einen angeblich längst von der NASA geplanten touristischen Ausflug zum Mond abgekauft hatten?[11] Wohin verzog sich Guttenbergs Entourage, die mit dem Kronprinzen zuvor noch für Fotos posiert

9 Jeder Zweite hält Guttenberg für kanzlertauglich. In: *Focus*, 27.02.2011. http://www.focus.de/politik/deutschland/umfrage-jeder-zweite-haelt-guttenberg-fuer-kanzlertauglich_aid_603777.html (Zugriff am 23.01.2014).

10 Stephan Porombka: *Felix Krulls Erben. Die Geschichte der Hochstapelei im 20. Jahrhundert.* Berlin: Bostelmann & Siebenhaar 2001, S. 148–149.

11 Jürgen Harksen / Ulf Mailänder: *Wie ich den Reichen ihr Geld abnahm. Die Karriere eines Hochstaplers.* Frankfurt am Main: Fischer 2010, S. 11.

und der von ihm autorisierten Biografie zum Bestsellerstatus verholfen hatte?

Gelegentlich gaben sich ein paar Betrüger zweiten Grades zu erkennen bzw. stolperten infolge der größeren Erschütterung: Der bekannte Musikproduzent Dieter Bohlen – den nicht wenige ob seines fleißigen Recyclings im eigenen Hitkatalog auch als einen findigen Wiederverwerter, wenn nicht gar (Selbst-)Plagiator bezeichnen würden – schlug aus der Allianz mit Harksen Kapital und gewann seinem angeblichen Verlust von drei Millionen D-Mark immerhin ein Kapitel in seinen glänzend verkauften Memoiren (*Nichts als die Wahrheit*, 2002) ab. Auch die Macher der durch den Fernsehsender SAT.1 produzierten Guttenberg-Satire *Der Minister* (Erstausstrahlung am 12. März 2013) hatten gut Lachen gegenüber dem geschassten Verteidigungsminister – jedenfalls bis sich herausstellte, dass sich die Autorin des Films für ihr Drehbuch selbst großzügig bei einigen Guttenberg-Satiren im Magazin *Titanic* bedient hatte.[12] Zumeist gab sich das Publikum, ohne das eine Hochstapelei nur vor leeren Rängen zur Aufführung käme (und daher wohl gleich abgeblasen werden würde), jedoch nicht zu erkennen.

Obwohl es also nicht an Belegen mangelt, sei der These von der vermeintlichen Ära der Hochstapelei zu Beginn des 21. Jahrhunderts mit einiger gebotenen Skepsis entgegengetreten. Nicht erst seit der Postmoderne, die im Zeichen von Baudrillards These von der schleichenden Abkopplung „von der referentiellen Sphäre von Wirklichkeit und Geschichte“ steht,[13] hat der Mensch Grund, gegenüber Begriffen wie ‚Authentizität‘ und ‚Originalität‘ Skepsis walten zu lassen (ohne dass dies freilich der Sehnsucht nach beiden Einhalt gebieten würde). Bereits für frühere Epochen wurden ähnliche Befunde ausgestellt. Peter Sloterdijk, der in seiner publizistischen Tätigkeit immer wieder auf Hochstapler zu sprechen gekommen ist, hat bereits die Weimarer Republik als eine Ära charakterisiert, in welcher der Hochstapler „zum Zeittypus *par excellence*“ und „zu einer unentbehrlichen Figur, zum Zeitmodell und zur mythischen Schablone“ heranwachsen konnte.[14] Diese Einschätzung basiert auf Sloterdijks Abriss dieser

12 Heda, Sat 1! In: *Titanic. Das endgültige Satiremagazin*, 12.03.2013. http://www.titanic-magazin.de/news/heda-sat-1-5561 (Zugriff am 23.01.2014).

13 Jean Baudrillard: *Das Jahr 2000 findet nicht statt*, aus d. Franz. v. Peter Geble / Marianne Karbe. Berlin: Merve 1990, S. 8.

14 Sloterdijk: *Kritik der zynischen Vernunft*, S. 850.

geschichtlichen Epoche als einer Ära der Verunsicherung, in der das Misstrauen zugenommen habe und alte Zuverlässigkeiten im Licht der Moderne geschwunden seien. Man mag Sloterdijk darin folgen, und kann sich zugleich nicht des Eindrucks erwehren, dass der Hochstapler auch in den Epochen unmittelbar davor und danach, passt man nur die Argumentation ein wenig an, ebenso nachvollziehbar ins Zeitkolorit passt. Schließlich ist es die Ära um 1900, die glamouröse Hochstapler wie Georges Manolescu zu Medienstars ausruft. Auch von der Herrschaft der Nationalsozialisten lässt sich als einer Epoche größenwahnsinniger Schmierenkomödianten sprechen, die zwar den Typus des psychotischen Lügners als eugenisch gefährlich und entartet einstuften,[15] aber damit eigentlich nur ihre eigene Führungsriege beschrieben.[16] Auch die unmittelbare Nachkriegszeit darf man sich mit einigem Recht als eine die Hochstapelei begünstigende Ära denken – schließlich lag das Fälschen von Diplomen und Approbationsurkunden angesichts ausgebombter Archive durchaus nahe,[17] und dürften auch diejenigen mit *echten* Hochschulabschlüssen nicht allzu sehr auf eine genaue Überprüfung der Vergangenheit bedacht gewesen sein.

Statt also den Fokus auf eine einzelne Epoche als besonders anfällig für hochstaplerische Phänomene zu legen, sei vielmehr die Vermutung gewagt, dass es sich bei der Hochstapelei um eine zeitlose kulturelle Praxis, wenn nicht gar um eine anthropologische Grundkonstante bzw. Notwendigkeit handelt, wie es auch von der Lüge gesagt wird.[18] Über deren Unvermeidbarkeit hat der britische Komiker Ricky Gervais einen Film gemacht, der *The Invention of Lying* (USA 2009, R: Ricky Gervais / Matthew Robinson) heißt und von einer Welt handelt, in der das Lügen noch nicht erfunden ist. In der porträtierten Dystopie muss der Mensch im Unglück enden, weil er ständig mit aufrichtigen und verletzenden Bemerkungen über seine Defizite konfrontiert wird und auf dem Sterbebett ohne den Trost von

15 Vgl. etwa die Darlegung in Walter von Baeyer: *Zur Genealogie psychopathischer Schwindler und Lügner.* Leipzig: Thieme 1935.

16 Vgl. Porombka: *Felix Krulls Erben*, S. 86–92.

17 Vgl. Wolf Middendorf: Hochstapelei und Betrug. In: *Archiv für Kriminologie* 165,1 (1980), S. 168–183, hier S. 174.

18 Vgl. neben den hier versammelten Beiträgen zum Thema Lüge auch Jochen Mecke (Hrsg.): *Cultures of Lying. Theories and Practices of Lying in Society, Literature, and Film.* Glienicke / Madison: Galda & Wilch 2007; Jörn Müller / Hanns-Gregor Nissing (Hrsg.): *Die Lüge. Ein Alltagsphänomen aus wissenschaftlicher Sicht.* Darmstadt: WBG 2007.

Fiktion und Religion (die atheistische Polemik des Films differenziert hier wenig) bleibt. Der erste Lügner muss in dieser traurigen Kulisse zum genialischen Heilsbringer werden, und messianische Qualitäten umgeben so gut wie immer auch den Hochstapler. Folgt man Nietzsche darin, dass die Fähigkeit zur Verstellung die Basisqualifikation des menschlichen Intellekts ist, dann darf von einer ungebrochenen Popularität dieser Fähigkeit sowie der Tendenz zu ihrer Höherentwicklung (gemessen an den ‚Leistungen' vergangener Jahrhunderte) ausgegangen werden. Bram Stoker, der berühmte Autor von *Dracula* (1897), argumentiert in seinem 1910 erschienenen, anekdotischen Rundgang durch die Geschichte der Scharlatane und Betrüger ähnlich: „[I]mpostors in one shape or another are likely to flourish as long as human nature remains what it is, and society shows itself ready to be gulled."[19] Die von Stoker angesprochene Bereitschaft des Publikums, in die Falle zu gehen, ist nicht hoch genug einzuschätzen und wird sowohl in den ersten psychologischen Studien zum Hochstapler zu Beginn des 20. Jahrhunderts wie auch in zahlreichen Forschungsarbeiten seit den 1950er-Jahren – etwa dem wegbereitenden Aufsatz von Helene Deutsch[20] – stark betont. Der ‚Boom' der Hochstapelei wird durch die Nachfrage geregelt. Dennoch übersieht das Publikum bei der öffentlichen Aburteilung der in Tateinheit erwischten Schwindler zumeist geflissentlich, dass dem Hochstapler nur dort eine Bühne gebaut wird, wo auch Publikum vorhanden ist, das sich eigene Vorteile erhofft. Nicht immer fällt dieses Geschenk dem Hochstapler so einfach in den Schoß wie z. B. in Nikolai Gogols bekannter Komödie über den falschen *Revisor* (1836), dem die Würdenträger des Dorfs das Schmiergeld (und ihre Töchter) nur so hinterherwerfen, weil sie fürchten, ihrer eigenen betrügerischen Machenschaften überführt zu werden. Doch selbst wer nur hofft, ein wenig von der Aura der bewunderten Lichtgestalt möge auf ihn abfärben – der Gutsbesitzer Bobtschinski tritt mit der Bitte an Chlestakow heran, dieser möge doch bitte seinem angeblichen guten Freund, dem Zaren, bei Gelegenheit Mitteilung darüber machen, dass da „im Städtchen Sowieso

19 Bram Stoker: *Famous Impostors*. New York: Sturgis & Walton 1910, S. v.

20 Deutsch schreibt über ihren Patienten Jimmy: „He was oriented toward reality which to him was a stage on which he was destined to play the leading role with the rest of humanity as an admiring audience." (Helene Deutsch: *Neuroses and Character Types: Clinical Psychoanalytic Studies*. London: Hogarth Press 1965, S. 326.)

der Pjotr Iwanowitsch Bobtschinski [lebt]“[21] –, der wird zum zahlenden Besucher.

Dass sich der Nachweis des Hochstaplermotivs in nahezu allen kulturellen Kontexten und Nationalliteraturen führen lässt – nicht selten geht es dabei eine Symbiose mit kulturspezifischen, verwandten Motiven wie dem *trickster* oder dem *pícaro* ein[22] – unterstützt die diesem Buch zugrundeliegende Hypothese: dass die kulturelle Praxis der Hochstapelei *allen* hierarchisch organisierten Gesellschaften zu eigen ist und niemals aus der Mode gerät. Allerdings ist sie auf ihre konkreten Entstehungsbedingungen zu befragen und zudem nicht auf das Kerngeschäft der Gert Postels und Frank Abagnales dieser Welt zu beschränken, wie auch die vorliegenden Texte mit ihrer thematischen Bandbreite illustrieren. Sie umfasst Liebende und religiöse Scharlatane ebenso wie Spekulanten, das Gesetz verdrehende Anwälte und Journalisten mit Hang zur Hyperbolik, Arbeitssuchende, die ihre eigenen Qualifikationen maßlos übertreiben, von Medien zu Experten bestellte Korrespondenten, Stars und Sternchen, geschasste Minister und überführte Plagiatoren sowie selbsternannte politische Heilsbringer.

Dieses Panoptikum *nicht* vermittels eines empirischen Querschnitts durch die Kriminalstatistik zu belegen – wie sollte dieser auch möglich sein, wo doch lediglich die *überführten* Hochstapler aktenkundig und medial auffällig werden, die wahren Meister des Fachs dagegen nach wie vor ihrer Überführung harren –, sondern vielmehr in einem interdisziplinären Querschnitt nach den Entstehungsbedingungen diverser hochstaplerischer Phänomene sowie den um sie herum entbrannten Debatten zu fragen, steht im Mittelpunkt der hier versammelten Aufsätze, bei denen es sich um Beispiele künstlerischer Praxis, des Kulturjournalismus und besonders der wissenschaftlichen Auseinandersetzung mit dem Thema Hochstapelei handelt. Wissenschaftler_innen, die des Phänomens in ihren Forschungen habhaft werden wollen, machen sich auf zwei Arten angreifbar: einerseits, weil gerade interdisziplinäre, hauptsächlich im Feld der Kulturwissenschaften verwurzelte Forschungsprojekte häufig gegen das Vorurteil angehen müssen, ihre Existenz allein beweise, dass der erforschte

21 Nikolai Gogol: *Der Revisor. Dramen*, aus d. Russ. v. Georg Schwarz. Berlin / Weimar: Aufbau 1973, S. 92.

22 Die Relation der Motive zueinander findet sich eingehender diskutiert in Schwanebeck: *Der flexible Mr. Ripley*.

Trend in Wahrheit „schon wieder tot“ ist bzw. „wohl nur noch dazu [taugt], symbolisches Kapital in Form wissenschaftlicher Forschungen anzuhäufen“, wie Elke Brüns (unter Berufung auf den Schriftsteller Stefan Weigl) räsoniert.[23] Die Autor_innen dieses Bandes, die sich zum Revival des Hochstaplers äußern, wären also in Wahrheit nur noch diejenigen, die den Nachruf formulieren. Darüber hinaus – und dieser zweite mögliche Einwand klingt ebenfalls in Brüns' Zitat an – entspricht ja die Form, in der das fertige Ergebnis auf eine Leserschaft trifft, durchaus hochstaplerischer Praxis, wiewohl sie nicht auf Täuschung abzielt: Das entstandene Buch ist ein Stück symbolischen und kulturellen Kapitals, und die Verfasser_innen werben, den Konventionen der Textsorte gehorchend, im Anhang *für sich selbst*, unter Verweis auf ihre weitere(n) Kapitalmenge(n): akademische Titel, Stationen ihrer (universitären) Karrieren, Publikationslisten. Dennoch hegen sie die Hoffnung, ihre Beiträge mögen einen gründlichen, erhellenden Einblick in die schiere Vielfalt der kulturellen Praxis namens Hochstapelei verschaffen.

Dieser Wunsch lag auch der interdisziplinären, von der Studienstiftung des deutschen Volkes geförderten Tagung mit dem Titel „Lüge – Täuschung – Hochstapelei“ zugrunde, die vom 26. bis 28. Juni 2013 an der TU Dresden stattfand und deren Vorträge und Diskussionen den im vorliegenden Buch versammelten Texten vorausgingen. Die zahlreichen Nachwuchswissenschaftler_innen, die das Programm dieser Tagung gestalteten, waren sich der rhetorischen Fallstricke im Jahr Eins nach Guttenberg bewusst, denn natürlich sitzt die Universität als eine effektiv von der Außenwelt abgeschottete Institution, die nicht nur laut Roberto Ohrt ebenfalls der Hochstapelei nicht gänzlich abhold ist (führt sie doch einen effizienten Tauschhandel namens „Einverständnis gegen Kompetenz“ zum Zwecke ihrer Herrschaftssicherung, um sich als Milieu „immun [zu machen] gegen Erneuerung“[24]), mit auf der Anklagebank.

Die Kapitel dieses Buches werden sich folglich gegen eine grundsätzliche Skepsis behaupten müssen – ihre Verfasser_innen gehören größtenteils dem wissenschaftlichen Nachwuchs an und befinden

23 Elke Brüns: Einleitung. Plädoyer für einen *social turn* in der Literaturwissenschaft. In: Dies. (Hrsg.): *Ökonomien der Armut. Soziale Verhältnisse in der Literatur.* München: Fink 2008, S. 7–19, hier S. 18.

24 Roberto Ohrt: Herr Ubu mit blonden Zähnen. In: *Kultur und Gespenster* 8 (2009), S. 51–71, hier S. 64.

sich in jenem Stadium, in dem der persönliche Wissenshunger, so steht zu hoffen, (noch) nicht von der quantifizierbaren, im Anhang aufgeführten Menge kulturellen Kapitals (welcher der Leser des Buches möglicherweise nach der Lektüre ohnehin nicht mehr vertraut) aufgewogen wird. Die einzelnen Beiträge bieten Einblicke in laufende Forschungsfragen bzw. -projekte, die u.a. der Soziologie, der Psychologie oder der Literaturwissenschaft entstammen. Thematisch verwandte Publikationen, die einen interdisziplinären Querschnitt zu einem bekannten Motiv offerieren, unterwerfen sich häufig einer simplen Trennung ihrer Beiträge unter einer Überschrift à la „Hochstapelei in Literatur und Gesellschaft" – als wäre mit dieser Unterscheidung irgendeine relevante Aussage getroffen, abgesehen von der Unterstellung, literarische Texte gingen am wirklichen Leben vorbei. Für die Hochstaplerforschung bietet sie sich schon deshalb nicht an, weil Hochstapler immer auch zugleich Schreibende waren und sind: Schriftsteller, die nicht nur in der Niederschrift der eigenen Memoiren ihre wahre Berufung fanden, sondern sich bereits beim Hochstapeln selbst als glänzende Erzähler empfohlen hatten. Als „Poet[en] mit weitem Gewissen", die in anderen Umständen durch ihre „Neigung zum Fabulieren" möglicherweise glänzende Dichterkarrieren hingelegt hätten, charakterisiert sie Gustav Aschaffenburg bereits 1907;[25] Erich Wulffen spricht in seiner 1923 erschienenen, wegweisenden Hochstaplerstudie von einer „psychologische[n] Verwandtschaft zwischen dem dichterischen Vermögen und der hochstaplerischen Veranlagung", denn ebenso wie der Dichter vom Spiel mit den „tausend Möglichkeiten und scheinbare[n] Unmöglichkeiten [...] seitwärts der Wirklichkeit" geführt wird, gelangt der Hochstapler durch „Phantasien und Illusionen auf die Wege des Schwindels, des Betruges."[26] Statt also in irgendeiner Weise unterstellen zu wollen, dass literarisch-fiktional(isiert)e Hochstaplerfälle sich kategorisch von den medial verhandelten, vermeintlich authentischeren Beispielen unterscheiden, werden die Beiträge dieses Buches daher entlang dreier *thematischer* Cluster gruppiert, die jeweils ein hochstaplerisches Wirkungsfeld topographisch abstecken.

Der erste der thematischen Hauptblöcke („Lügenlandschaft") stellt die Schnittstellen zwischen Hochstapelei und Lüge in den Vordergrund.

25 Gustav Aschaffenburg: Zur Psychologie des Hochstaplers. In: *März. Halbmonatsschrift für deutsche Kultur* 1 (1907), S. 544–550, hier S. 550.

26 Erich Wulffen: *Die Psychologie des Hochstaplers*. Leipzig: Dürr & Weber 1923, S. 78.

Getreu dem von Frank Wedekinds *Marquis von Keith* (1901) vertretenen Credo – „Die Wahrheit ist unser kostbarstes Lebensgut, und man kann nicht sparsam genug damit umgehen“[27] – pflegen Hochstapler verschiedenster Provenienz (u. a. als religiöse Scharlatane, als Versprecher exorbitanter Gewinnrenditen oder als Identitätsschwindler) ein durchaus flexibles Verhältnis zum Wahrheitsbegriff und haben sich verschiedentlich gar (etwa als Verfasser ihrer eigenen, fiktionalisierten Memoiren) darauf berufen, einer höheren Wahrheit das Wort zu reden, um sich vom Verdacht der schnöden Schwindelei reinzuwaschen. Zwei Anwendungsbeispiele dieses spannungsreichen Verhältnisses liefern die literarischen Fallstudien von *Markus Wierschem* und *Sophie Spieler* – Ersterer untersucht die spezielle Topik der Lüge in der amerikanischen Literatur des 20. Jahrhunderts anhand von Texten Eugene O'Neills sowie Kurt Vonneguts, letztere verortet ihre Lektüre von Tom Wolfes großem Gesellschaftsroman *The Bonfire of the Vanities* (1987) innerhalb aktueller Debatten zum Elitendiskurs und zum enthemmten Finanzkapitalismus, die auch in jüngsten Diskussionen um die Hochstaplerfigur immer wieder laut geworden sind. Der gemeinsam von *Roland Pfister*, *Anna Foerster*, *Katharina Schwarz* und *Robert Wirth* verfasste Beitrag liefert einen Einblick in aktuelle psychologische Forschungen zu Lüge und Hochstapelei, um eine Antwort auf die Frage zu geben, welche Signale möglicherweise zur Überführung von Hochstaplern beitragen können. Schließlich findet sich in diesem Teil noch *Lukas Stopczynskis* anlässlich der Tagung konzipierte Videoperformance „Mika lügt nicht“ dokumentiert, die vor dem Hintergrund der Ereignisse des ‚Arabischen Frühlings‘ eine satirische Auseinandersetzung mit den Redlichkeitsversprechen der Politik liefert.

Im Mittelpunkt des zweiten, aus vier Texten bestehenden Blockes („Expertenreich“) steht die hochstaplerische Neigung zum (simulierten) Expertentum. Während *Sonja Veelen* aus soziologischer Perspektive einerseits nach den soziologischen Bedingungen für die Kulturpraxis des Hochstapelns fragt und andererseits Techniken der Täuschung und Schummelei in einer kommunikativen Situation untersucht, in der jeder Bewerber geradezu zwangsläufig zum Hochstapler avancieren muss, um die Anforderungen zu erfüllen und kompetent zu erscheinen (dem Personalgespräch), widmet sich *Anne*

27 Frank Wedekind: Der Marquis von Keith. In: Ders.: *Stücke*. Leipzig: Reclam 1979, S. 233–321, hier S. 258.

Herrmann in ihrer Fallstudie der medialen Inszenierung von Expertentum anhand der Fernsehberichterstattung zum größten kollektiv erlebten Krisenmoment des neuen Jahrtausends – dem 11. September 2001. Herrmann überprüft dabei den ubiquitären Vorwurf der im sog. ‚Infotainment' popularisierten, bloßen Simulation von Wissensvermittlung und Nachrichtenkompetenz auf seine Stichhaltigkeit und untersucht die mediale Live-Begleitung eines Krisenmoments, in dem trotz der von Journalisten und Zuschauern geteilten Fassungslosigkeit und kollektiven Anteilnahme das gewohnte Rollenspiel mit Interviewern und Experten zur Aufführung gelangte. Um selbsternannte Experten geht es auch im gemeinsamen Beitrag von *Jannis Funk* und *Felix Lempp*, die die Überbietungstopik und den vollmundig versprochenen Informationsgewinn von Making-ofs untersuchen. Diese Arbeit, die aus einem zunächst im Rahmen des Geisteswissenschaftlichen Kollegs IV der Studienstiftung des deutschen Volkes initiierten, kollaborativen Projekt zur Erforschung von Making-of-Formaten in der Gegenwartskultur hervorging, beleuchtet die hochstaplerische Rhetorik von Film-Making-ofs, die einen kritischen Expertenblick annoncieren, aber zumeist lediglich eine werbende Funktion erfüllen. *Wieland Schwanebeck* schließlich greift u. a. den prominenten Fall Karl-Theodor zu Guttenbergs auf, dessen mediales Echo in einen Generalverdacht gegen das vermeintlich in ganzen Fachkulturen verankerte Hochstaplertum an den Universitäten mündete und zu Überlegungen rund um die Grenzen von Expertenkompetenz und die Rolle institutionalisierter und gesellschaftlich goutierter Formen der Hochstapelei Anlass gab.

Der dritte Themenblock („Luftschloss") fragt schließlich nach hochstaplerischen (Lebens-)Konzepten, die aus philosophischer Perspektive in den Blick genommen werden. Versuche, das hochstaplerische Prinzip über die Vergöttlichung „exemplarische[r] Kulturtypen"[28] hinaus zum philosophischen Programm zu erheben, existieren nicht erst seit der Postmoderne mit ihrer These vom Hochstapler als personifiziertem, baudrillardschen Simulakrum. Während *Sebastian Thede* das in Walter Serners Hochstaplerroman *Die Tigerin* (1921/1925) propagierte Liebeskonzept als komplexe, entromantisierende und stark ironisch gebrochene poetologische Umsetzung des Hochstaplerthemas untersucht, widmet sich *Bernhard Stricker* in seiner Analyse

28 Porombka: *Felix Krulls Erben*, S. 15.

von *All about Eve* (1950), einem vor Schwindeleien und geschliffenen Boshaftigkeiten strotzenden Hollywoodklassiker, der Frage von aufrichtigem Sprechen und theatralischem Gestus im Licht der Philosophie Stanley Cavells. Ein weiterer Beitrag von *Lukas Stopczynski*, der sich medienkritisch mit sog. Blindtexten auseinandersetzt, die nicht nur im publizistischen Gewerbe zu einem omnipräsenten Phänomen avanciert sind und fleißige Textproduktion suggerieren, wo nur zeilenschindendes Kauderwelsch am Werk ist, rundet diesen letzten Block ab.

Am Schluss des Buchs steht die Intervention von *Stephan Porombka*, der ob des anhaltenden Hypes um die Figur des Hochstaplers Zweifel anmeldet und anhand aktueller Beispiele die Frage aufwirft, ob der Hochstapler tatsächlich noch einen für unser Zeitalter relevanten Typus darstellt, wenn doch alle medial aufgewandten Skripte und Bilder derart von Nostalgie nach einem Starkult zehren, wie er eher für die Zeit des Fin de Siècle typisch gewesen sein dürfte. Porombkas Epilog ist im vorliegenden Buch zugleich die deutlichste Entgegnung in Richtung der inflationär gebrauchten Diagnose zum vermeintlich genuin hochstaplerischen aktuellen Zeitgeist – und bekräftigt abermals die These, dass die Unaufrichtigkeit, die Lust an der Verstellung und das Interesse an Hochstapelei ein zeitübergreifendes Phänomen bilden, das gleichwohl eher mit der kulturellen Topik des späten 19. Jahrhunderts verknüpft ist. So dürfen schlussendlich vielleicht doch die Kistenstapler_innen den legitimeren Anspruch auf den Titel der genuinen Hochstapler *unserer* Zeit erheben. Ob sich Felix Krull & Co. aber so einfach vom Thron stoßen lassen, wird die Zukunft erweisen müssen – welcher Hochstapler hätte schon freiwillig auf einen Titel verzichtet?

I.
Lügenlandschaft

„All of the true things I am about to tell you are shameless lies.“
Zum Lob der Lüge in der amerikanischen Literatur des 20. Jahrhunderts

Markus Wierschem

> When my love swears that she is made of truth,
> I do believe her though I know she lies.
>
> (William Shakespeare: Sonett 138)

In seinem Bestseller-Aufsatz *On Bullshit* (2005) beschreibt der amerikanische Philosoph Harry G. Frankfurt das titelgebende Phänomen als eine Form der Rede, die sich anders und schädlicher als die Lüge durch völlige Gleichgültigkeit gegenüber dem Wahrheitswert ihrer Aussagen auszeichnet.[1] Ein Jahr später erschien der Nachfolge-Essay *On Truth*, dessen Dreh- und Angelpunkt ein wichtiges Versäumnis, nämlich eine unausgesprochene Prämisse von *On Bullshit*, ist:

> I had made an important assumption, which I had offhandedly supposed most of my readers would share: viz. being indifferent to truth is an undesirable or even a reprehensible characteristic, and bullshitting is therefore to be avoided and condemned. But I had entirely omitted to provide [...] any explanation at all – of exactly why truth actually *is* so important to us, or why we should especially care about it.[2]

1 Harry G. Frankfurt: *On Bullshit.* Princeton: Princeton University Press 2005, S. 33–34. In diesem Sinne ist *Bullshit* für Frankfurt verwerflicher als die Lüge: Wo der Lügende bewusst die Unwahrheit über einen Sachverhalt und damit auch über seine Gedanken, Gefühle oder Einstellungen hinsichtlich dieses Sachverhalts vortäuscht, wird immerhin noch ein Unterschied zwischen richtig und falsch vorausgesetzt (ebd., S. 12–13). Dagegen untergräbt der *Bullshit*-Redende durch seine Rede Wahrheit auf einer elementareren Ebene, indem er sich um diese Unterscheidung schlicht nicht weiter schert (ebd., S. 61).

2 Harry G. Frankfurt: *On Truth.* New York: Knopf 2006, S. 5.

Aus Alltagssicht überrascht Frankfurts Versäumnis kaum: Zu unmittelbar denken wir dem Wahren immer auch schon die anderen platonischen Ideale des Schönen und Guten hinzu, zu gut wissen wir um die unbedingte Notwendigkeit und den Nutzen verlässlicher Diagnosen und Vorhersagen, nicht nur in den Naturwissenschaften. Zu tief ist das Prinzip der Wahrheitsfindung etwa in der Rechtsprechung verankert, zu gut haben wir letztlich – bei allem Freiraum, den wir etwa der Notlüge gewähren – auch noch das „Du sollst nicht lügen!" wahlweise des Achten Gebotes oder unserer Eltern im Kopf.[3] Kurz: Der Wert der Wahrheit, genauer der *Wahrhaftigkeit* als des eigentlichen Gegenbegriffs der Lüge, ist für uns so offenkundig essentiell, dass wir ihn nicht hinterfragen. Zeitgleich korreliert die Wertschätzung, die Idealen wie Ehrlichkeit und Verlässlichkeit angedeiht, kontrastreich mit der Wahrnehmung, Teil einer Lügengesellschaft in einem Zeitalter des Betrugs und der Hochstapelei zu sein, ja, das wir mitunter gar betrogen werden wollen: *mundus vult decipi*.[4]
Im Spiegel der Alltäglichkeit und Allgegenwart der Lüge lässt sich feststellen, dass es sich hier stets um Begriffe im Wandel handelt, zu denen neben der linguistischen und erkenntnistheoretischen auch eine psychologische, soziale und ethische Dimension gehören. Neben der Frage nach der definitorischen Bestimmung der Begriffspaare Wahrheit/Falschheit und Wahrhaftigkeit/Lüge und ihrer Abgrenzung von verwandten Begriffen wie Illusion, Fiktion oder Ironie,[5] stellt sich spätestens seit der Moderne auch die Frage nach der grundsätzlichen Eignung der Sprache zum Ausdruck außersprachlicher Gegebenheiten: Rührt, mit Nietzsche gesprochen, das

3 Hier wird freilich schon von der vereinfachten Alltagsformulierung des Gebots („Du sollst nicht falsch gegen deinen Nächsten aussagen") ausgegangen. Vgl. Ex 20,16. Letzteres verbietet nach Jochen Mecke keineswegs alle Lügen, „sondern nur solche, die dem Nächsten Schaden zufügen." (Jochen Mecke: Lüge und Literatur. Perspektivenwechsel und Wechselperspektive. In: Jörn Müller / Hanns-Gregor Nissing (Hrsg.): *Die Lüge. Ein Alltagsphänomen aus wissenschaftlicher Sicht.* Darmstadt: WBG 2007, S. 57–85, hier S. 62.)

4 Siehe ebd., S. 58.

5 Im Anschluss an Augustinus' traditionsbildende Diskussion der Lüge listet Jörn Müller die vier Definitionskriterien Unwahrheit der Aussage (*enuntiatio falsa*), Unwahrhaftigkeit des Sprechers (*locutio contra mentem*), Täuschungsabsicht (*intention fallendi*) und intendierte Folge oder Zweckhaftigkeit (*finis intentus*), von denen er jedoch nur die Unwahrhaftigkeit und Täuschungsabsicht als notwendige, wesenshafte Merkmale herausstellt. Jörn Müller: Lüge und Wahrhaftigkeit. Eine philosophische Besichtigung vor dem Hintergrund der Sprechakttheorie. In: Ders. / Nissing (Hrsg.). *Die Lüge*, S. 27–55, hier S. 28–34.

„Gefühl der Wahrheit“ nur daher, dass wir das arbiträre, metaphorische Wesen unserer Sprache vergessen? Ist die Lüge nichts weiter als eine Verletzung „der Verpflichtung nach einer festen Convention [...] in einem für alle verbindlichen Stile zu lügen“?[6] Hier stößt man unmittelbar auf die soziale Dimension von Lüge und Wahrhaftigkeit als etwas, das sich immer zwischen den Menschen abspielt, und damit fast zwangsläufig auch auf die Frage ihrer moralischen Bewertung: So ist die Auffassung von Wahrhaftigkeit und Lüge in der westlichen Geistesgeschichte bis heute gleichsam von deontologisch oder konsequentialistisch argumentierenden Traditionen der „Verpflichtung auf die Wahrheit bzw. Wahrhaftigkeit und eine[r] entsprechende[n] Ächtung der Lüge“ geprägt, wie sie grundlegend in Augustinus' *De Mendacio* und *Contra Mendacium* und strikter noch in Immanuel Kants „Über ein vermeintes Recht aus Menschenliebe zu lügen“ formuliert und z. B. auch von Harry Frankfurt vertreten werden.[7]

Für die Literatur ist das facettenreiche Spannungsverhältnis von Wahrheit, Lüge und Täuschung seit jeher ein überaus reizvolles: Ihrer Essenz als Fiktion gemäß bewegt sie sich immer zwischen den Polen von Mimesis und Poiesis und hat nach Hesiods Charakterisierung der Musen das Potential, sowohl Erdichtetes oder (je nach Übersetzung) „Falsches wie Wirklichem gleich zu verkünden“ als auch die Wahrheit zu sagen.[8] In der berühmten Dichterkritik von Platons *Politea* werden die Dichter dagegen als „Nachahmer von Abbildern“ bezeichnet, welche „die Wahrheit nicht berühren“, und letztlich wegen ihrer Lügen über die Götter aus dem Staat ausgeschlossen.[9] Was hier und mitunter bis ins 16. Jahrhundert hinein zu fehlen scheint, ist ein Begriff von *Fiktionalität*, der sich der strengen Opposition von wahr und falsch entzieht.[10] Dagegen kann Miguel de Cervantes in seinem

6 Friedrich Nietzsche: Ueber Wahrheit und Lüge im außermoralischen Sinne. In: Ders.: *Sämtliche Werke*, Bd. 1, hrsg. v. Giorgio Colli / Mazzino Montinari. München: dtv 2009, S. 875–890, hier S. 881.

7 Hanns-Gregor Nissing: Die Lüge – Ein Alltagsphänomen aus wissenschaftlicher Sicht. Zur Einleitung. In: Ders. / Müller (Hrsg.): *Die Lüge*, S. 7–25, hier S. 10.

8 Hesiod: *Theogonie*, aus d. Griech. v. Johann Heinrich Voß, V. 26–28. http://gutenberg.spiegel.de/buch/3295/1 (Zugriff am 21.01.2014).

9 Platon: *Der Staat*, aus d. Griech. v. Rudolf Rufener. München: dtv 1991, 600e–601a, 377b–379b, 605c–608b. Platon lehnt Lügen daneben keineswegs grundsätzlich ab. So ist es den weisen Philosophenherrschern durchaus möglich und erlaubt, Unwahrheiten „als eine Art Heilmittel“ und „im Interesse der Stadt“ zu nutzen (ebd., 389b–d).

10 Vgl. Wolfgang Kayser: *Die Wahrheit der Dichter. Wandlung eines Begriffes in der deutschen Literatur*. Hamburg: Rowohlt 1959, S. 10–12.

Don Quijote (1605/1615) bereits „mit dem Lügenvorwurf ironisch spielen, weil er davon ausgehen darf, dass seine Leser Fiktionalität als selbstverständliche Rahmenbedingung literarischer Kommunikation betrachten und dass Literatur auf einem impliziten Fiktionsvertrag beruht", der auf der einen Seite „durch explizite oder implizite Lügensignale die Möglichkeit der Täuschung ausschließt."[11] In Goethes *Dichtung und Wahrheit* (1811–1831) schließlich sind diese Begriffe nach Wolfgang Kayser nicht mehr antithetisch, sondern komplementär zu lesen und „überlagern sich als höhere, nur in der Gestaltung ahnbare Wahrheit und als niedere Wahrheit oder Glaubwürdigkeit im Sachlichen."[12]

Eine ähnliche Komplexität und Mannigfaltigkeit zeigt sich auch auf der Ebene der Sujets. Einerseits zählen listenreiche Schwindler, Lügner und Hochstapler wie Odysseus, der Baron Münchhausen, Pinocchio, Felix Krull oder gar Käpt'n Blaubär zu den berühmtesten Figuren und mitunter Helden der Literaturgeschichte. Die Beliebtheit solcher Figuren ist jedoch wenig geneigt, Wahrhaftigkeit als grundsätzlichen Wert sozialen Miteinanders in Frage zu stellen. So ist im Gegenteil die Suche nach der Wahrheit als Topos in der Literatur ähnlich wirkungsmächtig wie in der Philosophie – und hier könnte man das faustische Streben nach dem, „was die Welt im Innersten zusammenhält"[13], ebenso heranziehen wie die Handlung eines jeden herkömmlichen Detektivromans. Im krassen Gegensatz hierzu ist das zentrale Motiv in Sherwood Andersons Kurzgeschichtenzyklus *Winesburg, Ohio* (1909) der Gedanke, dass absolute Folgsamkeit gegenüber einzelnen (Lebens-)Wahrheiten den Menschen zur Groteske, die Wahrheit selbst zur Falschheit macht.[14] Aus diesem subversiven Gedanken heraus möchte ich im Folgenden zwei spätere, an sich generisch disparate Werke der amerikanischen Literatur des 20. Jahrhunderts diskutieren, die jedoch beide auf eine besondere Auffassung von Wahrheit und Lüge hindeuten: Eugene O'Neills Drama *The Iceman Cometh* und Kurt Vonneguts Roman *Cat's Cradle*. Beide hinterfragen, ob Wahrheit und Wahrhaftigkeit so bedingungslos erstrebenswert sind, wie wir gemeinhin annehmen, und weisen

11 Mecke: Lüge und Literatur, S. 70.

12 Kayser: *Die Wahrheit der Dichter*, S. 8.

13 Johann Wolfgang Goethe: *Faust. Texte.* Frankfurt am Main: Insel 2003, S. 34 (V. 382–383).

14 Vgl. Sherwood Anderson: *Winesburg, Ohio.* New York: Norton 1996, S. 6.

stattdessen auf fundamentale, strukturell produktive Funktionen der Lüge. Hierbei spielen definitorische und erkenntnistheoretische Fragen eine eher untergeordnete Rolle. Vielmehr soll die Frage nach der literarischen Gestaltung der sozialen und ethischen Dimension von Sein und Schein und der Institutionen, die sie verhandeln, im Vordergrund stehen. So möchte ich diese Werke exemplarisch als Teil einer tendenziell wenig beachteten, möglicherweise genuin amerikanischen literarischen Tradition betrachten, die statt des oft vernommenen Hymnus auf die Wahrheit ein inbrünstiges Loblied der Lüge singt, indem sie gegenüber dem absolut gesetzten Wahrheitsideal den Wert von Illusionen, Träumen, Lügen und anderen *Un*wahrheiten hervorhebt.

In Vino Veritas? Wahrheit und Illusion in *The Iceman Cometh*

Im literarischen Diskurs um den Konflikt von Wahrheit und Täuschung sticht der amerikanische Dramatiker und Literaturnobelpreisträger Eugene O'Neill als einer der markantesten Fürsprecher der letzteren hervor. In seiner Tragikomödie *The Iceman Cometh* von 1939 geht es um eine Gruppe gescheiterter Existenzen und sozialer Verlierer, die sich stetig vorhalten, das Geschick ihres Lebens ‚tomorrow' zum Besseren zu wenden. In Harry Hopes Bar warten sie wie Becketts *clochards* auf Godot auf ihren gemeinsamen Freund, den allseits beliebten Handelsreisenden Hickey. Als dieser aber schließlich erscheint, konfrontiert er die Stammgäste mit der jeweiligen Wahrheit ihres Daseins und ihres Selbst – ausnahmslos mit desaströsen Folgen. So gerät *The Iceman Cometh* zu einem Plädoyer *für* die rettende Kraft individueller ‚pipe dreams' – letztlich von Selbstlügen – gegenüber der desillusionierenden Kraft der Wahrheit, die hier als Wahrheit der Selbsterkenntnis daherkommt. Nirgendwo ist dieser Konflikt pointierter dargestellt als in der der dramatischen Konstellation von O'Neills Möchtegern-Messias Hickey und den drei früheren Anarchisten Hugo Kalmar, Don Parritt und Larry Slade. Zwischen diesen Charakteren verhandelt O'Neill sowohl das Versagen anarchistisch-kommunistischer Ideale als auch die Illusionen einer intakten Familie vor einer todbringenden Wahrheit.

Hugo Kalmar, dessen Nachnahme ein *portmanteau* von Karl Marx ist,[15] erscheint zunächst – als ehemaliger Herausgeber anarchistischer

15 Siehe Arthur Gelb / Barbara Gelb: *O'Neill. Life With Monte Christo.* New York: Applause 2002, S. 535.

Zeitschriften – als der einzige Charakter, der noch am anarchistischen Traum einer Revolution hin zu einer sozialen und ökonomisch-egalitären Gesellschaft festhält. Gleichzeitig wird der konstant Betrunkene, der, aus seinen häufigen Nickerchen aufgeweckt, abwechselnd das Revolutionslied „La Carmagnole“ singt oder Ferdinand Freiligraths „Die Revolution“ zitiert, die anderen als „Capitalist swine!“ und „Bourgeois stool pigeons“[16] beschimpft, und mit seiner Freundschaft zu Errico Malatesta und Mikhail Bakunin prahlt, von keinem ernst genommen: „[A]nd thanks to the whiskey, he's the only one [who] doesn't know it.“ (S. 12) Scherzhaft „unser kleiner Robbespierre“ (S. 89) genannt, erscheint Hugo so vor allem als gutherziger, im Grunde altruistischer Clown. Zugleich ist er aber auch ein Idealist, der für seine Überzeugungen zehn Jahre im Gefängnis saß. Hickey enthüllt ihm dagegen, dass er am Ende ist und sich nicht ehrlich nach dem Tag der Revolution sehnt. Schlimmer noch, sein Champagner weckt in Hugo bourgeoises Verhalten. Er kostet „*with a grimace of distaste*“ und erklärt – „*in a strange, arrogantly disdainful tone, as if he were rebuking a butler*“: „Dis vine is unfit to trink. It has not properly been iced.“ (S. 143) Noch etwas später entgleitet ihm, indes er noch behauptet, allein das Proletariat zu lieben, die Maske des Philanthropen vollends. Er erklärt mit diktatorischer Hybris: „I vill lead them! I vill be like a Gott to them. They vill be my slaves!“ (S. 169) So muss Kalmar erfahren, dass er im Innersten genau das ist, was er sein Leben lang bekämpft hat.

Hugo kann exemplarisch für die anderen gescheiterten Existenzen in Hopes Bar stehen, als er sich mit Wein und Hirngespinsten selbst betrügt. Dementgegen ist Parritt der einzige ‚echte‘ Lügner, insofern er über weite Strecken des Stücks mit täuschender Absicht *contra mentem* spricht. Mit Hickeys Auftreten entlarvt der junge Mann sich selbst gegenüber dem widerwillig zuhörenden Larry als Verräter an der Anarchistengruppe seiner eigenen Mutter. Dies Geständnis initiiert das Häuten einer Lügenzwiebel, in der eine Unwahrheit die nächste verbirgt. So behauptet der schuldgetriebene Jüngling zunächst, er habe nie geglaubt, dass seine Mutter verhaftet würde, und rechtfertigt seine Tat mit einem jüngst erwachten amerikanischen Patriotismus. Als nächstes gibt er vor, es für schnödes Geld

16 Eugene O'Neill: *The Iceman Cometh*. New York: Vintage 1957, S. 11. Nachfolgend werden Zitate aus O'Neills Stück direkt im Haupttext per Seitenangabe in Klammern nachgewiesen.

getan zu haben, nur um schließlich zu enthüllen: „There's no use lying any more. You know anyway. I didn't give a damn about the money. It was because I hated her." (S. 241) Die Wahrheit, die Parritts Lügen verbergen, und die das Motiv für seinen Verrat ist, ist sein Ressentiment gegen seine promiske Mutter. Von seinem unwilligen Ersatz- und potentiellen biologischen Vater Larry erhofft er sich nun entweder Vergebung oder Bußurteil und Strafe.

Larry aber ist mehr als unwillig, Parritts Richter zu spielen. Es bedarf der Auflösung seiner eigenen Illusionen, bevor er das implizite Todesurteil spricht, das die ‚letzte Wahrheit' des Dramas darstellt. Larrys außergewöhnliche Einsicht in die Psyche der Gäste in Hopes Bar ist vielleicht am besten in seiner Charakterisierung des Ortes selbst zusammengefasst: „It's the No Chance Saloon. It's Bedrock Bar, The End of the Line Café, The Bottom of the Sea Rathskeller. [...] No one here has to worry about where they're going next, because there is no farther they can go." (S. 25) Er realisiert, dass das von allen ritualistisch beschworene Morgen, an dem sie ihr Leben in rechte Bahnen zurück lenken werden, eine reine Fiktion, ein Pfeifentraum, ja, das Fest Aller Narren („the Feast of All Fools", S. 9) ist, artikuliert aber zugleich O'Neills lebenslange Überzeugung, „that a man must have his illusions to survive."[17] Die Wahrheit zur Hölle wünschend stellt er gleich zu Beginn fest: „The lie of a pipe dream is what gives life to the whole misbegotten mad lot of us, drunk or sober." (S. 10) Seine Einsicht entspricht damit Nietzsches utilitaristischer Auffassung von Lüge und Wahrhaftigkeit, die praktisch den Leitgedanken von O'Neills Drama abgibt:

> Die Menschen fliehen [...] das Betrogenwerden nicht so sehr, als das Beschädigtwerden durch Betrug. Sie hassen auch auf dieser Stufe im Grunde nicht die Täuschung, sondern die schlimmen, feindseligen Folgen gewisser Gattungen von Täuschungen. In einem ähnlichen beschränkten Sinne will der Mensch auch nur die Wahrheit. Er begehrt die angenehmen, Leben erhaltenden Folgen der Wahrheit; gegen die reine folgenlose Erkenntniss ist er gleichgültig, gegen die vielleicht schädlichen und zerstörenden Wahrheiten sogar feindlich gestimmt.[18]

17 Gelb / Gelb: *O'Neill*, S. 336.

18 Nietzsche: Ueber Wahrheit und Lüge, S. 878. In der Tat ist Slade nach dem mit O'Neill eng befreundeten Anarchisten und Nietzsche-Verehrer Terry Carlin modelliert. Zu Carlins Einsichten gehörte auch folgende an Wittgenstein erinnernde Wendung: „Words only conceal thought [...] and do not express it." (Gelb / Gelb: *O'Neill*, S. 523.)

Ironischerweise ist Larry, der vorgibt seine eigenen „pipe dreams" seien tot und begraben, der Charakter mit den tiefstgehenden Illusionen. Die erste, die sich in seinem mühsam unterdrückten Zorn über Parritts Verrat entlarvt, ist, mit Parritts Mutter, seiner ehemaligen Geliebten, abgeschlossen zu haben, und dass es bei ihrer Trennung um anarchistische Prinzipien, nicht um ihre Promiskuität gegangen sei. Seine zweite Illusion ist seine eigene Todessehnsucht. Larry präsentiert sich als lebensmüder „Foolosopher" (S. 10), der nun gleichmütig auf den großen Schlaf wartet, springt aber nicht, wie mehrseitig vorgeschlagen und von Parritt später umgesetzt, aus dem Fenster des obersten Stocks und wird von den anderen Gästen dafür aufgezogen.

Schließlich bricht Larry unter dem kombinierten Druck von Parritts Geständnissen und Hickeys Andeutungen in einem der emotionalsten Momente des Stückes zusammen:

> I'm afraid to live, am I? — and even more afraid to die! So I sit here, with my pride drowned on the bottom of a bottle, keeping drunk so I won't see myself shaking in my britches with fright, or hear myself whining and praying: Beloved Christ, let me live a little longer at any price! If it's only for a few days more, or a few hours even, have mercy, Almighty God, and let me still clutch greedily to my yellow heart, this sweet treasure, this jewel beyond price, the dirty, stinking bit of withered old flesh which is my beautiful little life! (S. 196–197)

Larrys Ausbruch ist bemerkenswert: Um sein Leben zu verlängern, fleht ein *Anarchist* zu Gott. Dies scheint paradox, denn historisch gesehen schließt das Freiheitsideal des Anarchismus – wenn auch mit praktischen Ausnahmen – die als unterdrückend und verzerrend wahrgenommenen Einflüsse der Religion überwiegend aus und überschneidet sich hier mit der marxistischen Denktradition, in der Religion zu jenen Institutionen zählt, die zum Gemeinwohl abgeschafft werden müssen:

> Das religiöse Elend ist in einem der Ausdruck des wirklichen Elendes und in einem die Protestation gegen das wirkliche Elend. Die Religion ist der Seufzer der bedrängten Kreatur, das Gemüth einer herzlosen Welt […]. Sie ist das Opium des Volks. Die Aufhebung der Religion als des illusorischen Glücks des Volkes ist die Forderung seines wirklichen Glücks. Die Forderung, die Illusionen über seinen Zustand aufzugeben, ist die Forderung, einen Zustand aufzugeben, der der Illusionen bedarf.[19]

19 Karl Marx: Zur Kritik der Hegelschen Rechtsphilosophie. Einleitung. In: Ders.: *Werke*, Bd. I. Berlin: Dietz 1976, S. 378–391, hier S. 378–379.

In *The Iceman Cometh* dreht O'Neill figurativ den Spieß um, indem er seine Anarchisten zu denen macht, die sich verzweifelt an ihre Illusionen klammern, während sein Pseudo-Messias – denn nichts anderes ist Hickey – das Evangelium der *Des*illusionierung verkündet. Hickeys Credo könnte nach den Worten Jesu lauten: „Ihr werdet die Wahrheit erkennen und die Wahrheit wird Euch befreien.“[20] Seine offen proklamierte Mission ist es, Hopes Gäste zu heilen, indem er sie von ihren Illusionen, ihren Selbstlügen befreit:

> I meant to save you from pipe dreams […]. [T]hey're the thing that really poison and ruin a guy's life and keep him from finding any peace. […] And the cure for them is so damned simple […]. Just the old dope of honesty is the best policy – honesty with yourself […]. Just stop lying about yourself and kidding yourself about tomorrows. (S. 81)

Nach und nach zwingt er die Gäste, ihre Träume umzusetzen, woran sie zwangsläufig scheitern. Womit er nicht rechnet, ist die hoffnungslose Katatonie der Desillusionierung, die bei einem nach dem anderen eintritt, und die Feindseligkeit, mit der die ihrer Selbstachtung beraubten Gäste einander in der Folge begegnen: „By rights you should be contented now, without a single damned hope or lying dream left to torment you! […] Can't you see there is no tomorrow now? You're rid of it forever! You've killed it!“ (S. 225)

Wo Jesus Wasser zu Wein machte, wandelt Hickeys Präsenz den Whiskey figurativ zu Spülwasser und beraubt so die ernüchterten Gäste noch der letzten Zuflucht des Alkoholrauschs. Wo Jesus als Mann der Gnade gilt, warnt Hickey wiederholt vor „the wrong kind of pity“ (S. 199), für das er Larry kritisiert, als dieser sich schützend vor Hugo und Hope stellt. Selbst der Name *Hickey* ist eine etymologische Variation des Irischen Familiennamens *O'Icedhe* oder *O'Caigh*, der „Nachfahre des Heilers“ bedeutet.[21] Eine ironisch-säkulare Brechung im Sinne einer *littérature engagée* gewinnt seine Mission, wenn man sie vor dem Hintergrund von Bertolt Brechts *Der Schriftsteller* liest. Dort vergleicht Brecht, selbst bekennender Marxist, die Aufgabe des Autors mit der eines Arztes, der die Wahrheit menschlichen Elends schonungslos diagnostiziert und nie von Besserung oder Heilung sprechen darf, bevor sie nicht erreicht ist.[22] Doch Hickey ist

20 Joh 8,31–8,32.

21 Thomas A. Hickey: Hickey Family in Ireland. http://archiver.rootsweb.ancestry.com/th/read/HICKEY/2001-04/0988109024 (Zugriff am 21.01.2014).

22 Bertolt Brecht: Der Schriftsteller. In: Ders.: *Gesammelte Werke*, Bd. 8. Frankfurt am Main: Suhrkamp 1967, S. 90–92.

letztlich weder Arzt noch Messias, und wo Jesus nach dem Johannesevangelium „der Weg, die Wahrheit und das Leben“[23] ist, ist er wohl ein Botschafter von Wahrheit und Wahrhaftigkeit, sicher jedoch nicht des Lebens. Die Wirkung seiner aufklärerischen Agenda der Desillusionierung könnte desaströser kaum sein, und ironischerweise sind es die Anarchisten, die am meisten darunter leiden. Larry und Hugo sehen beide, dass der Handelsreisende Hickey den „touch of death“ mit sich bringt, mit seiner Wahrheit den Tod verkauft. (S. 150, 249)

Am Ende werden die Illusionen wieder hergestellt, da Hickey, der seine Frau ermordet hat und als verqueres Motiv dafür seine Liebe zu ihr anführt, erkennen muss, dass er sie eigentlich hasste. Ob dieser schrecklichen Selbsterkenntnis bedarf nun er des ‚falschen Mitleids‘ der anderen: Er flüchtet in die Fiktion, wahnsinnig gewesen zu sein, worin ihn die anderen in gemeinsamer Komplizenschaft bekräftigen, denn diese Diagnose bedeutet die Rettung ihrer eigenen Pfeifenträume. In *The Iceman Cometh* wird die Lüge so selbst zur utilitaristischen Struktur des gastronomischen Mikrokosmos.[24] Nur Larry und Parritt haben keinen Zugriff mehr auf die letzte, rettende Lüge. Parritt begeht Selbstmord, Larry verbleibt in depressiver Isolation als „the only real convert to death Hickey made here. From the bottom of my coward's heart I mean that now!“ (S. 258)

„Nothing in this book is true“: Naturwissenschaft und Religion in *Cat's Cradle*

Als zweites Beispiel des literarischen Lobs der Lüge lässt sich Kurt Vonneguts 1963 erschienener Weltuntergangsroman *Cat's Cradle* lesen. Anders als im *Iceman* liegen die konkurrierenden Ansprüche hier auf den abstrakteren Ebenen von Naturwissenschaft und Religion, in geringerem Maße auch von Literatur selbst, wobei die Rollen zwar humoristisch gebrochen, zugleich aber klar verteilt sind.

Jede Deutung von *Cat's Cradle* wird dadurch verkompliziert, dass sich der Roman selbst als erkenntnistheoretischer Schabernack ausgibt:[25]

23 Joh 14,6.

24 Vgl. hierzu Meckes Anmerkungen zur strukturellen Form der Lüge, Mecke: Lüge und Literatur, S. 81–83.

25 Peter Freese: *The Clown of Armageddon. The Novels of Kurt Vonnegut.* Heidelberg: Winter 2009, S. 192.

Im Zeitschema des Romans,[26] der die Dokumentation des Weltendes durch den Erzähler Jonah darstellt, und in dem seinerseits gleich mehrere fertige und unfertige Bücher über das Weltende auftauchen, geht die Welt im Jahr 1959 unter – vier Jahre vor der Veröffentlichung von *Cat's Cradle* also. Die Existenz des Romans und seiner Leserschaft gerät so zur subtilen Herausforderung an den literarischen Produktions- und Rezeptionsrahmen und damit an den Fiktionsvertrag selbst – immerhin hätte Vonnegut das Weltende statt in der Vergangenheit des Lesers problemlos in einer (unbestimmten) Zukunft datieren können. Epistemologische Probleme beginnen jedoch noch vor Beginn der Erzählung. Im Epigramm begegnet der Leser zunächst einer Variante des traditionsreichen Lügnerparadoxons, also eines Satzes, der falsch sein muss, wenn er wahr ist: „Nothing in this book is true."[27] Der Satz steht im Buch und behauptet damit seine eigene Unwahrheit: Nimmt der Leser die Wahrheit des Satzes an, ist der Satz falsch. Nimmt er ihn als unwahr, heißt das mitnichten, dass alles in *Cat's Cradle* wahr sein müsse, sondern nur: ‚*something* in this book is true‘. So verstanden entsteht Freiraum für ein mehr oder minder hohes Maß an Wahrhaftigkeit – mit Ausnahme des Satzes selbst. Das Paradoxon ergibt sich also überhaupt erst durch die unausgesprochene Setzung, dass die Aussage des Epigramms wahr ist und sich auf das vorliegende Buch bezieht. Noch bevor der Roman beginnt, ist der Leser in das Spiel von Fiktion und Wirklichkeit und in die – vielleicht sinnlose – Frage nach der Wahrheitsfähigkeit von Literatur verstrickt. Literarisch mag Vonnegut hier ebenso auf die Fiktionalität der Ereignisse im Sinn einer strikten Tatsachenwahrheit verweisen (wobei bestimmte Persönlichkeiten und zentrale Ereignisse des Romans wie z. B. der Abwurf der Atombombe auf Hiroshima durchaus ihre realhistorischen Entsprechungen haben) wie auf die Möglichkeit der Literatur, Wahrheiten jenseits des rein Sachlichen zu artikulieren.[28]

In dieser Hinsicht ist das zweite Epigramm des Romans zentraler, enthält es doch eine direkte sozialethische Weisung: „Live by the *foma*

26 Das Zeitschema ist sehr subtil und muss aus einigen wenigen Jahreszahlen und dem Alter bestimmter Figuren erst hergeleitet werden. Vgl. ebd., S. 191–192.

27 Kurt Vonnegut: *Cat's Cradle*. London: Penguin 1965, S. 6. Nachfolgend werden Zitate aus Vonneguts Roman direkt im Haupttext per Seitenangabe in Klammern nachgewiesen.

28 Ich danke Daniel-Pascal Zorn für seine hilfreichen Beiträge in der Diskussion des Lügnerparadoxons.

that make you brave and kind and healthy and happy" (S. 6), wobei *foma* laut Anmerkung für „harmlose Unwahrheiten" stehen, in denen zeitgleich Huxleys fiktives Halluzinogen *soma* in *Brave New World* und damit auch erneut Marx' „Opium des Volkes" mitschwingt. Wie bei O'Neills Pfeifenträumen wird uns hier also erneut eine Korrelation zwischen Mut, Freundlichkeit, persönlichem Glück und Gesundheit einerseits und harmlosen Unwahrheiten andererseits nahegelegt. Wenig später werden die *Books of Bokonon* mit ihrem ersten Satz, einer weiteren Variation des Lügnerparadoxons, erneut zitiert: „All of the true things I am about to tell you are shameless lies." (S. 9) Der Erzähler von *Cat's Cradle* fügt dem hinzu: „Anyone unable to understand how a useful religion can be founded on lies will not understand this book either." (S. 9) Ähnlich wie bei O'Neills religiös überhöhtem falschen Messias Hickey ist Religion hier mit dem epistemologischen Vorzeichen der Unwahrheit versehen; anders als bei O'Neill sind die ethischen Vorzeichen jedoch positive, wie sich im Folgenden zeigen wird.

Zunächst jedoch zu den Naturwissenschaften und deren Vertretern: Beide werden eindeutig mit einer Form von Wahrheit identifiziert, aber was sind das für katastrophale Wahrheiten? Erstens der historische Abwurf der Atombombe auf Hiroshima, zweitens das fiktionale Ende der Welt durch die Substanz Ice-9, das im Roman die molekulare Struktur des Wassers umordnet und zur Erstarrung bringt. Sie spiegeln die Desillusionierung Vonneguts durch dessen Kriegserlebnisse wider, vor allem das Trauma der Bombardierung Dresdens, die er als Kriegsgefangener im Schlachthof 5 miterlebte und die später titelgebend für Vonneguts vielleicht wichtigsten Roman[29] wurde:

> I thought scientists were going to find out exactly how everything worked, and then make it work better. I fully expected that by the time I was twenty-one, some scientist, maybe my brother, would have taken a color photograph of God Almighty—and sold it to *Popular Mechanics* magazine. Scientific truth was going to make us *so* happy and comfortable. What actually happened when I was twenty-one was that we dropped scientific truth on Hiroshima. We killed everybody there. And I had just come home from being a prisoner of war in Dresden, which I'd seen burned to the ground. And the world was just then learning how ghastly the German extermination camps had been.[30]

29 Kurt Vonnegut: *Slaughterhouse Five, or The Children's Crusade. A Duty-Dance with Death.* New York: Delacorte 1969.

30 Kurt Vonnegut: Address to Graduating Class at Bennington College 1970. In: Ders.: *Wampeters, Foma & Granfalloons (Opinions).* New York: The Dial Press 2006, S. 161–170, hier S. 163.

Die zentralen Vertreter der Naturwissenschaften in *Cat's Cradle* sind der Vizepräsident der General Forge and Foundry Company, Dr. Asa Breed, und der geniale Felix Hoenniker, einer der sog. Väter der Atombombe. Breed ist der klarste Wortführer für Wissenschaft und wissenschaftliche Wahrheit, die er zum Selbstzweck erhebt: „New knowledge is the most valuable commodity on earth. The more truth we have to work with, the richer we become.“ (S. 31) Für Breed ist das Hauptproblem der Welt, „that people were still superstitious instead of scientific“; das Allheilmittel: „if everybody would study science more, there wouldn't be all the trouble there was.“ (S. 21) Während sein eigener Sohn seine Position als Wissenschaftler nach Hiroshima aus der Überzeugung aufgibt, dass „anything a scientist worked on was sure to wind up as a weapon, one way or another“ (S. 22), sieht der Apparatschik Breed keinerlei Verantwortung für die Verwendung der Ergebnisse ihrer Forschung auf Seiten der Wissenschaftler. In typisch vonnegutscher Ironie ergeht er sich aber durchaus in Entrüstung über die Verbrechen eines 1782 auf dem späteren Gelände der Company gehängten Mörders.

Erhebt Breed also das metaethische humesche Gesetz der logischen Trennung von Sein und Sollen zur Negation jeglicher ethischer Richtlinien der Wissenschaft abseits des Erkenntnisgewinns an sich, so verkörpert Hoenniker eben diese Negation. Als Nobelpreisträger wird er allseits bewundert, doch wird er auch als Mann beschrieben, der seine Forschung zwar spielerisch, mit kindlicher Neugier und Unvoreingenommenheit, jedoch ebensolcher Kurzsicht betrachtet und so leicht von Militärs für ihre Zwecke einzuspannen ist. Auch gegenüber moralischen Konzepten scheint er völlig ‚unschuldig'. So berichtet sein Sohn Newt von einem Gespräch nach dem ersten erfolgreichen Test der Atombombe: „After it was sure that America could wipe out a city with just one bomb, a scientist turned to Father and said, ‚Science has now known sin.' And do you know what Father said? He said, ‚What is sin?'“ (S. 17) Ähnlich unbeflissen zeigt er sich im Gespräch mit Breeds Assisstentin, die nicht von ungefähr Faust heißt und sich ironischerweise fragt, „how truth, all by itself, could be enough for a person.“ (S. 38) Als sie ihm als „Wahrheit“ die Aussage: „God is Love“ anbietet, fragt Hoenniker nur: „What is God? What is love?“ (Ebd.)

Aus beiden Gesprächen lässt sich schließen, dass Hoenniker, der für die reine Wissenschaft selbst stehen kann, entweder kein Konzept mit solchen Begriffen wie Sünde, Schuld, Gott oder Liebe verbinden kann oder aber, dass er mit seinen Fragen die Erhabenheit der Wissenschaft über diese Begriffe impliziert. Darüber hinaus erweist er sich als liebloser Ehemann, der indirekt den Tod seiner Frau verschuldet, wie auch als Vater dreier psychologisch geschädigter Kinder, von denen Frank und Newt die historischen Vorbilder Benjamin Franklin und Isaac Newton evozieren.[31] Als Erbe hinterlässt er ihnen das von Breed als reine Spekulation abgetane Ice-9, das über Umwege letztlich zum Ende der Welt führt.

Auf der anderen Seite, jener von Lüge und Täuschung, finden wir die Religion und, zumindest teilweise, die Künste. Anders als die Wissenschaft, die im Roman bei der Suche nach dem fundamentalen Geheimnis des Lebens „something about protein" (S. 21) entdeckt, sehen sich Religion und Kunst mit der Aufgabe der *Sinnstiftung* in einem augenscheinlich sinnlosen Kosmos konfrontiert, für die die titelgebende Metapher des Schnurspiels der *Cat's Cradle* steht. Beides ist jedoch Täuschung – „No damn cat and no damn cradle" (S. 105) – und somit ist die Aufgabe ein praktisches Paradoxon, nämlich „the cruel paradox of […] the heartbreaking neccessity of lying about reality, and the heartbreaking impossibility of lying about it." (S. 177) Repräsentativ für die Religion steht der fiktionale, im ironischen Utopia der ‚drittweltlichen Bananenrepublik' San Lorenzo vertretene Bokononismus, der dort zwar bei Todesstrafe verboten ist, letztlich insgeheim aber von jedem praktiziert wird, inklusive dem Diktator. Das zentrale Merkmal des Bokononismus ist, dass er sich selbst als Lügenreligion definiert. Unfähig, am Elend des durch keine staatlichen oder ökonomischen Reformen zu erleichternden *Seins* der Menschen auf San Lorenzo etwas zu ändern, machte es sich der Religionsstifter und bekennende Scharlatan Bokonon zur Aufgabe, immer bessere sinnstiftende Lügen zu erfinden, um zumindest das *Bewusstsein* der Menschen zu verbessern. Teil davon ist, die eigene Religion zu verbieten und in Komplizenschaft mit der Regierung regelmäßig Bokonon-Jagden zu veranstalten, bei denen der heilige Mann im Dschungel jedes Mal knapp entrinnt.

Somit ist Bokonon, dessen bürgerlicher Name Lionel Boyd Johnson die Initialen mit Präsident Lyndon Baines Johnson teilt, derjenige Charakter in *Cat's Cradle*, der der Figur des Hochstaplers am nächsten

31 Siehe Freese: *The Clown of Armageddon*, S. 194–195.

kommt. Seine gesamte Kunstreligion baut faktisch auf Lügen auf, die er als Lebensweisheiten in Form mehr oder weniger alberner Kalypso-Reime verbreitet. Die Inspiration, die Ausübung seiner Religion durch Exekution am Haken zu bestrafen, ist nicht nur seine eigene, sondern entstammt einer Besichtigung Madame Tussauds, die Ethik der *dynamic tension* zwischen dem Guten im Dschungel und dem Bösen im Palast einem Charles-Atlas-Body-Building-Ratgeber. Zu seiner Rolle als Pseudo Prophet gehören darüber hinaus auch Vorhersagen wie jene, dass die Inselschönheit Mona den nächsten Präsidenten heiraten wird, die sich genau deshalb bestätigen, weil die Bürger San Lorenzos ihnen Folge leisten.[32] Zeitgleich unterläuft Bokonon seine eigene Rolle und damit auch seine Hochstapelei eben dadurch, dass er konsequent von der Titelseite seines ersten Buches an nichts anderes behauptet, als *foma* (Lügen) zu verbreiten:

> I wanted all things
> To seem to make some sense,
> So we all could be happy, yes,
> Instead of tense.
> And I made up lies
> So that they all fit nice,
> And I made this sad world
> A par-a-dise. (S. 82–83, s. a. S. 165)[33]

Wie in Hopes Bar sind die Lügen des Bokononismus in San Lorenzo strukturbildende, die von allen geteilt werden. Im Gegensatz zur Naturwissenschaft stellt Bokonon dabei nicht den Wert einer abstrakten Wahrheit in den Mittelpunkt, sondern einzig und allein die Bedürfnisse des Menschen. So verweisen die *Books of Bokonon* stetig auf das menschliche Grundbedürfnis nach Sinn. In ihrem ironischen Schöpfungsmythos stellt Gott den Mensch aus Matsch her, damit er seine Schöpfung bewundere, und antwortet auf die Frage des

32 Eine Ausnahme ist die ‚erfundene Legende‘, dass das Boot, in dem Bokonon auf die Insel gelangte, zum Ende der Welt wieder segeln wird. Ironischerweise tritt genau das ein, als der im Boot aufgebahrte und zu Ice-9 erstarrte Papa Monzano während einer verunglückten Militärübung ins Meer gelangt. Siehe Vonnegut: *Cat's Cradle*, S. 71, 163.

33 In diesem Sinne entspricht das Bokononische Lügengebilde paradoxerweise statt dem Ideal der Wahrhaftigkeit dem Prinzip der Stimmigkeit des modernen Kunstwerks, in dem „alle Teile aufeinander abgestimmt sind und zusammenwirken. Wahrheit hat das vom Menschen geschaffene, durchstrukturierte und stilvolle Kunstwerk, das schöne Gebilde. Im Gebildecharakter des Kunstwerks liegt eine Wahrheit. Es ist die Wahrheit des Seienden.“ (Kayser: *Die Wahrheit der Dichter*, S. 52.) S. a. Mecke: Lüge und Literatur, S. 69.

Menschen, was für einen Sinn das Ganze habe, mit einem achselzuckenden „I leave it to you to think of one for all this." (S. 166) Die Sinnsuche ist dem Menschen wesentlich und steht im elementaren Widerspruch zu einer Welt, die wissenschaftlich gesehen einfach nur *ist*, aber nichts *soll*, augenscheinlich also sinnlos ist. Im konstitutiven Spannungsverhältnis zu dieser Welt stehen die lügnerischen Sinnstiftungsversuche der Religion und Kunst, denen Vonnegut enge Verwandtschaft zuschreibt. So wird Gott als Autor beschrieben, der in seinem ganzen Leben kein gutes Stück geschrieben habe, die Menschen von San Lorenzo sind „actors in a play [...] that any human being anywhere could understand and applaud." (S. 110) Der Schriftsteller ist – erneut fühlt man sich an Marx erinnert – eine Art „drug salesman" (S. 98), der dem Trost des 23. Psalms für die Sterbenden und Leidenden nichts hinzufügen kann, gleichzeitig aber auch kein Recht hat, zu streiken, da er die ‚heilige Verpflichtung' eingegangen ist, „to produce beauty and enlightenment and comfort at top speed" und so verhindert, dass der Mensch an „putrescence of the heart or atrophy of the nervous system" verendet. (S. 145)

Schlussbetrachtungen: Dichtung, Wahrheit, Lüge

Mag auch die Diskussion der hier vorgestellten Werke nur an der Oberfläche ihrer literarischen Substanz kratzen, so wird doch deutlich, dass in beiden ein kontrastreiches Gegenbild zu den Alltagsidealen von Wahrheit und Wahrhaftigkeit entworfen wird. So konfrontieren O'Neill und Vonnegut zerstörerische, ja tödliche Wahrheiten und lebenserhaltende, sinnstiftende Unwahrheiten durch die Handlungen und Sprechhandlungen ihrer Vertreter. Wie Robert Scholes zu *Cat's Cradle* schreibt: „As the scientist finds the truth that kills, the prophet looks for a saving lie."[34] In diese Reihe gehört letztlich auch der Künstler, der in Vonneguts Poetik im Gegensatz zum Wissenschaftler, aber etwa auch zum Selbstverständnis Brechts, selbst vor allem auf die Mittel des Betrugs zurückgreift, um den Menschen über sich selbst und seine Stellung im Universum zu täuschen, also gewissermaßen stellvertretend *für den Menschen* hochstapelt:

> Artists use frauds to make human beings seem more wonderful than they really are. [...] The arts put man at the center of the universe, whether he belongs there or not. Military science, on the other hand, treats man as garbage – and

34 Robert Scholes: *The Fabulators*. New York: Oxford University Press 1967, S. 49.

> his children, and his cities, too. Military science is probably right about the contemptibility of man in the vastness of the universe.[35]

Die Herausforderung scheint also jenseits der Ebene einzelner Sachlügen oder der positiven Effekte verborgener Wahrheit zu liegen, wie es z.B. noch in Nathaniel Hawthornes *The Scarlet Letter* (1850) der Fall ist. Vielmehr berührt sie das Selbstbild des Menschen, den Grund und die Sinnhaftigkeit seines Daseins in einem augenscheinlich indifferenten Kosmos. In diesem Sinne ließe sich die skizzierte Traditionslinie von Anderson, O'Neill und Vonnegut fruchtbar um den Gegenwartsautor Cormac McCarthy erweitern, dessen Werk sich beständig mit Repräsentationsproblemen von Sprache und Welt, Formen asymbolischer, außersprachlicher Epiphanie, dem Status des Betrachters, der Opposition von Wissen und Unwissen und Formen apokalyptischer Offenbarung befasst. Was diese Werke letztlich eint, ist die strukturbildende und -tragende sowie die sinnstiftende Funktion ihrer Unwahrheiten, sei dies nun im Hinblick auf das Individuum, den Mikrokosmos von Hopes Bar oder Bokonons Utopia San Lorenzo. Sie stellen uns vor die provokante Frage, ob Lügen wirklich nur funktioniert, wo Wahrhaftigkeit die soziale Norm darstellt, und werfen damit Zweifel an Müllers Feststellung auf, „eine Gesellschaft von permanent Lügenden [sei] nicht wirklich denkbar."[36] Zwar muss Wahrhaftigkeit weiter vorausgesetzt sein, aber ist nicht vielleicht bereits die Setzung dieser Erwartung eine (notwendige) Form von (Selbst-)Lüge?

Zusammenfassend scheint es, dass der Wert von Wahrhaftigkeit und Lüge in diesen Werken einer primär utilitaristischen Ethik folgt, der Intellekt wie bei Nietzsche „ein Mittel zur Erhaltung des Individuums" ist,[37] das seine Kraft in Täuschung vor allem auch des Menschen über sich selbst entfaltet. Für O'Neill, Vonnegut und McCarthy scheint dabei die religiöse Dimension eines unterschiedlich gelagerten Apokalyptizismus ebenso wesentlich wie eine außerordentlich komplexe, mitunter spielerische Auffassung des Verhältnisses von Wahrheit und Lüge. Sollte es sich hier tatsächlich um eine genuin amerikanische Tradition handeln, so sei die Vermutung gewagt, dass diese Auffassung auf dem Nährboden des amerikanischen Pragmatismus C.S. Peirces, William James' und John Deweys gewachsen sein könnte, der neben

35 Vonnegut: Bennington College Address, S.166–167.

36 Müller: Lüge und Wahrhaftigkeit, S.50.

37 Nietzsche: Ueber Wahrheit und Lüge, S.876.

der Notwendigkeit fortwährender Bewährung instrumentell aufgefasster Wahrheitsüberzeugungen und ihrer systemischen Konsistenz die ‚Menschengemachtheit' aller Wahrheit betont: Ideen, so James, „*become true just in so far as they help us to get into satisfactory relation with other parts of our experience.*"[38] Hierin liegt letztlich die Verbindung zum stimmigen, literarischen Kunstwerk. Nach Wolfgang Kayser besteht dessen Sinn nämlich darin, „den Menschen aus dem Zusammenhang der Realität herauszuführen, ihn aus der Determination zu befreien" und „die Wahrheit seines Wesens als eines Wesens der Möglichkeiten" erfahren zu lassen.[39] Welche positive Rolle der künstlerischen Lüge und Täuschung in der Realisierung solcher Wahrheit zukommt, lässt sich nunmehr ebenfalls erahnen. Am Ende mag es nicht allein die Wahrheit sein, die uns frei macht.

38 William James: Pragmatism. In: Ders.: *Writings 1902–1910*. New York: Library of America 1987, S. 479–624, hier S. 512.

39 Kayser: *Die Wahrheit der Dichter*, S. 54–55.

Die Elite im *Fegefeuer der Eitelkeiten*

Lüge und Täuschung als die großen Gleichmacher?

Sophie Spieler

Literarische Konstruktionen von Elite im Hinblick auf Hochstapelei, Lüge und Täuschung zu betrachten, bietet sich bereits deshalb an, weil im Elitenbegriff selbst eine gewisse Tendenz zur Täuschung angelegt ist. Ein genauerer Blick auf die Kontexte, Motivationen und Bedeutungsdimensionen der Verwendung des Begriffs ‚Elite' verdeutlicht, dass er häufig eine maskierende Funktion erfüllt und von eventuell kritikwürdigen Aspekten ablenkt. Ein Beispiel mag genügen: Die Bezeichnung ‚Eliteuniversität' ruft – besonders im amerikanischen Kontext – Assoziationen von Exzellenz, Leistungsbereitschaft und meritokratischen Selektionsprozessen hervor und ist daher sowohl in Selbst- als auch in Fremddarstellungen weit verbreitet. Viele der so titulierten Institutionen könnten allerdings aufgrund ihrer exorbitanten Studiengebühren ebenso treffend als ‚Oberschichtsuniversitäten' bezeichnet werden. Der semantisch ungenaue und diffus euphemistische Begriff der Elite dient an dieser Stelle dazu, von ökonomischen Aspekten abzulenken und den privilegierten Status von Institutionen oder Personen zu legitimieren. Die Affinität von Elite und Täuschung ist daher bereits terminologisch angelegt.

Doch dies nur als Randnotiz – schließlich ist der Schwerpunkt dieses Aufsatzes nicht die soziolinguistische, sondern die literaturwissenschaftliche Deutung der Verbindung zwischen Wahrheitsbeugung und Elitendarstellungen. Im literarischen und kulturellen Inventar Nordamerikas ist der Zusammenhang zwischen Illusion und Täuschung und der sozialen wie ökonomischen Elite spätestens seit F. Scott Fitzgeralds Magnum Opus *The Great Gatsby* (1925) ein wiederkehrendes Phänomen. Der Roman liefert eines der paradigmatischen literarischen Porträts der so genannten *Roaring Twenties*, indem er einen Charakter imaginiert, der „from his Platonic conception of himself"[1] entsprungen ist: „So he invented just the sort of Jay Gatsby that a seventeen year old boy would be likely to invent, and to this conception he was faithful to the end".[2] Zwar verschafft Gatsby sich so Zugang zur finanziellen und sozialen Elite, doch bleibt er dabei sowohl dem Leser als auch den anderen Charakteren ein Rätsel – chiffrenartig, flüchtig, wandelbar wie er ist, häufen sich Gerüchte über ihn und seine Herkunft. Wie etliche unvermindert populäre Täuschungs- und Hochstaplernarrative – beispielsweise Patricia Highsmiths *The Talented Mr. Ripley* (1955), dessen gleichnamige Filmadaptation (*Der talentierte Mr. Ripley*, USA 1999, R: Anthony Minghella) und *Catch Me If You Can* (USA 2002, R: Steven Spielberg), oder in jüngerer Vergangenheit die mediale Auseinandersetzung mit dem „falschen Rockefeller"[3] Christian Gerhartsreiter (dessen Fall Stephan Porombka im vorliegenden Band eingehender diskutiert) – verdeutlichen, haben Hochstapler, *con men*, *trickster* und ähnliche Figuren mittlerweile ihren festen Platz im literarischen und soziokulturellen Diskurs Amerikas.

So wie *Gatsby* oft als pars pro toto für das *Jazz Age* gehandelt wird, gilt Tom Wolfes Roman *The Bonfire of the Vanities* (1987), zu Deutsch: *Fegefeuer der Eitelkeiten*, als prototypisches Porträt der 1980er Jahre, da er eindrucksvoll sowohl den skrupellosen ‚Reaganomics'-Kapitalismus als auch die politischen Spannungen der Dekade inszeniert. Gemein ist beiden Werken das Prisma der Lüge und Hochstapelei, durch das die Narrative ästhetisch und inhaltlich gleichsam gebündelt und gelenkt werden. Zeittypische Phänomene und Probleme werden anhand der Gratwanderung zwischen Illusion und Blendung einerseits und dem Kampf um Deutungshoheit und Authentizität andererseits artikuliert. Trotz seiner dezidierten Verankerung im soziopolitischen und kulturellen Raum des New Yorks der achtziger Jahre hat Wolfes Roman durch die derzeitige transatlantische Wirtschafts- und Finanzkrise wieder an Aktualität gewonnen – werden doch Gier, Unehrlichkeit

1 F. Scott Fitzgerald: *The Great Gatsby*. New York: Scribner 2004, S. 98.

2 Ebd.

3 USA klagen deutschen Hochstapler wegen Mordes an. In: *Die Welt*, 08.07.2011. http://www.welt.de/vermischtes/weltgeschehen/article13476810/USA-klagen-deutschen-Hochstapler-wegen-Mordes-an.html (Zugriff am 10.01.2014).

und mangelndes Verantwortungsbewusstsein der Vorstände und Bankmanager sowie der oberen Schichten generell gegenwärtig kontrovers diskutiert und Fragen nach der Legitimation und Verantwortlichkeit der Entscheidungsträger mit neuer Dringlichkeit gestellt. Auf den ersten Blick mag *Bonfire* wie eine Fabel über den Fall der Mächtigen erscheinen, in der die herrschenden Klassen nicht nur als korrupt und betrügerisch entlarvt, sondern auch für ihr Fehlverhalten bestraft werden. Eine genauere Lektüre zeigt jedoch, dass die ‚Eitelkeiten', die als Impulsgeber für die opportunistische Unehrlichkeit der Charaktere fungieren, keineswegs schichtengebunden sind. Lug und Trug proliferieren im gesamten sozialen Spektrum – kaum ein Charakter in *Bonfire*, der nicht täuscht, blendet, lügt – und werden somit zum großen Gleichmacher stilisiert.

Im Mittelpunkt dieses Beitrags stehen die Rolle von Lüge und Täuschung im sozialen Spannungsfeld des Romans *The Bonfire of the Vanities* sowie der Einfluss, der durch das Vehikel der Unehrlichkeit auf die Ausformung und Bewertung sozialer Unterschiede ausgeübt wird. Nach einer kurzen Skizzierung des Inhalts widmet sich der Aufsatz zunächst der Frage, inwiefern *Bonfire* als Elitenkritik gelesen werden kann. In diesem Zusammenhang wird der Protagonist des Romans, Sherman McCoy, exemplarisch im Hinblick auf seine Entwicklung und narrative Inszenierung untersucht. Im Anschluss werden die Lügenlandschaft des Romans hinsichtlich der darin inszenierten Elite zunächst kartographiert und Motivation, Gelingen und narrative Bewertung der einzelnen Akteure diskutiert. Wolfe zeigt, wie Zugehörige aller Schichten mit tatkräftiger Unterstützung der Medien und der Gerichtsbarkeit jede denkbare Form der Wahrheit und Authentizität ad absurdum führen. Die Inszenierung von Lüge und Täuschung bewirkt folglich eine zumindest partielle Exkulpation der Elite, da sie demonstriert, dass mangelnde moralische Integrität kein Alleinstellungsmerkmal der herrschenden Klassen ist. Neben dieser Nivellierung sozialer Unterschiede über das Vehikel der Unehrlichkeit lädt der Roman den Leser zur Identifikation mit „Master of the Universe"[4] Sherman McCoy ein und beeinflusst so zusätzlich die Wertung der Geschehnisse. Ein Blick auf die narrativen Strategien, die der Text zu diesem Zwecke einsetzt, bildet daher den dritten Schwerpunkt des

4 Tom Wolfe: *The Bonfire of the Vanities*. London: Picador 2002, S. 31. Nachfolgend werden Zitate aus Wolfes Roman direkt im Haupttext per Seitenangabe in Klammern nachgewiesen.

Aufsatzes. Abschließend wird die Kategorie der Wahrheit diskutiert, die im Roman nicht als feststehende Tatsache, sondern als wandelbares Produkt politischer Kräfte inszeniert wird. Wie der Niedergang des Protagonisten zeigt, liegt die Deutungshoheit jedoch nicht zwingend bei der Elite. Letztendlich imaginiert *Bonfire* eine Welt, die von Lüge und Täuschung regiert wird – sozialer oder ökonomischer Stand scheiden allerdings als Gradmesser für moralische Integrität aus. Erfolgreich überwunden werden kann das ‚Fegefeuer der Eitelkeiten' nur von denjenigen, die sich in der eigendynamischen Lügenlandschaft souverän bewegen können. Die Mitglieder der Elite, so suggeriert der Roman, sind den persönlichen und politischen Machtkämpfen ebenso ausgeliefert wie alle anderen auch.

The Bonfire of the Vanities als Elitenkritik?

The Bonfire of the Vanities, in dessen Zentrum der graduelle Niedergang des Protagonisten Sherman McCoy zum „professional defendant" (S. 707) steht, könnte auf den ersten Blick für eine pointierte Elitenkritik gehalten werden. Schließlich thematisiert der Roman nicht nur die moralischen Abgründe der New Yorker High Society, sondern zeigt darüber hinaus eindrucksvoll, dass in manchen Situationen auch Reichtum und Verbindungen nicht genügen, um eine Amnestie zu erwirken. Sherman McCoy, Sprössling einer dem weißen, angelsächsisch-protestantischen Establishment angehörigen Familie, arbeitet als Bond-Trader an der Wall Street, wo er genug verdient, um seiner Frau Judy extravagante Hobbys und seiner Tochter Campbell die Privatschule zu finanzieren. Die McCoys sind Teil einer neureichen, materialistisch-oberflächlichen Park-Avenue-Clique, zu der auch Maria Ruskin gehört, die zwar dem Arbeitermilieu der Südstaaten entstammt, aber durch eine günstige Heirat Zugang zu jener exklusiven Gemeinschaft erlangt hat. Sherman, der von und mit sich selbst in der dritten Person als ‚Master of the Universe' spricht, unterhält eine Affäre mit Maria. Als er sie eines Abends vom Flughafen abholt, verirren sich die beiden in Shermans Fünfzigtausenddollar-Mercedes in der Bronx und geraten in eine Auseinandersetzung mit zwei schwarzen jungen Männern, Henry Lamb und Roland Auburn, in deren Verlauf Maria Henry anfährt und Fahrerflucht begeht. Während Sherman und Maria sich nach einiger Diskussion darauf einigen zu schweigen, fällt Henry ins Koma, nicht aber ohne vorher einige vage Angaben zu Auto und Fahrern gemacht zu haben. Henrys

Mutter wendet sich daraufhin an den Reverend Bacon, einen zwielichtigen, aber einflussreichen Pfarrer und Aktivisten in der African-American Community. Bacon schaltet die Medien ein, speziell den bis dahin relativ erfolglosen britischen Journalisten Peter Fallow, der für das Boulevardblatt *The City Light* arbeitet und in der politischen Brisanz des Falles seine große Chance wittert. Die großangelegte, kritisch-sensationsheischende Berichterstattung in den Medien setzt die Gerichtsbarkeit unter Druck, besonders den Bezirksstaatsanwalt Abraham Weiss – Spitzname Captain Ahab –, der kurz vor der Wiederwahl steht und händeringend nach einem „Great White Defendant" (S. 533) sucht, um zu beweisen, dass er und sein Justizsystem nicht rassistisch sind.[5] Als Staatsanwalt wird Larry Kramer mit dem Fall betraut, dessen primäres Ziel es ist, die junge Geschworene Shelly Thomas zu beeindrucken, und der sich dementsprechend bereitwillig in das politische Programm des Bezirksstaatsanwalts einspannen lässt. Stück für Stück gerät Sherman in den Fokus der Ermittlungen und beschafft sich letztendlich einen street-smarten Anwalt namens Tommy Killian, der seine Vertretung übernimmt. Roland Auburn, mittlerweile als kleinkrimineller Drogendealer identifiziert und festgenommen, wird von Staatsanwalt Kramer neben Maria Ruskin als Hauptbelastungszeuge eingesetzt. Der endgültige Ausgang der Causa McCoy bleibt offen – der Epilog verrät lediglich, dass Sherman weiterhin in diverse Gerichtsverfahren verwickelt ist und sich selbst als „career defendant" (S. 708) bezeichnet.

Zu Beginn des Romans scheint Sherman McCoy alles zu haben, was man sich gemäß den dominanten Erfolgsnarrativen der 1980er wünschen kann und sollte: Ein astronomisches Gehalt, ein Apartment in der Park Avenue, Frau und Kind, eine Geliebte, einen Mercedes. Die Selbstzufriedenheit, die aus dem Beinamen ‚Master of the Universe' spricht, scheint also zunächst durchaus faktenorientiert. Jedoch wird schnell deutlich, dass dieses illustre Leben auf einem morschen Fundament aus Lügen, Bluff und Blendung aufbaut, das schlussendlich zusammenbricht. Finanziell lebt Sherman deutlich über seinen Verhältnissen. Die tönernen Füße, auf denen sein Haushalt ruht, und die ihnen zugrundeliegende Maßlosigkeit, machen Sherman Sorgen: „*I'm already going broke on a million dollars a year!* The appalling figures came

5 Weiss' Spitzname bezieht sich auf den fanatischen Kapitän der Pequod in Herman Melvilles *Moby Dick* (1851), der all seine Energie auf die Suche nach dem ‚Great White Whale' verwendet.

popping up into his brain. Last year his income had been $980,000. [...] – the abysmal truth was that he had spent *more* than $980,000 last year.“ (S. 162–163) Sorgen bereitet ihm auch das Verhältnis zu seiner Frau, die seine Affären und Lügen durchschaut und ihn mehrfach mit ihrem Verdacht konfrontiert. Während Shermans Verhältnis zu Judy von expliziten Lügen und Unwahrheiten gekennzeichnet ist, beruht seine Beziehung zu der gemeinsamen Tochter Campbell primär auf der sorgfältigen Inszenierung involvierter Vaterschaft in ausgewählten Momenten, beispielsweise auf dem morgendlichen Weg zur Bushaltestelle:

> So long as Sherman held his daughter's hand in his and walked her to her bus stop, he felt himself a part of God's grace. A sublime state, it was, and it didn't cost much. The bus stop was only across the street. There was scarcely a chance for his impatience over Campbell's tiny step to spoil this refreshing nip of fatherhood he took each morning. [...] Sherman liked to have his fatherhood observed. (S. 69–70)

Im Vordergrund steht für Sherman nicht das authentische Gefühl, sondern die überzeugende Inszenierung desselben. Im Gegensatz zu seiner familiären Situation, in der sein Hang zur Lüge offensichtlich nachteilig ist, wird es Sherman beruflich zum Verhängnis, dass er nicht mehr in der Lage ist, souverän zu täuschen. Schließlich hängt der Erfolg seiner Tätigkeit als Bond-Trader eher von der Überzeugungskraft der von ihm vermittelten Fiktion als von der Wahrhaftigkeit seiner Aussagen ab:

> Even as he spoke, he recognized the fatal urgency in his voice. On Wall Street, a frantic salesman was a dead salesman. He knew that! [...] On Wall Street, salesmen didn't say *got to*, either. [...] He knew he had to talk himself down from this giddy urgent plateau as quickly as possible, become the smooth calm figure from the fiftieth floor at Pierce & Pierce [...], a figure of confidence and unshakable *puissance*. (S. 277)

Was für Shermans berufliches Dasein gilt, trifft ebenfalls auf seinen Freundeskreis zu. Ehrliche Auseinandersetzungen sucht man in der illustren Park Avenue Clique vergeblich; stattdessen sind Prätention und Blendung an der Tagesordnung, wie Sherman feststellen muss:

> ‚All these ties you have, all these people you went to school with and to college, the people who are in your clubs, the people who you go out to dinner with – it's all a thread, Tommy, all these ties that make up your life, and when it breaks... that's it! ... That's it...‘ (S. 572)

In den beißend satirischen Porträts der ‚get-together' der Oberschicht wird diese als gleichermaßen prätentiöse und substanzlose Ansammlung von narzisstischen Egomanen dargestellt, die Sherman keinerlei freundschaftliche Loyalität oder Unterstützung erweisen.
So weit, so offensichtlich? Der Niedergang Sherman McCoys liest sich zunächst wie eine deutliche Kritik an der Elite: Anstatt zu genießen, was er hat, gibt sich Sherman – getrieben von selbstzufriedener Arroganz und der ewigen Gier nach mehr – seinem ‚Master of the Universe'-Komplex rücksichtlos hin, verwickelt sich in immer neue Lügen, auch um die alten aufrechterhalten zu können, und verliert letztendlich alles. Man mag daher zunächst geneigt sein, eine gewisse Genugtuung ob des dargestellten Absturzes zu empfinden, scheint dieser doch zu suggerieren, dass der Rechtsstaat seine Wirkungsmacht auch in den oberen Prozenten der Bevölkerung entfaltet und diese sich nicht aus der Strafverfolgung herauskaufen können. Gleichzeitig bedient der Roman in nahezu karikierender Form das Klischee des gierigen Bankers, der sich als „part of the pulverizing might of Pierce & Pierce" (S. 92) jeglicher Verantwortlichkeit enthoben sieht und sein Verhalten mit plumpen Krieger-Analogien legitimiert: „And, Christ, he didn't want much, compared to what he, a Master of the Universe, should rightfully have. All he wanted was to be able to kick the gong around when he pleased, to have the simple pleasures due to all mighty warriors" (ebd.). Geld korrumpiert, das könnte man von der Figur Sherman McCoys ableiten, und je mehr man hat, desto korrupter wird man. Ist *Bonfire* also eine ‚cautionary tale', die vor den megalomanischen Ansprüchen verantwortungsloser Vertreter der Finanzelite warnt?
Bonfire übt fraglos Kritik an der New Yorker High Society. Schon die bereits erwähnten satirischen Sequenzen, in denen der erweiterte Bekanntenkreis der McCoys inszeniert wird, lassen darüber keine Zweifel. Doch gerade der Protagonist selbst scheint sich als Vehikel der Elitenkritik nicht recht zu eignen. Schließlich handelt, lügt und täuscht Sherman nicht im luftleeren Raum, sondern als Teil einer komplexen sozialen und politischen Struktur – dem New York der 1980er Jahre –, die von unterschiedlichsten Interessen, Befindlichkeiten und Machtkämpfen charakterisiert wird, die Sherman allerdings aufgrund seines insular-elitären Park-Avenue-/Wall-Street-Daseins nicht im Geringsten durchschaut. Im Gegensatz zu den anderen Akteuren ist Sherman nämlich kein Spieler: Er ist egoistisch, arrogant

und gierig, aber kein machtverliebter, kalkulierender Intrigant. Der Roman weist daher auch mehrfach darauf hin, dass Sherman zur Polizei gehen und ein Geständnis ablegen will. Ohne es überhaupt recht zu bemerken, manövriert er sich ins Zentrum eines medial-politisch ausgetragenen Machtkampfes, dessen Dynamik völlig außerhalb seiner Kontrolle und seines Verständnisses liegt. Während Elitenkritik also durchaus eine Rolle spielt, setzt der Roman andere Prioritäten; die Kritik an den oberen Schichten ist weder die einzige noch die schärfste Kritik, die in *Bonfire* narrativ inszeniert wird. Im Zentrum steht vielmehr die gefährliche Mischung aus Justizsystem, Lokalpolitik und Medieninszenierung, die, von den persönlichen, beruflichen und ökonomischen ‚Eitelkeiten' der Akteure befeuert, zu einem völligen Mangel an moralischer Integrität führt.

Kartographierung der Lügenlandschaft

Obwohl es in *Bonfire* keine Hochstaplerfigur im klassischen Sinne gibt – also eine Figur, die einen falschen Namen, eine falsche Identität konstruiert, um so ihre Umwelt zu täuschen und etwaige Vorteile für sich zu erwirken –, so gibt es doch eine elaborierte und vielschichte Lügenlandschaft, die von hochstaplerischen Tendenzen sowie Täuschungen und Täuschungsversuchen unterschiedlicher Intensität charakterisiert wird. Es lässt sich an dieser Stelle zwischen drei Stufen der Unehrlichkeit unterscheiden: Auf der niedrigsten Ebene inszeniert der Roman verschiedene milde Formen der Hochstapelei – Blendung, Selbstinszenierung oder die bisweilen ins theatralische abgleitende Performance der eigenen Persönlichkeit. Nahezu alle Charaktere partizipieren in diesem Spektakel der Selbstverstellung und -vermarktung, das häufig dem ‚comic relief' der Leser dienlich ist. Auf der nächsten Stufe findet sich die gezielte und absichtliche Manipulation der Fakten in Form von Umdeutungen, Übertreibungen oder Auslassungen. An der Spitze der Täuschungsaktivitäten stehen die expliziten und bewussten Lügen, die zwar seltener als die anderen beiden Formen der Täuschung, aber dennoch überproportional häufig auftauchen. Gelogen wird in erster Linie, um die eigene Haut zu retten, sich bestimmten Konfrontationen zu entziehen oder für sich selbst Vorteile zu erwirken. Wie bereits eingangs erwähnt, bietet *Bonfire* eine Fülle von Beispielen. Um in der geographischen Metaphorik zu bleiben: Die Lügenlandschaft des Romans ist dicht besiedelt. Aus dieser

Vielzahl von Belegstellen sollen nun im Folgenden einige exemplarisch herausgegriffen und diskutiert werden.

Milde Formen der Hochstapelei: Blendung, Selbstinszenierung, Performance

Die milden Formen der Hochstapelei tauchen häufig im Zusammenhang mit der Konstruktion von Männlichkeit auf. Unterstaatsanwalt Larry Kramer bietet in diesem Zusammenhang ein eindrucksvolles Beispiel, da er nahezu konstant mit der Inszenierung seiner Maskulinität beschäftigt ist, die er in erster Linie von seiner ausgeprägten Nackenmuskulatur abhängig macht. So spannt er seine Nackenmuskeln an „to make his neck fan out like a wrestler's" (S. 57), „dismissing mortal danger with a shrug of his shoulders and a distention of his mighty sternocleidomastoid muscles" (S. 290) und ist „convinced that women were impressed by men with huge sternocleidomastoid muscles" (S. 148). Wann immer er auftritt, nimmt er an, dass sein Publikum von dem Zauber „of the fearless young district attorney with the golden tongue and the powerful sternocleidomastoid muscles" (S. 280) gefesselt sei. Kramer setzt seine Körperlichkeit bewusst ein, um seine Männlichkeit und autoritäre Ausstrahlung zu unterstreichen. Besonders offensichtlich wird diese Strategie in seinen Zusammentreffen mit Shelly Thomas, der jungen Geschworenen, an der er sexuell interessiert ist. Hier wird die Präsenz seiner Nackenmuskulatur noch durch verbale Inszenierungen des ‚fearless young district attorney' unterstützt, die oft einigermaßen fantastischen Charakter aufweisen.

Eine ähnliche Form der Männlichkeitskonstruktion qua Blendung betreibt auch Sherman, nur dass in seinem Fall nicht die Nackenmuskulatur, sondern das Kinn der zentrale Darsteller ist:

> He was proud of his chin. The McCoy chin; the Lion [Shermans Vater] had it, too. It was a manly chin, a big round chin such as Yale men used to have in those drawings by Gibson and Leyendecker, an aristocratic chin, if you want to know what Sherman thought. He was a Yale man himself. (S. 29)

Dieses Kinn – „the Chin" (S. 77), wie Sherman selbst es nennt – taucht wieder und wieder auf, als „Yale chin" (S. 95, 369), „mighty Yale chin" (S. 301), „aristocratic chin" (S. 661), „big patrician chin" (S. 416), „big handsome chin" (S. 526), „noble chin" (S. 46), „great chin" (S. 658) und „wonderful chin" (S. 70). Sherman nutzt es, um aktiv eine männlichere, aristokratischere Rolle einzunehmen, was ihm zu Beginn auch gelingt: „He thrust his chin upward. That helped. He would be strong." (S. 347) Mit dem Fortschreiten der Ermittlungen gegen ihn fällt es ihm allerdings zunehmend schwer, Mut aus seiner Performance zu schöpfen – „Sherman raised his chin and *tried* to look dignified." (S. 462, Hervorhebung S. S.) Auch seine Niederlage lässt sich am Stand des Kinns ablesen: „He sighed and let his great chin sink down to his collarbone." (S. 658) Was Sherman nicht weiß, ist, dass seine Blendungsaktivitäten von seinem Umfeld registriert und ihm an unterschiedlicher Stelle zum Nachteil werden. So amüsieren sich die beiden ermittelnden Polizisten über Shermans Gestus: „[A]nd then he comes down the stairs, very slowly, with his fucking chin – I swear to Christ – with his fucking chin in the air." (S. 397) Darüber hinaus erkennt einer der Zeugen ihn auf einem Foto aus ähnlichen Gründen: „That's *him*. I recognize him. That's his chin. The man had this big chin." (S. 443) Journalist Fallow geht es ähnlich, als er auf der Beerdigung von Arthur Ruskin einen unbekannten Mann mit Maria sprechen sieht: „Fallow caught only the briefest glimpse of the side of his head... the chin... it was Sherman McCoy." (S. 622) An diesen Beispielen lässt sich erkennen, dass der Roman die Blendungsaktivitäten seiner Charaktere als erfolglos entlarvt, indem er die Divergenz von Selbst- und Fremdbild auf humoristische Art und Weise offenlegt.

Gezielte Manipulation der Wahrheit

Gezielte Manipulationen der Tatsachen – in der Form von Übertreibungen, Auslassungen oder tendenziösen Interpretationen – tauchen vor allem in der Welt der Medien, aber auch in der politischen Sphäre auf. Oft lassen sich die beiden Bereiche nicht klar voneinander trennen, wie beispielsweise an der Figur des Reverend Bacon deutlich wird. Bacon ist nicht nur Geistlicher, sondern auch politischer Aktivist und eine zentrale Figur in der African American Community. Er ist sich seiner Rolle wie auch seiner Möglichkeiten bewusst und nutzt seinen Einfluss in vielfältiger Weise für das, was er „steam control" (S. 176) nennt: „And so you owned it all, and you still own it, and so you think capital is owning things. But you are mistaken. Capital is controlling things. Controlling things" (ebd.). Kontrolle übt Bacon aus, indem er beispielsweise Demonstrationen und Protestaktionen inszeniert oder spezielle Deals mit Fernsehsendern aushandelt. Es eilt ihm daher auch ein gewisser Ruf voraus: „Bacon's so fucking manipulative. [...] He thinks Bacon's this romantic leader of the people. He's a fucking operator, is what I think." (S. 329) Für Bacon ist der Fall Lamb ein gefundenes Fressen, da er sich nahezu problemlos in ein politisches Druckmittel umwandeln lässt. Um das zu erreichen, greift der Reverend auch auf Manipulation und Wahrheitsbeugung zurück.

Eines der eindringlichsten Beispiele für die Manipulation der Tatsachen liefert der Roman jedoch in der Figur des Journalisten Peter Fallow, der aufgrund unterschiedlicher Versäumnisse und Unzulänglichkeiten um den Bestand seiner Stelle fürchten muss. Als er auf den Fall Lamb aufmerksam wird, wittert er seine Chance. In seiner Berichterstattung geht es nicht um Wahrheitsfindung oder eine ausgewogene Darstellung der Sachlage, sondern darum, die soziopolitische Brisanz des Falles zu instrumentalisieren und so Verkaufszahlen für die Zeitung und berufliches Kapital für sich selbst zu generieren.

So ruft Fallow unter anderem bei einem Lehrer von Henry an, um von diesem ein Statement über Henry als Schüler zu bekommen. Er möchte Henry als herausragenden Schüler bezeichnet wissen, woraufhin der Lehrer ihn darauf aufmerksam macht, dass es derartige Kategorien an seiner Schule nicht gebe:

> „But these kids haven't reached the level where it's worth emphasizing the kind of comparisons you're talking about. [...] You're thinking about ‚honor students' and ‚higher achievers' and all that [...]. But at Colonel Jacob Ruppert High School, an honor student is somebody who attends class, isn't disruptive, tries to learn, and does all right at reading and arithmetic."
>
> „Well, let's use that standard. By that standard, is Henry Lamb an honor student?"
>
> „By that standard, yes." (S. 252)

Fallow reicht es offenkundig nicht, Henry als einen weiteren Jungen aus dem Ghetto zu inszenieren. Der Fall wird politisch brisanter und dementsprechend karriereförderlicher, wenn es sich bei dem Unfallopfer um einen vorbildlichen Musterschüler handelt. Fallow ist daher bereit, dem Lehrer die gewünschten Aussagen in den Mund zu legen. Der tatsächliche Henry Lamb gerät über den medialen Aktivitäten Fallows und Reverend Bacons immer mehr in den Hintergrund – er interessiert eben nicht als Person, sondern als Symbol.

Explizite Lügen

Die Kategorien der Unehrlichkeit lassen sich oft nicht eindeutig voneinander abgrenzen, vielmehr handelt es sich um fließende Übergänge, die von Durchmischungen und Überschneidungen gekennzeichnet sind. In den folgenden Beispielen spielen daher Inszenierung und Manipulation weiterhin eine zentrale Rolle – mit dem Unterschied, dass diese durch explizite und bewusste Lügen, zum Beispiel Falschaussagen, ergänzt werden. Explizite Lügen tauchen primär im persönlichen Bereich und in der Rechtssphäre auf. Bereits das erste Kapitel des Romans beginnt mit einer Lüge: Sherman McCoy, der sich heimlich mit Maria treffen will, nutzt den familiären Dackel als „exit visa". (S. 29) Kleidung und Verhalten sind exakt auf sein Vorhaben abgestimmt: „But at this moment his entire appearance was supposed to say: ‚I'm only going out to walk the dog'." (S. 30) Problematisch wird es, als seine Frau Judy vorschlägt, er solle doch die gemeinsame Tochter Campbell mitnehmen – eine Idee, die natürlich nicht zu Shermans Plänen passt. Diese Situation kann insofern als paradigmatisch gelten, als Sherman sich hier gefangen in den „thongs of guilt and logic" (S. 31) wiederfindet, die auch den Rest seiner Entwicklung bestimmen werden und in ihm eine Mischung aus Schuldgefühlen, Trotz und Anspruchshaltung provozieren: „What was he, a Master of the Universe, doing down here on the floor, reduced to ransacking his brains for white lies to circumvent the sweet logic of his wife?" (ebd.) Diese einleitende Szene, in der Sherman dem Leser zum ersten Mal begegnet, kann demnach als Vorausdeutung auf die sich im Laufe des Narrativs entfaltenden Verstrickungen gelesen werden. Sherman belügt seine Frau Judy regelmäßig und systematisch, allerdings mit mäßigem Erfolg: „‚You're lying!' She gave him a hideous smile. ‚And you're a rotten liar. And you're a rotten person. You think you're so swell, and you're so cheap. You're lying, aren't you?'" (S. 45) An dieser Stelle erlebt Sherman einen kurzen Moment der Klarheit – „She was right. The Master of the Universe was cheap, and he was rotten, and he was a liar" (S. 47) –, der allerdings schnell wieder verfliegt.

Gleichzeitig wird aber auch im Bereich der Gerichtsbarkeit explizit gelogen. So beglückt fühlen sich die Beteiligten über den „Great White Defendant" (S. 533), den sie endlich sichergestellt haben, dass es über seine Verurteilung keine Zweifel mehr geben darf. Von Rechtsstaatlichkeit kann bei einem Vorgang keine Rede sein, über den es heißt: „Grand-jury hearing had become a show run by the prosecutor. With rare exceptions, a grand jury did whatever the prosecutor indicated he wanted them to do. Ninety-nine percent of the time he wanted them to indict the defendant, and they obliged without a blink." (S. 649) Über die entscheidende Anhörung im Fall Lamb heißt es: „[Kramer was] both the director and the star of this little amphitheatre production. The stage was all [his]. And Larry Kramer had rehearsed his actors well." (S. 650) Seine Hauptdarsteller sind Roland Auburn und Maria Ruskin. Beide machen eindeutige Falschaussagen und beide werden ganz bewusst in Szene gesetzt. Maria wird als trauernde Witwe inszeniert: „And then he [Kramer] brought *her* in. [...] She was superb. She had struck just the right note in her wardrobe, a black dress with a matching jacket edged in black velvet. [...] She was the perfect widow in mourning who had business to attend to." (S. 652–653) Roland hingegen, der sich eigentlich als „Crack King of Evergreen Avenue" (S. 433) einen Namen gemacht hat, spielt die Rolle des sensiblen Künstlers, „challeng[ing] the crushing odds against young men in the projects and emerg[ing] with his dreams intact." (S. 651)

Durch diese kurze Darstellung der Lügenlandschaft wird deutlich, dass Sherman weder der einzige Lügner noch der einzige lügende Vertreter der Elite ist. Der Roman veranschaulicht die flächendeckende Verbreitung von Lügen und Täuschungen, die sich durch alle sozialen Schichten sowie Institutionen und Organisationen zieht. Auf diese Weise spielt er nicht nur auf William Makepeace Thackerays *Vanity Fair* (1847–1848), sondern auch auf den ursprünglichen ‚Markt der Eitelkeiten' in John Bunyans *The Pilgrim's Progress* (1678) an, der für eine scharfe Kritik an der Gier und dem Materialismus der zeitgenössischen Bevölkerung steht. Die titelgebenden ‚Eitelkeiten' wirken dabei als Impulsgeber für die omnipräsente Verzerrung der Wahrheit. Die Inszenierung von Lüge und Täuschung als dominante Kräfte im gesamten sozialen Spektrum bewirkt folglich eine zumindest partielle Exkulpation der Elite, da sie demonstriert, dass mangelnde moralische Integrität kein Alleinstellungsmerkmal der herrschenden Klassen ist. Mitglieder aller Schichten lügen und täuschen, getrieben von ihren jeweiligen ‚Eitelkeiten' – seien sie politisch, beruflich oder persönlich.

Narrative Strategien

Die nahezu gleichmäßige Verteilung der Täuschungsaktivitäten über das gesamte soziale Spektrum ist nicht das einzige Charakteristikum des Texts, das Einfluss auf die Bewertung der Unehrlichkeit nimmt. Auch mithilfe seiner narrativen Organisation sowie durch spezifische Erzählmuster wirkt der Roman auf die von ihm inspirierten

Deutungsaktivitäten ein. *Bonfire* bewirkt also nicht nur durch inhaltliche, sondern auch durch formale Strategien eine Nivellierung von Klassenunterschieden und inszeniert so die Lüge als großen Gleichmacher.

Die eigentliche Erzählung wird durch einen Prolog und einen Epilog gerahmt, wobei insbesondere ersterer für die Deutung des Romans bestimmend ist, lenkt er doch die Aufmerksamkeit auf den politischen Kontext, die ‚Rassenunruhen' und besonders die gezielte mediale Manipulation der Entwicklungen durch die beteiligten Akteure. Der Roman bietet darüber hinaus ein großes und heterogenes Figurenaufgebot, das vom Schuhputzer bis zum Bürgermeister von New York reicht und so den Eindruck erweckt, einen ausgewogenen Einblick in die sozioökonomische Bandbreite der Stadt zu gewähren. Eine genauere Lektüre zeigt jedoch, dass das Figurenaufgebot zwar vielfältig, das Identifikationsangebot aber selektiv und reduktiv ist: Während unterschiedlichste Figuren auf der Bühne von *Bonfire* agieren, beschränkt sich das Angebot einer Innenperspektive und somit die Aufforderung zur Identifikation auf weiße Männer: Sherman McCoy, Peter Fallow und Larry Kramer. Bei anderen zentralen Charakteren – beispielsweise Maria Ruskin oder dem Reverend Bacon – wird diese Innensicht verwehrt. Es sei an dieser Stelle außerdem darauf hingewiesen, dass es keine einzige ‚schwarze' Innenperspektive gibt – ein bezeichnender Mangel bei einem Roman, der sich so zentral mit Fragen der *race politics* beschäftigt. Das selektive Identifikationsangebot führt natürlich nicht zwingend dazu, dass die Leser unkritisch alle Positionen der ihnen vertrauteren Charaktere übernehmen. Dennoch beeinflusst die selektive Fokalisierung entscheidend die narrative Bewertung der Lügen.

Ein weiterer Aspekt dieser narrativen Dynamik von Distanz und Nähe liegt in der exponierten Position Shermans. Sherman nimmt im narrativen Geflecht des Romans einen zentralen Platz ein, nicht nur, weil seine Handlung und seine Lügen als impulsgebendes Moment für die Entfaltung der restlichen Romanhandlung fungieren und er als Knotenpunkt gleichsam die unterschiedlichen Handlungsstränge eint, sondern auch, weil er im Laufe der Erzählung immer deutlicher zur zentralen Identifikationsfigur wird, für die der Leser Empathie aufbringen und an deren Schicksal er teilhaben soll. Die durch die episodische Gliederung und wechselnde Fokalisierung erreichte relative Ausgeglichenheit der narrativen Gewichtung einzelner Positionen unterliegt demnach einer Zuspitzung und wird letztlich zu einer gewissen Gleichförmigkeit zugunsten Shermans transformiert. Zu Beginn ist die narrative Inszenierung Shermans von ironischer Distanz geprägt, entlarvt ihn in seiner Arroganz und Selbstüberschätzung und macht so sein Fehlverhalten offensichtlich. Im weiteren Verlauf des Romans schwindet diese Distanz jedoch und es wird deutlich, wie ungerechtfertigt und überzogen, geradezu rechtswidrig mit Sherman verfahren wird. Der Roman zeigt, dass Shermans Transgressionen von den manipulativen Lügen und egoistischen Täuschungsaktivitäten der anderen Charaktere sowie der inhärenten Korruption der beteiligten Institutionen in den Schatten gestellt werden.

Neben dem reduktiven Identifikationsangebot und der hervorgehobenen Position Shermans trägt auch die narrative Positionierung Larry Kramers zur Entkräftung der Elitenkritik bei. Den gesamten Roman hindurch werden Sherman und Larry als parallele Charaktere inszeniert, die zwar unterschiedlichen sozioökonomischen Schichten angehören – Kramer ließe sich als Paradebeispiel der von Statusängsten geplagten Mittelschicht lesen –, aber dennoch dieselben Sorgen, Wünsche und Ansprüche haben. Situationen, die die Geldsorgen, Eheprobleme, berufliche Selbstverwirklichung oder das außereheliche sexuelle Interesse der beider Männer inszenieren, weisen eine ausgeprägte Ähnlichkeit auf. Auch die aktive Männlichkeitskonstruktion durch die Inszenierung bestimmter körperlicher Merkmale verstärkt die narrative Verknüpfung der beiden Charaktere. Diese Parallelkomposition führt ebenfalls zu einer Entkräftung der Elitenkritik.

Die narrative Organisation des Romans und die unterschiedlichen Erzählstrategien fördern somit die Identifikation mit Sherman und unterstützen den Eindruck, er sei mehr oder minder schuldlos in die Mühle der politischen Kräfte und deren lügender Protagonisten geraten. Indem Sherman lediglich als kleines Rad in einem elaborierten Gefüge der Täuschung inszeniert wird, nutzt der Roman das Vehikel der Lüge zur Nivellierung von Klassenunterschieden.

Conclusio: Wahrheit im *Fegefeuer*?

So präsent sind Lüge und Täuschung in *The Bonfire of the Vanities*, dass sich die Frage nach dem Verbleib der ‚Wahrheit' geradezu aufdrängt – gerade auch im Hinblick auf die bereits angedeutete aktuelle Relevanz des Romans in Zeiten der transatlantischen Wirtschaftskrise, die in Debatten als Vertrauenskrise gehandelt und primär den Spekulanten (als gescheiterten Hochstaplern) angelastet wird. Abschließend sei daher die Frage gestellt, ob bei all der Manipulation und Verdrehung von Tatsachen, bei all der schillernden Selbstinszenierung überhaupt Raum für Aufrichtigkeit und Authentizität bleibt. Auch die Rolle der Leser ist in diesem Zusammenhang von Interesse, schließlich sind sie es, die den Text auswerten, die narrativen Strategien annehmen oder kritisch hinterfragen und letztendlich zwischen Schein und Sein differenzieren.

Die Blendungsaktivitäten und Selbstinszenierungen – milde Formen der Hochstapelei –, mit denen viele der Charaktere nahezu konstant beschäftigt sind, werden oft durch Brüche mit der Wahrnehmung anderer Charaktere als solche entlarvt. Unterstaatsanwalt Kramers Obsession mit dem Projekt Männlichkeit qua Nackenmuskulatur wird beispielsweise durch Maria Ruskins Beobachtungen vollkommen demontiert, wie deutlich wird, als Kramer und die anderen Beteiligten sich bei Gericht die Aufnahme von Marias und Shermans Gespräch über die Befragung Marias durch Kramer anhören:

> „A man from the Bronx District Attorney's Office came around to see me today, with two detectives." Then: „A pompus little bastard." *Whuh* – he [Kramer] was stunned. A scalding tide rose up in his neck and face. Somehow it was the *little* that wounded him most. Such a contemptuous dismissal – and him with his mighty sternocleidomastoids – [...]. „He kept throwing his neck back and doing something weird with his neck, like this, and looking at me through those slit eyes. What a creep." (S. 690)

Auch Fallows Manipulation der Tatsachen wird offengelegt, da die Leser, denen das Telefonat mit dem Lehrer bekannt ist, die Diskrepanz zwischen dessen Aussagen und Fallows gedruckter Version nicht übersehen können. Während der Lehrer keine Zweifel darüber lässt, dass er Fallows Kriterien und Kategorien für inadäquat hält, veröffentlicht Fallow einen Zeitungsartikel, in dem er das Fach Englisch als „advanced literature and composition class" (S. 272–273) und Henry als hochintelligenten und strebsamen Musterschüler bezeichnet, der seinen Abschluss mit Auszeichnung gemacht hätte.

Von dem schicksalsträchtigen Unfall in der Bronx kursieren drei verschiedene Versionen, von denen allerdings eine narrativ privilegiert wird und somit am glaubwürdigsten erscheinen muss, nämlich die chronologisch erste, erzählt aus der Perspektive von Sherman und Maria. Wie genau Henrys Rolle in dem Ereignis tatsächlich ausgesehen haben mag, bleibt offen, und in dieser Leerstelle liegt eine der zentralen Aussagen des Romans. Die Leerstelle weist schließlich darauf hin, dass in der im Roman konstruierten Welt der ,tatsächliche' Hergang der Ereignisse um den Autounfall vollkommen nebensächlich ist. Keiner der Charaktere hat ein ernsthaftes Interesse an Henry und seinen Beweggründen – für die Akteure ist nur wichtig, wie sie die unterschiedlichen Versionen des Unfalls instrumentalisieren können.

In *The Bonfire of the Vanities* geht es nicht darum, was ,wirklich' oder ,tatsächlich' passiert ist. Keiner der Charaktere ist darum bemüht, die ,Wahrheit' als separate, von Eigeninteressen dissoziierte Entität aufzuspüren – alle Akteure haben ihre eigene Version bestimmt und setzen alles daran, diese durchzusetzen. Wahrheit wird in *Bonfire* also nicht als feststehende Tatsache inszeniert, die es zu identifizieren gilt, sondern als wandelbares Kunstprodukt politischer Kräfte. Wer die Macht hat, hat auch die Wahrheit – oder andersherum: Wer die Wahrheit hat, hat die Macht. Es geht den Beteiligten an keiner Stelle um den Kampf um die Wahrheit als solche, sondern immer um den Kampf um Deutungshoheit.

Aus dem Epilog lassen sich Rückschlüsse über die Gewinner und Verlierer dieses Kampfes ziehen: Sherman McCoy, zum „professional defendant" (S. 707) degradiert und nicht einmal mehr in der Lage, seinen Anwalt zu bezahlen, verliert alles; Henry Lamb stirbt; Richter Kovitsky – einer der wenigen aufrichtigen Charaktere – wird nicht wieder nominiert; Larry Kramers Karriere ist beendet. Bezirksstaatsanwalt Abraham Weiss wird wiedergewählt; Maria heiratet neu und bleibt straffrei; Peter Fallow erhält den Pulitzer-Preis für seine Berichterstattung; und Reverend Bacon bleibt eine wichtige Figur in der Politik und im Aktivismus. Wie sich anhand der Gegenüberstellung von Sherman und Peter Fallow exemplarisch erkennen lässt, liegt die Deutungshoheit also nicht zwingend bei der Elite.

An dieser Stelle sei noch einmal auf den historischen Kontext des Romans hingewiesen, der von besonderem Interesse ist. Veröffentlicht im Oktober 1987, in dem sich auch der *Black Monday* ereignete, der größte Börsenkrach seit Ende des Zweiten Weltkrieges, liefert *Bonfire* ein Porträt der New Yorker Gesellschaft kurz vor dem Kollaps. Die Parallelen zur Krise des frühen 21. Jahrhunderts und der ihr zugrundeliegenden materialistischen Enthemmung sind offensichtlich. Interessant ist allerdings, dass die Wertung der Geschehnisse im Roman sich durchaus vom Tenor der aktuellen Berichterstattung unterscheidet. Laut letzterer ist eindeutig, wer die Krise zu verantworten hat: Die „Kapital-Verbrecher", die „Schamlosen", nämlich die Wall-Street-Bosse und Bankmanager, die, von „Gier und Größenwahn"[6] regiert, das System zum Zusammenbruch gebracht haben. In *Bonfire* ist die Attribution der Schuld nicht so eindeutig. Der Börsencrash von 1987 ist zwar nicht Gegenstand des Romans, deutet sich aber gleichsam drohend an, indem genau jene Gesellschaft inszeniert wird, die sich haltlos auf den Crash zubewegt. Wie dieser Aufsatz gezeigt hat, werden die den Text dominierenden hochstaplerischen Aktivitäten jedoch nicht primär eingesetzt, um die Elite – also jene schamlosen Kapital-Verbrecher – zu kritisieren, sondern führen in erster Linie zu einer Nivellierung von Klassenunterschieden. *Bonfire* inszeniert geradezu eine „Demokratisierung des Hochstapelns", um eine Formulierung Harald Nicolas Stazols zu bemühen, der in der ewigen Gier nach mehr „die treibende Kraft des gerade in die Knie gezwungenen Turbokapitalismus" verortet.[7] Letztendlich imaginiert *Bonfire* einen urbanen Mikrokosmos, der von Lüge und Täuschung regiert wird; moralische Integrität lässt sich aber nicht auf soziale oder ökonomische Positionen zurückführen. Das ‚Fegefeuer der Eitelkeiten' kann nur von denjenigen überwundern werden, die sich in der eigendynamischen Lügenlandschaft souverän bewegen können. Die Mitglieder der Elite, so der Roman, sind den persönlichen und politischen Machtkämpfen trotz ihrer Abschottung durch Park Avenue, Limousinen und Privatschulen ebenso ausgeliefert wie alle anderen auch. So inszeniert der Roman Lüge, Blendung und Täuschung als große Gleichmacher, die von sozialen, ökonomischen und machtpolitischen Differenzen ablenken.

Abschließend bleibt zu bemerken, dass es sich bei Tom Wolfes Roman um einen Text mit ausgeprägten satirischen Tendenzen handelt, die eine stabile Deutung erschweren. Durch die demokratisierende Allgegenwart der Lüge erweckt *Bonfire* den Eindruck, die Akteure seien unabhängig von ihrer Positionierung im sozioökonomischen System auf einer fundamentalen Ebene gleich und somit auch gleich zu bewerten: Sie teilen die gleichen Wünsche und Ziele,

6 Diese reißerischen Formulierungen entstammen den Schlagzeilen deutscher Wochenzeitschriften zum Thema der Finanzkrise: dem *Spiegel* (01.02.2010 und 16.02.2009) sowie dem *Stern* (24.09.2008).

7 Harald Nicolas Stazol: Impostors Revisited – oder warum Hochstapler hochstapeln. In: *Kultur und Gespenster* 9 (2009), S. 79–87, hier S. 86.

Ängste und Sorgen, und greifen deshalb auch zu deren Realisierung oder Bekämpfung zu den gleichen Mitteln, nämlichen denen der Lüge und Täuschung. Die sozialen, kulturellen und ökonomischen Differenzen zwischen Sherman McCoy, Maria Ruskin, Roland Auburn, Peter Fallow, Larry Kramer und Abraham Weiss werden durch den gemeinsamen Nenner der Lüge aufgebrochen und die so gegensätzlichen Charaktere auf diese Art auf eine Linie gebracht. Ob dieses Phänomen für bare Münze genommen oder als Teil der Satire gelesen werden soll, kann an dieser Stelle nicht abschließend entschieden werden. Letztendlich muss die Frage offen bleiben, ob der Roman auf der Erzählebene ähnlich hochstaplerische Tendenzen aufweist wie seine Charaktere innerhalb der Diegese.

Lässt sich ein guter Hochstapler als solcher entlarven? Wenn ja: Wie?

Roland Pfister / Anna Foerster / Katharina Schwarz / Robert Wirth

Hochstapelei ist eine Kunst – ihre Aufdeckung ebenso

Frank William Abagnale Jr. hatte bereits vor seinem zwanzigsten Geburtstag einiges erreicht: Er hatte als Flugzeugpilot gearbeitet, war als Arzt und Jurist tätig gewesen und hatte zudem als Universitätsdozent Soziologie unterrichtet. Eine derartige Anzahl von Errungenschaften spricht dafür, dass der 1948 geborene Abagnale außerordentlich talentiert sein musste. Und tatsächlich verfügte er über großes Talent. Dieses Talent bezog sich allerdings genauso wenig auf das Fliegen von Flugzeugen wie auf das Behandeln von Patienten, das Auslegen von Gesetzestexten oder das Verstehen soziologischer Zusammenhänge. Seine wahre Begabung lag vielmehr darin, die Gunst der Stunde zu nutzen und sich mithilfe gefälschter Zeugnisse und geschickt eingesetzter Improvisationskunst als jemand auszugeben, der er nicht war. Dieses Talent, zusammen mit seiner Gabe für das Fälschen von Bankschecks, ermöglichte ihm ein luxuriöses Leben, das nicht nur genügend Stoff für autobiographische Bücher lieferte,[1] sondern dem auch in Form des Kinofilmes *Catch Me If You Can* (USA 2002, R: Steven Spielberg) ein Denkmal gesetzt wurde.

Offensichtlich hatte Frank Abagnale es geschafft, sich über Jahre hinweg so gekonnt in Szene zu setzen, dass sein gesamtes soziales Umfeld davon getäuscht wurde. Dies ist umso beachtlicher, wenn

1 Frank W. Abagnale / Stan Redding: *Catch Me If You Can. The Amazing True Story of the Youngest and Most Daring Con Man in the History of Fun and Profit.* New York: Broadway Books 2000.

man sich die Herausforderungen vor Augen führt, denen ein professioneller Hochstapler gegenüber steht: Er muss nicht nur eine stimmige, glaubhafte und zweckdienliche Geschichte entwerfen, sondern diese immer wieder so überzeugend wie konsistent darstellen und dabei auf spontane Nachfragen souverän reagieren können, obwohl häufig hierzu Wissen vonnöten ist, das der Hochstapler nicht besitzen kann. Wie die Geschichte von Frank Abagnale eindrucksvoll zeigt, ist allerdings nicht nur die Hochstapelei selbst eine große Herausforderung. Vielmehr scheint auch das Aufdecken von Hochstapelei mit einiger Schwierigkeit verbunden zu sein – ganz unabhängig davon, ob es sich um eine ausgetüftelte, erdachte Identität handelt oder stattdessen um eine kleine, wenig weitreichende Prahlerei im Alltag. Mit der Aufdeckung derartiger Falschaussagen bzw. von Lügen im Allgemeinen beschäftigt sich die psychologische Forschung seit vielen Jahrzehnten – und hat dabei verschiedene bemerkenswerte Ergebnisse erzielt. Einige dieser wegweisenden Forschungsansätze werden im Folgenden näher beleuchtet.

Generell stellt sich hierbei die einfache Frage: „Sind Menschen überhaupt dazu in der Lage, eine falsche Aussage ohne Hilfsmittel verlässlich als solche zu erkennen?“[2] Glaubt man der amerikanischen Serie *Lie to Me* (USA 2009–2011), können Lügner aufgrund von Körpersprache und Mikroexpressionen schnell und zuverlässig überführt werden. Für die Privatermittler der Serie ist es dabei ein Leichtes, nach nur kurzen Interviews, in denen die Mimik der Betroffenen genau studiert wird, die Befragten eindeutig einer Falschaussage zu bezichtigen. Diese Methoden funktionieren allerdings leider nur in fiktiven Geschichten so gut. Im wahren Leben gestaltet sich das Erkennen von Lügen als weitaus komplexere Aufgabe, wie empirische Befunde zeigen. Doch wie kann man einer solchen Frage überhaupt empirisch nachgehen?

Zunächst muss das passende Untersuchungsmaterial generiert werden. Eine Möglichkeit besteht hierbei beispielsweise darin, Personen zu filmen, denen man aufträgt, eine richtige bzw. falsche Aussage abzugeben.[3] Etwa wurden freiwillige Versuchsteilnehmer gebeten, über ihre emotionalen Reaktionen auf einen kurzen Film

2 Bella M. DePaulo: Spotting Lies: Can Humans Learn to Do Better? In: *Current Directions in Psychological Science* 3,3 (1994), S. 83–86.

3 Paul Ekman / Maureen O'Sullivan: Who Can Catch a Liar? In: *American Psychologist* 46,9 (1991), S. 913–920.

zu berichten und dabei entweder ihre tatsächlichen Reaktionen zu beschreiben oder aber über ihre Gefühle zu lügen (in diesem Fall waren die Personen dazu angehalten, positive Gefühle nach einem Horrorfilm zu berichten). Die so erstellten Videos lassen sich dann anderen, unwissenden Versuchsteilnehmern vorlegen, die bewerten müssen, ob die gefilmte Person ihre Emotionen wahrheitsgemäß oder falsch berichtet hat. Besonders interessant ist in diesem Zusammenhang, die Erkennungsleistung unterschiedlicher Personengruppen zu betrachten, denen man intuitiv eine relativ hohe Menschenkenntnis bescheinigen würde. In einer großangelegten Untersuchung von Ekman und O'Sullivan wurden etwa Psychologiestudenten, praktizierende Psychiater, Streifenpolizisten, Richter und Mitarbeiter des amerikanischen Secret Service sowie der Central Intelligence Agency (CIA) verglichen.[4] Jedem Teilnehmer wurden dabei zehn Videos vorgespielt, von denen fünf eine wahre Aussage zeigten und fünf eine Lüge. Bei einer solchen Aufgabe sind zwei Arten von Fehlern möglich: Eine Lüge kann fälschlicherweise als wahre Aussage klassifiziert und eine wahre Aussage kann fälschlicherweise als Lüge klassifiziert werden. Die Wahrscheinlichkeit, mit der ein Beobachter durch reines Raten zufällig korrekt liegt, beträgt dabei offensichtlich 50% – und tatsächlich zeigte sich bei fast allen der oben genannten Gruppen genau diese Trefferrate, d. h., selbst Personen, die sich von Berufs wegen mit Lügen und deren Aufdeckung beschäftigen, sind in ihrer Leistung nicht vom Zufallsniveau unterschieden!

Diese und ähnliche Befunde zeigen eindrucksvoll, dass das Aufdecken einer Lüge oder einer erfundenen (Lebens-)Geschichte eine schwierige Herausforderung ist. Gerade aufgrund des schlechten Abschneidens verschiedenster Berufsgruppen drängt sich die Frage auf, ob überhaupt eine sichere Methode zur Steigerung der Entdeckungsleistung existiert, selbst wenn keine perfekten Ergebnisse erzielt werden können. Diese Frage hat eine große Anzahl von Forschungsvorhaben zu systematischen Methoden zur Aufdeckung von Falschaussagen motiviert. Mögliche Zugänge bieten hier unter anderem die Analyse von Struktur und Inhalt einer Aussage sowie das Verhalten des potentiellen Lügners bzw. Hochstaplers.

4 Ebd.

Lügendetektion zum Ersten: Was wird erzählt?

In den 1950er und 1960er Jahren wurden verstärkt systematische Versuche unternommen, qualitative Unterschiede zwischen Berichten über erlebte Ereignisse und Berichten über erfundene Ereignisse zu dokumentieren. Grundlage dieser Überlegung war die Annahme, dass über erlebte Ereignisse durch die entsprechend vorhandenen Gedächtnisinhalte unweigerlich grundsätzlich anders berichtet wird als über erfundene Ereignisse, bei denen der Erzähler, so die Annahme, „wie der Blinde von den Farben" spricht.[5] Getrieben wurden derartige Überlegungen vor allem durch die verstärkte Einbeziehung psychologischer Gutachten in Gerichtsprozessen, wobei sich die einschlägige Forschung vor allem auf die Beurteilung von Aussagen im Kontext eines potentiellen Kindesmissbrauchs konzentrierte.[6] Ausgehend von der beschriebenen Überlegung zum Unterschied zwischen Berichten über erlebte und erfundene Ereignisse wurden verschiedene Kriterienkataloge sogenannter „Realkennzeichen" erarbeitet.[7] Das Vorhandensein derartiger Realkennzeichen spricht dafür, dass ein Ereignis tatsächlich erlebt wurde.

Der bekannteste Kriterienkatalog dieser Art nennt insgesamt 19 Realkennzeichen, die in fünf Gruppen eingeordnet werden.[8] Die erste Gruppe bilden hierbei sogenannte *allgemeine Merkmale*. Hierzu zählen (*1*) eine hohe logische Konsistenz der Geschichte bei gleichzeitig (*2*) vergleichsweise unstrukturierter Darstellung, inklusive Zeitsprüngen und nachträglicher Hinzufügung weiterer Informationen sowie Richtigstellungen. Ein weiteres allgemeines Merkmal ist (*3*) eine hohe Menge von Detailinformationen, die spontan genannt und beschrieben werden. Eine zweite Gruppe von Realkennzeichen bilden sogenannte *spezielle Merkmale*. Hierzu zählen (*4*) die spontane Einbettung

5 Udo Undeutsch: Beurteilung der Glaubhaftigkeit von Zeugenaussagen. In: Ders. (Hrsg.): *Forensische Psychologie*. Göttingen: Hogrefe 1967, S. 26–181, hier S. 125.

6 Max Steller: Vier Jahrzehnte forensische Aussagepsychologie. Eine nicht nur persönliche Geschichte. In: *Praxis der Rechtspsychologie* 23,1 (2013), S. 11–32.

7 Undeutsch: Beurteilung der Glaubhaftigkeit von Zeugenaussagen. Vgl. auch Max Steller / Günter Köhnken: Criteria-Based Statement Analysis. Credibility Assessment of Children's Statements in Sexual Abuse Cases. In: David C. Raskin (Hrsg.): *Psychological Methods for Investigation and Evidence*. New York: Springer 1989, S. 217–245.

8 Steller / Köhnken: Criteria-Based Statement Analysis. Auch diese Liste wurde speziell für die Beurteilung von Aussagen entwickelt, die innerhalb eines Gerichtsprozesses mit dem Verdacht auf Kindesmissbrauch getätigt werden, und ist somit nur in Teilen auf den Fall der Hochstapelei übertragbar. Aufgrund ihrer weiten Verbreitung beschreiben wir dennoch den vollständigen Kriterienkatalog.

kontextueller Informationen zur räumlichen und zeitlichen Einordnung von Geschehnissen, die Wiedergabe von (*5*) zwischenmenschlichen Interaktionen und (*6*) Gesprächen, sowie (*7*) die Beschreibung von Komplikationen im Handlungsverlauf durch unvorhergesehene Ereignisse. Unter *inhaltlichen Merkmalen* versteht man hingegen die Schilderung (*8*) ausgefallener und (*9*) nebensächlicher Einzelheiten, sowie (*10*) eine phänomengemäße Beschreibung unverstandener Handlungselemente. Weitere inhaltliche Merkmale sind (*11*) die Nennung von Informationen ohne direkten Handlungsbezug und die Beschreibung psychischer Vorgänge, sowohl (*12*) bei sich selbst als auch (*13*) bei anderen. Die vierte Gruppe von Realkennzeichen sind sog. *motivationsbezogene Merkmale* wie etwa (*14*) spontane Verbesserungen eigener Aussagen und (*15*) das Eingestehen von Erinnerungslücken. Vor allem im gerichtlichen Kontext sprechen auch Relativierungen für erlebnisbasierte Schilderungen, etwa im Sinne von (*16*) Einwänden gegen die Richtigkeit der eigenen Aussage, (*17*) Selbstbelastungen durch Einräumung von Mitschuld oder (*18*) eine Entlastung des Angeschuldigten. Ebenfalls hauptsächlich im gerichtlichen Kontext relevant ist schließlich (*19*) die Schilderung *deliktspezifischer Inhalte*, wobei dieses Kennzeichen als eigenständige Kategorie geführt wird. Hierunter versteht man das Vorkommen von Details und Strukturen, die von Experten als typisch für eine bestimmte Art von Delikt angesehen werden.

Für das Aufdecken einer Hochstapelei erscheinen hierbei vor allem die Kriterien 1–15 als einschlägig. Ein derartiger Kriterienkatalog kann allerdings nur dann hilfreich sein, wenn die verschiedenen Kriterien tatsächlich auch einer empirischen Überprüfung standhalten. Und tatsächlich scheint die Berücksichtigung der beschriebenen Kriterien bei der Entdeckung erfundener Geschichten zu helfen, wie eine große Zahl unterschiedlicher Studien andeutet.[9] Allerdings zeigen

9 Wilfried Hommers / Andreas Hennenlotter: Zur Kreuzvalidierung von ausgewählten Realitätskriterien: Eine kreuzvalidierte TYPAG-Anwendung. In: Thomas Fabian / Sabine Nowara (Hrsg.): *Neue Wege und Konzepte in der Rechtspsychologie*. Berlin: LIT 2006, S. 63–88; Günter Köhnken / Elke Schimossek / Ellen Aschermann / Eberhard Höfer: The Cognitive Interview and the Assessment of the Credibility of Adult's Statements. In: *Journal of Applied Psychology* 80,6 (1995), S. 671–684; Günter Köhnken / Herrmann Wegener: Zur Glaubwürdigkeit von Zeugenaussagen: Experimentelle Überprüfung ausgewählter Glaubwürdigkeitskriterien. In: *Zeitschrift für experimentelle und angewandte Psychologie* 29,1 (1982), S. 92–111; Kristine L. Landry / John C. Brigham: The Effect of Training in Criteria-Based Content Analysis on the Ability to Detect Deception in Adults. In: *Law and Human Behavior* 16,6 (1992) S. 663–675;

diese Studien ebenso deutlich, dass selbst gut trainierte Beobachter unter Zuhilfenahme komplexer und gut standardisierter Verfahren keine perfekte Erkennungsleistung erreichen können – Fehlerraten von bis zu 35% sind keine Seltenheit.[10] Dies bedeutet, dass die genaue Auseinandersetzung mit Inhalt und Art der Darstellung zwar wertvolle Hinweise geben kann, eine Überführung eines Lügners oder Hochstaplers auf diese Art jedoch nicht möglich ist. Weiterhin ist davon auszugehen, dass gerade professionelle Lügner und Hochstapler dazu in der Lage sein sollten, derartige Kriterienkataloge zu nutzen, um die Glaubhaftigkeit einer erfundenen Geschichte zu maximieren,[11] sodass die entsprechenden Kriterien mit angemessener Umsicht verwendet werden sollten. Zugleich bietet es sich an, nach weiteren Möglichkeiten zur Steigerung der Erkennungsleistung zu suchen. Eine Möglichkeit bietet die Analyse des Verhaltens eines potentiellen Lügners bzw. Hochstaplers.

Lügendetektion zum Zweiten: Wie wird etwas erzählt?

In der psychologischen Forschung wurden diverse Aspekte des beobachtbaren Verhaltens auf ihre Tauglichkeit zur Aufdeckung einer Lüge untersucht. Hierzu zählen zunächst verschiedene generelle Anzeichen von Nervosität, die sich ohne Hilfsmittel erfassen lassen: Vermeidung von Blickkontakt, Blinzelhäufigkeit, Erhöhung der Stimmfrequenz, Hektik in Gesten und Mimik und ein angespannter Gesichtsausdruck.[12] Manche dieser Kriterien lassen eine Lüge bzw. Hochstapelei tatsächlich mehr oder weniger wahrscheinlich erscheinen; dies gilt jedoch vor allem für wenig geübte Lügner, deren höhere Anspannung das Auftreten dieser Merkmale fördert.[13] Dieselbe Schlussfolgerung

Aldert Vrij / Wendy Kneller / Samantha Mann: The Effect of Informing Liars about Criteria-Based Content Analysis on Their Ability to Deceive CBCA-Raters. In: *Legal and Criminological Psychology* 5,1 (2000), S. 57–70.

10 Aldert Vrij: Criteria-Based Content Analysis. A Qualitative Review of the First 37 Studies. In: *Psychology, Public Policy, and Law* 11,1 (2005), S. 3–41.

11 Aldert Vrij / Katherine Edward / Ray Bull: Stereotypical Verbal and Nonverbal Responses while Deceiving Others. In: *Personality and Social Psychology Bulletin* 27,7 (2001), S. 899–909.

12 Bella M. DePaulo / James J. Lindsay / Brian E. Malone / Laura Muhlenbruck / Kelly Charlton / Harris Cooper: Cues to Deception. In: *Psychological Bulletin* 129,1 (2003), S. 74–118; Paul Ekman / Maureen O'Sullivan / Mark G. Frank: A Few Can Catch a Liar. In: *Psychological Science* 10,3 (1999), S. 263–266.

13 David B. Buller / Judee K. Burgoon: Interpersonal Deception Theory. In: *Communication Theory* 6,3 (1996), S. 203–242.

trifft im Übrigen auch für verschiedene technisch vermittelte Verfahren wie etwa frühe Versuche zur Verwendung von Polygraphen[14] zu, die verschiedene Anzeichen von Nervosität wie etwa Herzfrequenz, Hautleitfähigkeit und Atemfrequenz aufzeichnen.[15]
Um auch geübtere Lügner bzw. Hochstapler als solche enttarnen zu können, wurden daher in den letzten Jahren unterschiedliche verfeinerte Verfahren vorgeschlagen. Die meisten dieser Verfahren beruhen auf der einfachen Annahme, dass der wahrheitsgemäße Abruf eines Gedächtnisinhalts im Allgemeinen einfacher sein sollte als die Konstruktion bzw. der Abruf einer unwahren Aussage.[16] Aus dieser Annahme ergibt sich, dass wahrheitsgemäßes Antworten schneller vonstatten gehen sollte als Lügen.[17] Zwar handelt es sich hierbei offensichtlich nur um Bruchteile einer Sekunde, unter geeigneten Umständen lassen sich hieraus jedoch relativ zuverlässige Urteile ableiten. In entsprechenden Untersuchungen zu dieser Art der Lügendetektion werden am Computerbildschirm einfache Ja/Nein-Fragen gezeigt, auf die so schnell wie möglich geantwortet werden muss, wobei absichtlichem Hinauszögern durch entsprechende Instruktionen entgegengewirkt wird.[18] Dabei wird eine Reihe von Fragen wiederholt gestellt, um die dazugehörige Reaktionszeit sowie die Streuung dieser Zeiten möglichst genau zu ermitteln. Erste systematische Untersuchungen sprechen dafür, dass mit entsprechenden statistischen Verfahren tatsächlich zwischen drei Gruppen von Personen unterschieden werden kann, nämlich ungeübten Lügnern,

14 Don Grubin / Lars Madsen: Lie Detection and the Polygraph: A Historical Review. In: *Journal of Forensic Psychiatry & Psychology* 16,2 (2005), S. 357–369.

15 Neuere Methoden der psychophysiologischen Aussagebeurteilung wie etwa der sogenannte Tatwissentest erreichen deutlich bessere Erkennungsleistungen, sind aber aufgrund ihrer Konstruktion vor allem dazu geeignet, verheimlichtes Wissen aufzuspüren. Ein Hochstapler – der offensichtlich kein solches verheimlichtes Wissen besitzt – ist auf diese Weise nicht identifizierbar. Methodische Hintergründe zu derartigen neueren Verfahren finden sich bei Matthias Gamer / Gerhard Vossel: Psychophysiologische Aussagebeurteilung. Aktueller Stand und neuere Entwicklungen. In: *Zeitschrift für Neuropsychologie* 20,3 (2009), S. 207–218.

16 Sean A. Spence / Tom F. D. Farrow / Amy E. Herford / Iain D. Wilkinson / Ying Zheng / Peter W. R. Woodruff: Behavioural and Functional Anatomical Correlates of Deception in Humans. In: *Neuroreport* 12,13 (2001), S. 2849–2853.

17 Jeffrey J. Walczyk / Karen S. Roper / Eric Seeman / Angela M. Humphrey: Cognitive Mechanisms Underlying Lying to Questions: Response Time as a Cue to Deception. In: *Applied Cognitive Psychology* 17,7 (2003) S. 755–774.

18 Tatsächlich sind die interessierenden Unterschiede in derartigen Untersuchungen klein genug, um nicht willkürlich beeinflusst werden zu können.

geübten Lügnern und Personen, die wahrheitsgemäß antworten.[19] Sehr ähnliche Überlegungen liegen Ansätzen zugrunde, die Lügen über generell erhöhte Gehirnaktivität nachspüren. Diese wird über bildgebende Verfahren erfasst, während wiederum einfache Ja/Nein-Fragen beantwortet werden müssen.[20] Derartige Ansätze über die Komplexität kognitiver Operationen scheinen einen vielversprechenden Zugang zur Entdeckung von Lügen zu bieten, der vor allem in Kombination mit den oben beschriebenen Verfahren zur Analyse von Aussagen eine vergleichsweise informierte Entscheidung erlaubt.

Die Rolle des Beobachters

Die Beschäftigung mit verschiedenen verbalen und nonverbalen Hinweisen auf Lügen und Hochstapelei scheint also zwar nützlich zu sein, um entsprechende Vermutungen über den Wahrheitsgehalt einer Aussage zu generieren, ein abschließendes Urteil lassen diese Informationsquellen hingegen nicht zu. Derartige Hinweise können allerdings nur dann effizient eingesetzt werden, wenn sie möglichst objektiv erfasst und evaluiert werden. Hierzu ist es vor allem auch nötig, auf sich selbst zu achten, um voreiligen Schlüssen vorbeugen zu können. Dies bezieht sich nicht nur auf die möglichst rationale Verarbeitung der Informationen, sondern genauso auf das eigene Verhalten, während man mit einer Aussage oder Geschichte konfrontiert wird.

Hier hat sich gezeigt, dass Personen generell schlechter im Erkennen einer Falschaussage sind, wenn sie offensichtlich nebensächliche Verhaltensweisen des potentiellen Lügners bzw. Hochstaplers nachahmen – etwa den Gesichtsausdruck, die Körperhaltung oder beiläufige Bewegungen.[21] Direktes Nachahmen nebensächlicher Verhaltensweisen scheint also unweigerlich zu einer höheren Akzeptanz des Gehörten zu führen und damit einer objektiven Beurteilung im Wege zu stehen. Ein weiterer versteckter Einflussfaktor auf die Beurteilung

19 Jeffrey J. Walczyk / Kevin T. Mahoney / Dennis Doverspike / Diana A. Griffith-Ross: Cognitive Lie Detection: Response Time and Consistency of Answers as Cues to Deception. In: *Journal of Business and Psychology* 24,1 (2009), S. 33–49.

20 Daniel D. Langleben / James W. Loughead / Warren B. Bilker / Kosha Ruparel / Anna R. Childress / Samantha I. Busch / Ruben C. Gur: Telling Truth from Lie in Individual Subjects with Fast Event-Related fMRI. In: *Human Brain Mapping* 26,4 (2005), S. 262–272.

21 Mariëlle Stel / Eric van Dijk / Einav Olivier: You Want to Know the Truth? Then Don't Mimic! In: *Psychological Science* 20,6 (2009), S. 693–699.

einer Aussage kann zudem ein beiläufiges Nicken oder Kopfschütteln darstellen. Intuitiv könnte man davon ausgehen, dass Nicken tendenziell mit einem stärkeren Glauben in eine gehörte Geschichte einhergehen sollte; die Ergebnisse entsprechender Untersuchungen zeigen jedoch ein differenziertes Bild.[22] In diesen Untersuchungen wurden Versuchspersonen gebeten, einen Kopfhörer vorgeblich zu Marktforschungszwecken zu testen.[23] Dabei wurden die Teilnehmer instruiert, Tonqualität und Tragekomfort der Kopfhörer während des Bewegens des Kopfes einzustufen – verschiedene Gruppen bekamen hierzu entweder eine verdeckte Nicken- oder Kopfschütteln-Instruktion. Über den Kopfhörer wurde ein Text eingespielt, der entweder gute oder schlechte Argumente für ein bestimmtes Vorhaben darlegte. Wurden gute Argumente beschrieben, so führte beiläufiges Kopfnicken tatsächlich zu einer *höheren* Akzeptanz der Argumente als Kopfschütteln. Wurden hingegen schlechte Argumente beschrieben, so führte Nicken zu einer *geringeren* Akzeptanz als Kopfschütteln. Dieses und ähnliche Ergebnisse deuten darauf hin, dass beiläufige Gesten wie Nicken oder Kopfschütteln in erster Linie das Vertrauen in die eigene momentane Überzeugung beeinflussen, was der objektiven Beurteilung von Informationen jedoch ebenfalls im Wege steht. Die Beobachtung und Kontrolle des eigenen Verhaltens ist daher eine wichtige Strategie, um den Wahrheitsgehalt einer Aussage möglichst unverzerrt beurteilen zu können.

Die wahre Geschichte hinter einer Täuschung

Obwohl Lügen dem Sprichwort nach zu kurzen Beinen neigen, scheint die Aufdeckung einer Lüge im Allgemeinen, und einer Hochstapelei im Besonderen, mit einigen Schwierigkeiten behaftet zu sein. Zwar steht eine breite Palette von Techniken zur Verbesserung der Erkennungsleistung bereit – Realkennzeichen von Aussagen, non-verbales Verhalten oder auch technisch vermittelte Verfahren –, aber eine hieb- und stichfeste Klassifikation einer Aussage ist nach momentanen Erkenntnissen nicht ohne weiteres möglich. Die beschriebenen

22 Pablo Brinol / Richard E. Petty: Overt Head Movements and Persuasion: A Self-Validation Analysis. In: *Journal of Personality and Social Psychology* 84,6 (2003), S. 1123–1139.

23 Diese Prozedur ist entlehnt aus Gary L. Wells / Richard E. Petty: The Effects of Overt Head Movements on Persuasion: Compatibility and Incompatibility of Responses. In: *Basic and Applied Social Psychology* 1,3 (1980), S. 219–230.

Techniken sind also vor allem dazu geeignet, eine Hypothese über den Wahrheitsgehalt einer Aussage zu generieren. Aufbauend auf dieser Hypothese kann ein Lügner oder Hochstapler jedoch nur durch tatsächliche Beweise wie etwa die Entdeckung gefälschter Dokumente überführt werden. So wundert es auch wenig, dass Hochstapler vor allem dann erfolgreich sein können, wenn sie in erster Linie die Kunst der Dokumentenfälschung beherrschen. Genau diese Kunst war es auch, die Frank Abagnale hauptsächlich zu seinen Erfolgen verhalf – und die er heute verwendet, um im Dienste des Gesetzes Fälschungen und fingierten Identitäten nachzuspüren.[24]

24 Entsprechende Bekenntnisse finden sich unter anderem auf seiner Homepage, http://www.abagnale.com (Zugriff am 06.01.2014).

ميكا مبيكدبش
MIKA LÜGT NICHT !

Mika lügt nicht

Lukas Stopczynski

Das interdisziplinäre Projekt „Mika lügt nicht“ wurde in Kairo am 28. Juni 2013 in Kooperation zwischen der Kunstakademie Stuttgart und der Studienstiftung des deutschen Volkes durchgeführt. Von ägyptischen Forschungskollegen unterstützt, ist es dem mehrköpfigen Wissenschaftsteam aus Deutschland gelungen, am Tahrir-Platz und der Mohamed-Mahmoud-Straße das in den Monaten zuvor erarbeitete Versuchsobjekt „Mika lügt nicht“ zu platzieren. An diesen Epizentren der ägyptischen Protestbewegung, die durch anhaltende soziale und politische Missstände motiviert ist, möchten die deutschen Forscher mithilfe ihrer neuartigen Feldstudie die aktuellen makrosoziologischen Auswirkungen des ‚Arabischen Frühlings‘ von 2010 in der ägyptischen Hauptstadt analysieren. Wie erwartet, folgten die ersten Reaktionen der Bevölkerung auf den Versuchskörper in den Ausschreitungen am 30. Juni 2013. Die Resonanz auf das Projekt „Mika lügt nicht“ durch die Bewohner, aber auch die Reaktion der staatlichen Sicherheitskräfte, waren von einer unerwartet hohen Intensität, die das außergewöhnliche Konzept der Wissenschaftler in ihren Hypothesen zu bestätigen scheint. Vor den schweren Kämpfen in den darauf folgenden Tagen konnte das deutsche Forschungsteam rechtzeitig aus Kairo ausgeflogen werden, sodass keine Gefahr für die Beteiligten vor Ort entstand. Aktuell befindet sich das Wissenschaftsteam um Lukas Stopczynski in der Auswertung der gesammelten Daten und hofft schon Ende des Jahres die ersten wissenschaftlichen Ergebnisse veröffentlichen zu können.

1-26
ميكا ميكدبش
qomra.org
M.Pato
وليد حسن
طارق بكر
محمد إسماعيل
أبو رحيل

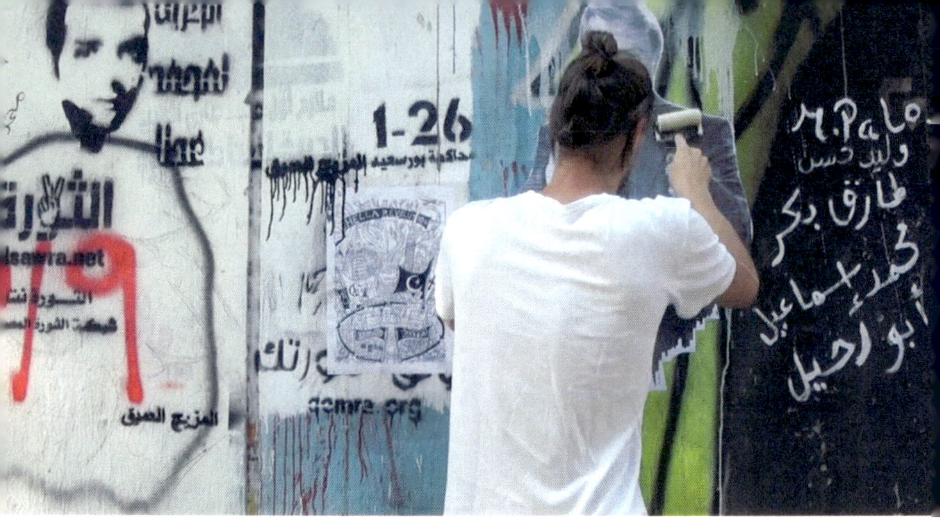
1-26
طارق بكر

خليهم يتسلوا
خليهم يتسلوا
قبل الثورة

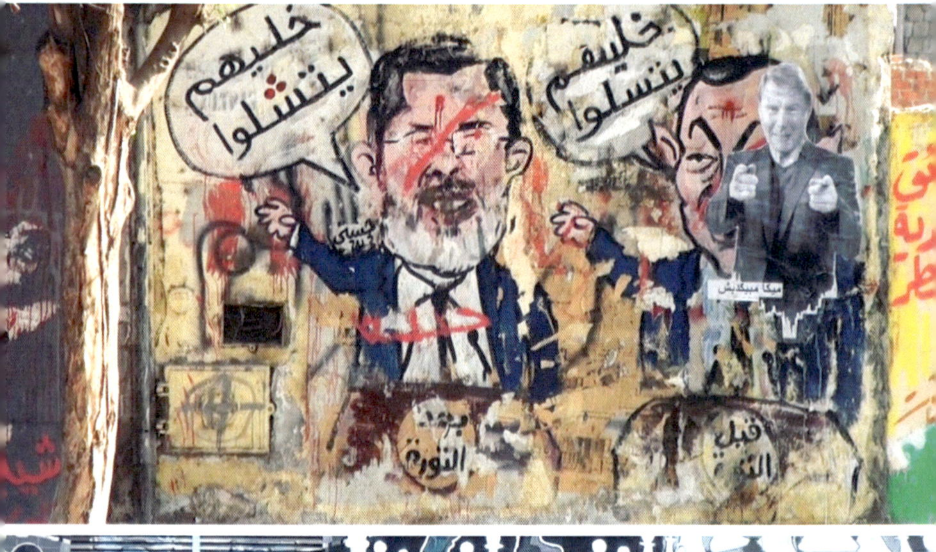

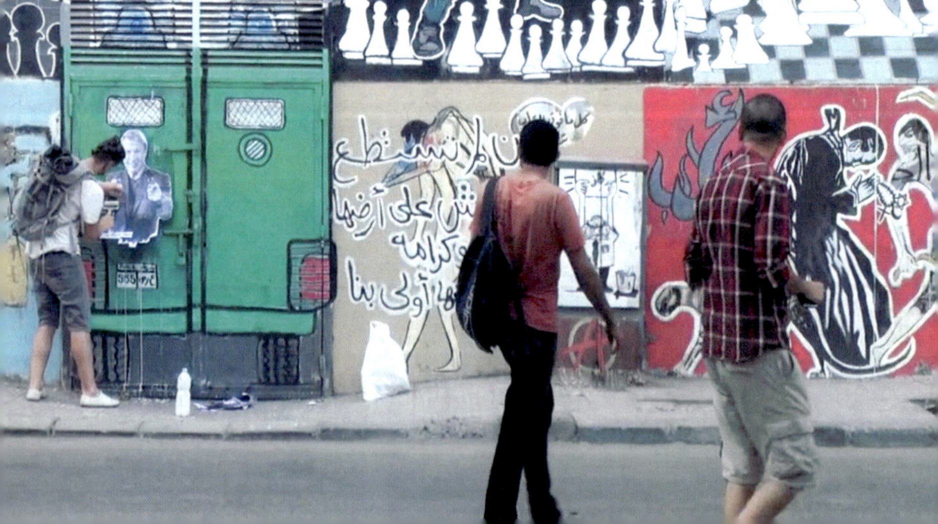

Always,
Egypt
is first.

خليهم يتشلوا
خليهم يتسلوا

II.
Expertenreich

Die Geister, die ich rief…
Hochstapeln als strukturell gefo(e)rderte Kulturpraxis?

Sonja Veelen

Soziologische Perspektiven auf ein entfesseltes Phänomen[1]

Als ich einst dem Hochstapler Gert Postel gegenübersaß, sagte er mit süffisantem Lächeln: „Die Allgegenwart der Hochstapelei mag uns mit ihr versöhnen"[2], und prostete mir mit einem Champagnerglas zu. Damals hielt ich das für eine banale Neutralisierungstechnik – also für den Versuch, den eigenen Frevel durch Verweis auf massenhaftes Vorkommen derartigen Verhaltens abzumildern.[3] Inzwischen glaube ich: Er hat recht. Hochstapelei – ich werde im Folgenden eine genauere Bestimmung des Begriffs und des einhergehenden Verhaltens vorstellen – ist allgegenwärtig.[4]

Wenn auch die Suche nach Hochstaplern der Marke Köpenick, Postel und Domela[5] in der Gegenwart vielleicht eher erfolglos bleibt, ist den-

1 Für seine wertvollen inhaltlichen und gestalterischen Hinweise zu diesem Beitrag danke ich Herrn Prof. Dr. Dirk Hülst.

2 Gert Postel, der als Postbote ohne medizinische Qualifikation u.a. Ende der 1990er eineinhalb Jahre leitender Oberarzt einer psychiatrischen Abteilung war, hatte sich 2007 zu einem Interview mit mir bereit erklärt. Vgl. Sonja Veelen: *Hochstapler. Wie sie uns täuschen.* Marburg: Tectum 2012, S. 207.

3 Vgl. Gresham M. Sykes / David Matza: Techniques of Neutralization. A Theory of Delinquency. In: *American Sociological Review* 22 (1957), S. 664–670.

4 Ob deshalb die Gegenwartsgesellschaft als Hochstaplergesellschaft zu etikettieren ist, soll hier nicht entschieden werden.

5 Der Schuster Wilhelm Voigt hatte im Hauptmannskostüm am 16. Oktober 1906 das Köpenicker Rathaus besetzt. Seine Scharade wird noch heute auf Schauspielbühnen nachgezeichnet und ging als „Köpenickiade" und Synonym für „tolle Streiche" in den Duden ein. Harry Domela, ein arbeitsloser Landarbeiter, der vom Landstreicher zum Kriminellen mutierte, erlangte nachhaltige Bekanntheit, weil er sich, sozusagen zum Höhepunkt seiner Hochstapler-Karriere, 1926 als Prinz von Hohenzollern ausgegeben hatte.

noch zu konstatieren, dass vermehrt der Wunsch anzutreffen ist, sich qualifizierter, mächtiger, wissender, attraktiver usw. darzustellen und mit geringem Aufwand potenter zu wirken. Indikatoren sind nicht nur geschönte Lebensläufe, gekaufte Adelstitel und vermehrt durchgeführte Schönheitsoperationen, sondern auch Literaturratgeber unter dem Label des *impression managements*, die sich wie Anleitungen zur angeberischen Inszenierung lesen.[6] Hinweise auf den Wunsch nach einer optimierten Selbstdarstellung liefern auch Titel der Belletristik-Abteilung, wie *Kochen für Hochstapler*, *Latein für Hochstapler* und *Das Wein-Buch für geistreiche Hochstapler*.[7]

Wenn ein Phänomen, eine Tätigkeit, eine Kulturpraktik, die im Kern als verpönt gilt, sich nun so flächendeckend verbreitet und offensichtlich auch einen Image-Wandel[8] erfährt, lässt sich soziologisch fragen: Was treibt die Menschen dazu an? Warum wird vermehrt dick aufgetragen, inszeniert, hochgestapelt und geblufft? Macht die Gesellschaft alle virtuell zu Hochstaplern?

Die Soziologie interessiert vor allem, ob Gründe für ein derartiges Verhalten, die in individuellen Motivlagen zu finden sind, durch umfassende Strukturen nahegelegt werden, sie also die individuelle Sinngebung systematisch beeinflussen. Deshalb untersuche ich im Rahmen meiner Dissertation, ob es strukturelle Bedingungen gibt, die das Hochstapeln fördern oder gar erforderlich machen.[9] Dabei knüpfe ich an die Resultate einiger Soziologen an. Manfred Prisching zum Beispiel betrachtet Bluff als Strategie, mit der Individuen in der Moderne versuchen, die Kluft zwischen ihren realen Fähigkeiten und den an sie gerichteten und gestiegenen Anforderungen (Perfektions- und Erfolgsdruck in allen Bereichen) zu überbrücken

6 Vgl. z. B. Helmut Ebert / Manfred Piwinger: Impression Management. Die Notwendigkeit der Selbstdarstellung. In: Manfred Piwinger (Hrsg.): *Handbuch Unternehmenskommunikation*. Wiesbaden: Gabler 2007, S. 205–225.

7 Frank Buchholz: *Kochen für Hochstapler. Einfache Gerichte effektvoll aufgepeppt*. München: Bassermann 2009; Marcus Plebejus: *Ex Cathedra. Latein für Hochstapler*. Frankfurt am Main: Eichborn 1996; Karlo Kellergeist / Walter Moers: *Weinbuch für den geistreichen Hochstapler*. Frankfurt am Main: Eichborn 1996.

8 Der Kultursoziologe Sighard Neckel wies schon 2000 darauf hin, dass der Bluff salonfähiger geworden sei (vgl. Sighard Neckel: *Die Macht der Unterscheidung. Essays zur Kultursoziologie der modernen Gesellschaft*. Frankfurt am Main: Campus, S. 61).

9 Sonja Veelen: *Die Auswirkungen veränderter Arbeitsbedingungen auf Verfahren und Kriterien der Personalrekrutierung und -selektion. Eine zeitdiagnostische Untersuchung zur strukturellen Fo(e)rderung von Hochstapeln* [Arbeitstitel]. Philipps-Universität Marburg, Institut für Soziologie.

bzw. um die widersprüchlichen Anforderungen (Individualismus vs. Konformitätsdruck) zu ertragen.[10] Herbert Willems und Alois Hahn vertreten die These, dass „der Modernisierungsprozeß einen fundamentalen Wandel institutioneller Selbstthematisierungslogiken u.a. hin zu Formen der ‚Selbsttheatralisierung' impliziert".[11] Willems verweist auf den zunehmenden Wettbewerbs- und Vermarktungsdruck für Individuen und begreift die Inszenierung der eigenen Person als Mittel gegen das Unsichtbarwerden in einer Gesellschaft, in der Aufmerksamkeit eine knappe Ressource und Sichtbarkeit eine alles entscheidende Voraussetzung sei.[12] Sogar *echte* Professionalität genüge nicht mehr, sondern müsse inszeniert werden, konstatiert Michaela Pfadenhauer.[13]

Hochstapeln – was ist und wie geht das?

Wann nach soziologischer Auffassung nicht mehr von Inszenierung, sondern von Hochstapelei zu sprechen ist, besagt die Arbeitsdefinition, die ich an anderer Stelle[14] entwickelt habe: Ein Hochstapler[15] ist jemand, der vortäuscht, eine höhere gesellschaftliche Position zu haben, als ihm aufgrund seines vorhandenen und immer wieder herstellbaren Kapitals und dessen Zusammensetzung zusteht; wobei hier unter Kapital neben materiellen Ressourcen (Geld, Immobilien, Wertpapiere, etc.) auch kulturelle und soziale Kapitale (wie Wissen, Bildungstitel, Bücher, Gemälde, soziale Netzwerke etc.) verstanden

10 Vgl. Manfred Prisching: *Das Selbst, die Maske, der Bluff. Über die Inszenierung der eigenen Person.* Wien: Molden 2009.

11 Herbert Willems / Martin Jurga: Einleitung. In: Dies. (Hrsg.): *Inszenierungsgesellschaft. Ein einführendes Handbuch.* Opladen / Wiesbaden: Westdeutscher Verlag 1998, S. 9–23, hier S. 15.

12 Vgl. Herbert Willems: Zur Einführung. Theatralität als Ansatz, (Ent-)Theatralisierung als These. In: Ders. (Hrsg.): *Soziologische Theorie und Zeitdiagnose.* Wiesbaden: VS 2009, S. 13–55, hier S. 33.

13 „Es genügt also nicht, ‚einfach' etwas zu wissen, etwas zu können, kompetent ‚für etwas zu sein'. Dieses Wissen, die Fähigkeiten und Fertigkeiten, die Kompetenzen müssen sichtbar und glaubhaft gemacht, was immer heißt: einem wie auch immer gearteten Publikum gegenüber *‚akzeptabel'* inszeniert werden." (Michaela Pfadenhauer: Das Problem zur Lösung: Inszenierung von Professionalität. In: Willems / Jurga (Hrsg.): *Inszenierungsgesellschaft*, S. 291–304, hier S. 294.)

14 Vgl. Veelen: *Hochstapler.*

15 Die deutsche Sprache verweist mit der männlichen Form hier auf einen wohl historisch unterstellten Zusammenhang zwischen Geschlecht und dieser Neigung, der heute nicht unbedingt aufrechterhalten werden kann. Bis darüber gesicherte Untersuchungen vorliegen, folge ich dem Sprachgebrauch.

werden. Dahinter steht ein äußerst komplexes und viel rezipiertes Modell des französischen Soziologen Pierre Bourdieu, das hier nur in aller Kürze angerissen werden kann.[16] Demnach sind die Menschen einer Gesellschaft wie in einem Koordinatensystem in verschiedenen Ebenen und Feldern formiert – je nach Menge und Zusammensetzung ihrer gesellschaftlichen Macht, die durch verschiedene Kapitalarten ausgedrückt wird.

Im Feld *oben* finden sich Individuen, die über viel Kapital verfügen, *unten* die Menschen mit wenig Kapital. Hier ist ein Hochstapler jemand, der vortäuscht, in diesem Koordinatensystem höher positioniert zu sein, als es tatsächlich der Fall ist. Und um das erfolgreich zu bewerkstelligen, muss er so tun, als habe er genauso viel Geld, Bildung, Urkunden, Diplome etc. wie die angestammten Angehörigen der Gruppe, als deren Mitglied er sich ausgeben will. Aber – und das macht es so kompliziert und interessant – es gehört noch weit mehr dazu. Die eigentliche Schwierigkeit und Herausforderung bei einer Hochstapelei liegt nämlich darin, dass die Personen in jedem dieser Felder nicht nur in etwa über gleiche Kapitalarten und -mengen verfügen, sondern auch einen ähnlichen Lebensstil teilen, also den gleichen Geschmack und gleiche Kulturpraktiken aufweisen. Das wiederum bedeutet, dass es nicht zufällig und auch nicht Ausdruck eines spezifischen Individualismus ist, dass sie sich kleiden, wie sie sich kleiden, welche Zeitungen sie lesen, welche Hobbys sie haben, wo sie speisen, was sie speisen, wo sie hinreisen, wie sie stehen, gehen, sich ausdrücken und ihre Wohnung gestalten. All das ist, grob gesagt, bedingt durch das, was ihnen aufgrund ihrer Position in diesem System von Kindesbeinen an eingegeben wurde und damit in Fleisch und Blut übergegangen ist. Dieser gleiche Lebensstil innerhalb der Gruppen und der unterschiedliche Lebensstil zwischen den Gruppen bewirkt, dass ein *Desertieren* sofort auffällt. Gerade Mitglieder der höheren Positionen wollen *Eindringlinge* von *unten* vermeiden und grenzen sich bewusst ab.[17] Die Abwehr funktioniert, weil die Lebensstile wie geheime Regeln wirken, die zwar nicht unbedingt ausformuliert und

16 Zur Vertiefung vgl. Pierre Bourdieu: *Die feinen Unterschiede. Kritik der gesellschaftlichen Urteilskraft*, aus d. Franz. v. Bernd Schwibs / Achim Russer. Frankfurt am Main: Suhrkamp 1982.

17 Das wiederum hat viel damit zu tun, dass die höheren Positionen mit mehr Macht ausgestattet sind, was aus Platzgründen nicht weiter ausgeführt und bei Bourdieu (ebd.) nachgelesen werden kann.

den Angehörigen der Gruppe oftmals auch gar nicht bewusst sind, aber stark und unmittelbar wirken. Für Hochstapler geht es also in erster Linie darum, wie Gert Postel sagte, „die Regeln beherrschen zu können, ohne sie zu kennen"[18]; sich als Angehöriger einer *höher gelegenen* sozialen Gruppe auszugeben, ohne dass – je nach Ziel – die Mitglieder dieser oder einer anderen Gruppe bemerken, dass dies nicht der Fall ist.

Diese Art Mimikry funktioniert, weil wir als Mitglieder einer hoch komplexen Gesellschaft auf einige (für Missbrauch anfällige) Mechanismen zurückgreifen müssen, um trotz der Komplexität handlungsfähig zu bleiben. Der Handlungsökonomie geschuldet ist zum Beispiel, dass wir einem Gegenüber generell einen hohen *Vertrauensvorschuss* geben: Wir gehen davon aus, dass unser Gegenüber ist, was es zu sein vorgibt; zumindest solange keine Hinweise einen Zweifel wecken. In der Regel bewährt sich diese Strategie; Hochstaplern verschafft sie einen unmittelbaren Handlungsvorteil.

Der Informationsflut, die unserer begrenzten Verarbeitungskapazität gegenübersteht, können wir nur durch Vereinfachungen, so genannte *Urteilsheuristiken*, standhalten. Gemeint sind Faustregeln, Automatismen und Stereotype, die helfen, „Dinge anhand weniger Schlüsselmerkmale einzuordnen und dann ohne nachzudenken zu reagieren, wenn bestimmte Auslösemechanismen vorhanden sind".[19] Zum Beispiel wird eine entgegengestreckte Hand fast reflexartig zum Gruße ergriffen, ein Mann mit weißem Kittel und Stethoskop als Arzt kategorisiert.

Dies verweist auf generelle Orientierungsmethoden, mit denen wir zu einer Einschätzung der jeweils vorliegenden Situation kommen, wie wir uns *ein Bild machen*: Wir deuten *Symbole* (im Beispiel: die ausgestreckte Hand respektive Kittel und Stethoskop). Dabei ist ein Symbol, „ganz allgemein gesprochen, ein Zeichen für etwas anderes, sei dieses Zeichen nun ein Wort, eine Abkürzung, ein Bild usw."[20] Durch diese verweisende Eigenschaft sind Symbole selbst keine überprüfbaren Mitteilungen. Da die Mitglieder einer Gesellschaft zudem

18 Veelen: *Hochstapler*, S. 209.

19 Robert B. Cialdini: *Die Psychologie des Überzeugens. Ein Lehrbuch für alle, die ihren Mitmenschen und sich selbst auf die Schliche kommen wollen*, aus d. Amerik. v. Matthias Wengenroth. Bern / Göttingen / Toronto / Seattle: Huber 1997, S. 23.

20 Friedrich Eberle / Herlinde Maindonk: *Einführung in die soziologische Symboltheorie*. München: Oldenbourg 1994, S. 58.

ein bestimmtes Zeichen- und Interpretationssystem teilen, können Symbole zur Manipulation der Handlungsorientierungen eingesetzt werden.[21] Besonders beliebte Symbole des Hochstaplers sind a) *Lügen*, da sich mit ihrer Hilfe verhältnismäßig schnell und einfach ganze Welten erschaffen lassen und b) solche, die auf *Autorität* verweisen (z. B. Uniformen), da sie neben der unmittelbaren Deutung beinahe blinden Gehorsam auslösen können[22] (siehe z. B. den Fall des Hauptmanns von Köpenick).

Der Hochstapler missbraucht das Vorschussvertrauen und manipuliert durch geschickten Symboleinsatz die Reaktion des Gegenübers. Je selbstverständlicher, flexibler und intuitiver er vorgeht, desto wahrscheinlicher gelingt die Täuschung. Voraussetzung für das Gelingen einer Täuschung ist das Vorhandensein einer Diskrepanz zwischen dem Nominellen (dem Genannten, Behaupteten) und dem Realen (der ‚Wahrheit'). Das heißt: Wer sich in einer Situation als Arzt, Pilot, Bäcker oder Mathematiker ausgibt, in der keine Überprüfung der mit der jeweiligen Rolle assoziierten Qualifikation möglich oder nötig ist, kann prinzipiell erfolgreich über den Mangel hinwegtäuschen. Muss jedoch der ‚falsche' Arzt plötzlich operieren, der Pilot ein Flugzeug steuern, der Bäcker backen oder der Mathematiker eine komplexe Berechnung anstellen, gibt es keine verweisenden Zeichen mehr, sondern die Fähigkeiten sind unmittelbar gefragt, ein Täuschen kaum möglich. Je größer die Diskrepanz beider Sphären, desto leichteres Spiel bzw. desto bessere Chancen hat der Hochstapler.

Bewerbung und Personalauswahl – Ein guter Nährboden für Hochstapler?

Als Schnittstelle zu prestige-, macht- und finanzträchtigen Posten ist das Feld der Bewerbung und Personalauswahl, das ich in meiner Dissertation untersuche, für Täuschungsversuche prädestiniert – und erprobt: So mehren sich die Enttarnungen von Titel-Fälschungen und der so genannte Bewerbungs*fake* ist immer häufiger Thema. Wirtschaftsdetekteien, die für Unternehmen den Wahrheitsgehalt eingegangener Bewerbungsunterlagen prüfen, entdecken angeblich Schummeleien in jeder vierten Bewerbung. Die Schummeleien

21 Vgl. Dirk Hülst: *Symbol und soziologische Symboltheorie. Untersuchungen zum Symbolbegriff in Geschichte, Sprachphilosophie, Psychologie und Soziologie.* Opladen: Leske + Budrich 1999, S. 67, 277.

22 Vgl. Stanley Milgram: *Obedience to Authority. An Experimental View.* New York: Harper & Row 1975.

reichen dabei vom ‚Lücken'-Vertuschen über das Umbenennen von Tätigkeiten und Positionen bis hin zum ‚Schönen' von Noten sowie dem Fälschen von Zeugnissen und Erfinden von Titeln.
Um Antworten auf die Frage zu finden, welche Strukturen dieses Hochstapeln fördern, sollen, dem Prinzip der größtmöglichen Offenheit folgend, die interessierenden Zusammenhänge induktiv aus der Empirie erschlossen werden. Daher wurde aus den in der theoretischen Vorarbeit gewonnenen Eindrücken und Vermutungen für das Dissertationsvorhaben ein leitfadengestützter Fragebogen entwickelt, der sich an die Expert_innen im Feld richtet: an Personalverantwortliche (PV), die die Auswahlverfahren durchführen und konzipieren. Ich wollte wissen: Wie sind die Abläufe? Was für Verfahren gibt es? Wie werden sie durchgeführt? Warum so und nicht anders? Wen sucht man? Wer wird eingestellt? Worauf beruhen die Entscheidungen? – und implizit: Fördert dies (un-)beabsichtigt hochstaplerisches Verhalten?
Die PV ‚rekrutierte' ich sukzessive, da sich die Stichprobenauswahl durch permanente Vergleiche der bereits erhobenen Daten sowie durch zunächst minimale, dann maximale Kontrastierungen erst nach und nach erweiterte, bis eine theoretische Sättigung erreicht war. Insgesamt führte ich Interviews mit elf männlichen und zwölf weiblichen PV aus den unterschiedlichsten Branchen, Regionen und Unternehmen. So konnte das Feld großflächig explorativ durchleuchtet und peu à peu eine Erweiterung, Bestärkung oder auch Infragestellung der jeweils bis dato gewonnen Erkenntnisse vorgenommen werden. Die Analyse und Interpretation dieser Interviews und der weiteren Materialien (Auswahlgesprächsbeobachtungen, Ratgeberliteratur, Gespräche mit Personalrekrutierern (‚*Headhuntern*') und einem Autor bedeutender Bewerbungsratgeber) erfolgt mit Hilfe verschiedener qualitativer Verfahren und ist noch nicht abgeschlossen. Im Folgenden beschreibe ich am Beispiel einiger Gesprächsauszüge drei vorläufige Ergebnisse.

Fördernd: Der blinde Fleck

Da die Bewerbungssituation von Konkurrenzdruck und der Suche nach den Besten geprägt ist, ist damit zu rechnen, dass Bewerber_innen versuchen, den bestmöglichen Eindruck zu erwecken – der nicht zwangsläufig übereinstimmen muss mit ihren faktischen Fähigkeiten, Kompetenzen und Motiven. Davon scheinen auch die Personalverantwortlichen auszugehen. Denn – gefragt nach den

Vorgehensweisen und Fähigkeiten, die gute PV ausmachen – offenbarten ihre Aussagen eine fast detektivische Herangehensweise: So wollen sie etwas „rauskriegen", hieß es zum Beispiel, sie benötigen „Geschick" und „Menschenkenntnis", müssen „Spielchen machen" und „Tricks anwenden, um zu erfahren, ob die Kandidaten geeignet sind".[23] Qualitätsmerkmal guter Personalverantwortlicher sei, dass sie „unter die Oberfläche gehen" und „hinter die Fassade gucken können, um Evidenz dafür zu finden, ob das, was derjenige [der Bewerber; S.V.] sagt, auch der Tatsache entspricht." Man müsse ein Gefühl dafür bekommen: „Was sind auswendig gelernte Floskeln? Was ist sozial gewünschtes oder erwünschtes Antwortverhalten?". Kurz: Die Auswählenden sind „per Definition investigativ unterwegs".

Offensichtlich gehen die Personalverantwortlichen also davon aus, dass Bewerber_innen nicht mit offenen Karten spielen und dass nur mit Trick und Geschick sichtbar gemacht werden kann, was diese zu verbergen suchen. Dass das Verborgene allerdings mehr sein könnte als ein verhältnismäßig kleiner Makel, wie mangelnde Übung in einer geforderten Technik oder ein nicht ganz so großes Selbstbewusstsein wie das zur Schau getragene, scheinen die PV wiederum nicht anzunehmen. Denn die Frage, ob sie einen besonderen Fokus darauf legen, Täuschungs- oder Bluffversuche beim Bewerben zu entdecken, wiesen sie von sich:

> Also ich glaube nicht, dass man sich verstellen kann, also zumindest, ich sag jetzt mal, diese Nachwuchsführungskräfte –, ähm, Potenzialanalyse, die geht über einen Tag, ja, also die geht von morgens neun bis nachmittags um vier und ich glaub einfach, irgendwann ist man an dem Punkt, da sieht man dann das Echte.

Diese Interviewte geht also davon aus, dass ein Verstellen, ein Täuschen, prinzipiell nicht gut möglich ist und ein potenzieller Versuch nicht lange durchgehalten werden kann. Spätestens nach einigen Stunden zeige sich der ‚echte' Bewerber. Die Möglichkeit, dass jemand über die gesamte Dauer des Verfahrens täuschen kann, liegt außerhalb ihrer Vorstellungskraft. Andere PV scheinen zwar zu glauben, dass es Täuschungsversuche gibt, widmen diesen aber ebenfalls keine besondere Aufmerksamkeit: „Ja, es gibt schon Kandidaten, die versuchen, alles im besten Licht darzustellen, aber das entlarvt man

23 Bei den folgenden Zitaten handelt es sich um Auszüge aus den von mir im Rahmen meines Dissertationsprojekts durchgeführten und transkribierten Interviews.

eigentlich sehr sehr schnell", glaubt Schneider.[24] Die gleiche Gewissheit hat auch Schuhmann: „Ich erkenne das, joar, joar klar." Eine Art Erklärung, wodurch die vermeintliche Enttarnung stattfinden soll, liefert Bäcker: „Ich weiß, dass meine Intuition mich in den seltensten Stellen im Stich lässt." Er geht davon aus, dass Täuschungsversuche sich ihm wie von selbst offenbaren und dass daher keine besondere Aufmerksamkeit erforderlich ist.

Jedenfalls rechnen die PV schlicht nicht damit, dass ihnen Hochstapler (unentdeckt) unterkommen, dass eine wirklich dreiste Täuschung gelingen kann. Sie verlassen sich auf die eigenen bewährten Strategien, v. a. auf ihre Intuition. Ihr unerschütterlicher Glaube daran, dass ihr gutes Gespür quasi automatisch Alarm schlagen würde, verhindert eine tiefergehende Skepsis und Prüfung. Das verschafft dem Hochstapler zumindest eine sehr gute Ausgangslage. Denn wie die Psychologen Chabris und Simons in ihren Studien zum *unsichtbaren Gorilla* zeigen: Für das, was wir nicht erwarten, sind wir förmlich blind.[25]

Fordernd: Das Bewerbungs-Dilemma

Aber was erwarten Personalverantwortliche denn von Bewerbern? Das wissen manche offenbar selbst nicht so genau, wie z. B. die folgende Gesprächssequenz illustriert. Darin beklagt sich die Interviewte darüber, dass man auf die Frage nach den Stärken und Schwächen

> ganz oft Antworten bekommt, wo Mitarbeiter überhaupt nur auf die Stärken eingehen. Ich mein, das is für mich ne absolut kalkulierbare Frage. Die is asbachuralt und die is eigentlich schon so abgedroschen, dass man sie gar nicht unbedingt stellt und trotzdem, wenn man sie stellt, bekommt man eben Antworten, hm, oftmals nur was die Stärken sind und was die Schwächen sind, das sind dann so, so Klitzekleinigkeiten, wo man denkt, das steht völlig in Missrelation zu den Stärken, die man genannt hat, und das macht mich hellhörig.

Sie will also, dass Kandidat_innen in größerem Maße Fehler eingestehen. Wer dies nicht tut, wirkt auf sie unglaubwürdig; zumindest wenig überzeugend. Auf die Frage, welche Schwächen denn Kandidat_innen nennen dürften, ohne dass sie diese nachteilig auslege, folgte eine längere ergebnislose Überlegung voller „Ähs" und „Öhs", die mit dem Eingeständnis endete, dass dies wirklich keine einfache Frage sei.

24 Zur Wahrung der Anonymität der interviewten Personen und zur Erhaltung der Textlesbarkeit verwendet dieser Artikel fiktive Namen.

25 Christopher Chabris / Daniel Simons: *Der unsichtbare Gorilla. Wie unser Gehirn sich täuschen lässt*, aus d. Amerik. v. Dagmar Mallett. München: Piper 2011.

Hier wird das Bewerberdilemma deutlich: Wer ehrlich ist und Schwächen zugibt, muss mit einem Ausschluss rechnen, da die Wahrheit das Image schwächt und im Bewerbungsverfahren nur siegt, wer einen guten Eindruck von sich und den eigenen Fähigkeiten hinterlässt. Wer unehrlich ist, verstößt gegen das Grundprinzip der geforderten Ehrlichkeit. Wer ausweicht, weckt ebenfalls Misstrauen. Wie lässt sich dieses Dilemma lösen? Eine Strategie zeigt der Auszug aus einem anderen Interview:

> In einem Gespräch kam die klassische Frage: „Ja, was is'n Ihre Schwäche?“, und dann hab ich [als Hospitant] auf'n Zettel geschrieben „Ungeduld“. Dann sagt der Kandidat: „Ja, wenn ich ehrlich bin, ich bin so ungeduldig“ [...], hab ich den Zettel nur hochgehoben [lacht][...] und da sagt mir der Kandidat: „Ja, was soll ich denn sagen? Das wollen Sie doch hören.“ Das fand ich gut. Den ham wir auch eingestellt, also es is einfach so.

Die Lösung liegt hier also in einer Antwort, die wie eine Schwäche klingt, aber als Stärke interpretiert werden kann, in der Show, einem Bluff statt in einer ‚wahren‘ Aussage. In diesem Fall, indem der PV aufdeckt, dass die Antwort vorhersehbar war und der Kandidat aufdeckt, dass eine ganz bestimmte Antwort vorhersehbar gewünscht war, offenbaren beide die eigentlichen Spielregeln (oder: den ganzen Bewerbungsbluff): Während es vordergründig darum geht, ‚ganz spontan‘ eine negative Eigenschaft zu nennen, besteht das eigentliche Ziel darin, diese (wohl überlegt) so zu wählen, dass die vermeintlich negative Eigenschaft als positive ‚gelesen‘ werden kann. Der Bewerber im konkreten Beispiel punktet nicht (nur) durch das Einhalten der offenkundigen und der ‚heimlichen‘ Spielregel, sondern (auch) durch deren Offenlegung. Er zeigt damit, dass er ein ‚Insider‘ ist – und das überzeugt doppelt.

Auch in einer anderen Sequenz punktet ein Kandidat nicht durch das Befolgen der Spielregel selbst, sondern durch das Spiel mit dieser:

> Dann fragt mich der wissenschaftliche Direktor: „Arbeiten Sie gerne im Team?“ Da sitz ich da als [Bewerber auf eine Stelle als] Personaler und der fragt mich: „Arbeiten Sie gerne im Team?“, hatte den Zettel vor sich liegen, da waren wirklich diese klassischen zehn Fragen drauf, da hab ich ihm „nein“ gesagt. Da hat er nach Luft geschnappt, ja. Da hab ich ihm „nein“ gesagt [lacht] und dann hab ich gesagt: „Wissen Sie, Herr Professor, wollen wir uns jetzt ernsthaft unterhalten oder wollen wir Ihre Fragen abarbeiten und ich gebe Ihnen alle *gefakten* Antworten, die Sie hören wollen?“ Dann hat er den Zettel zur Seite gepackt, dann haben wir uns unterhalten, haben über Gott und die Welt geredet und dann bin ich eingestellt worden.

Indem der Kandidat die Erwartung des hier vorsitzenden und scheinbar in Einstellungsverfahren weniger erfahrenen Professors derart offensichtlich enttäuscht und eindeutig wider die vermeintliche Situationslogik agiert, legt er nicht nur die Funktionsmechanismen der Situation offen, sondern auch deren Absurdität. Indem er zeigt, dass solche Fragen keine Bewerbereigenschaften abfragen, sondern einzig Kenntnisse über die ‚Regeln' der Bewerbungssituation, gewinnt er (in Verbindung mit seinem Verhalten im nachfolgenden Gespräch) auf beiden Ebenen und erhält den Job.
Generell scheint es allerdings nicht unbedingt wahrscheinlich, dass es zu einer positiven Bewertung führt, Personalverantwortliche auf die Absurdität ihrer Fragen hinzuweisen. In jedem Fall erweist es sich aus Perspektive der Bewerber_innen als folgerichtig, wenn nicht gar notwendig, das eben beschriebene Dilemma durch gezielten Bluff zu lösen. Nicht ‚wahre' Antworten zählen, sondern ‚richtige'.
Trotzdem wird – ungeachtet der faktischen Funktionsmechanismen – weiterhin Ehrlichkeit als unumstößliches Prinzip beschworen. So äußerte eine PV bzgl. ihrer Bluff-Akzeptanz:

> Äh, wenn im Bewerbungsgespräch geblufft wird, wäre es ja auch entscheidend, in welchen Punkten. Fachlich? Interviewerin: In welchen Punkten wär's denn okay? PV: [lacht] In keinem natürlich! Weil, ich möchte ja den Echten; den echten Menschen haben und nicht den bluffenden!

Das kurze Aufflackern der Idee, der Bluff sei womöglich partiell akzeptabel, kann als Unsicherheit der PV interpretiert werden, ob der Wunsch nach Authentizität im Bewerbungsverfahren haltbar sei. Doch sie kehrt schnell wieder zur moralisch-normativ korrekten Haltung zurück und besteht auf dem „echten" Bewerber. Mit dieser Forderung steht sie nicht allein. Der Wunsch nach Authentizität wurde mehrfach genannt.
Ein Bewerbungscoach findet dafür drastische Worte: „Das is dummes Zeug! Ja, dummes, dummes Zeug!" Seiner Einschätzung nach können Bewerber gar nicht authentisch sein (was die vorangehenden Aussagen bestätigen), weil genau dies zum Spiel gehöre. Was von ihnen verlangt werde, gleiche einer „Quadratur des Kreises". „Es reicht nicht mehr aus", so der Coach,

> dass ich sage: „Ich hab Germanistik studiert". Da sagt mein Gegenüber – egal, ob der in einem Zeitungsverlag sitzt oder im Buchverlag oder ob ich mich bewerbe als jemand, der in ner PR-Abteilung Texte schreiben will: „*So what?*" Also da muss ich mir n bissl mehr ausdenken [lacht] als nur: „Ich habe Germanistik studiert".

Eine Tendenz, die der Soziologe Prisching als allgemeingültig für Menschen in der Postmoderne vermutet: Das Individuum „weiß, dass es nicht reicht, Kompetenzen vorzuweisen, sondern [dass es] vor allem darauf ankommt, diese zugleich als authentischen Ausdruck der eigenen Persönlichkeit erscheinen zu lassen." Selbstmarketing dürfe nicht als Marketing erscheinen, das Rollenspiel nicht als Spiel: „Der Einzelne muss sein, was er darstellen will."[26]

Das könnte eine Lösung für das Bewerber-Dilemma sein und erinnert zugleich an die Aussage des Hochstaplers Postel: „Sie müssen, um in einer Rolle bestehen zu können, eigentlich nichts können, sondern was sein."[27] Damit ist zugleich auf die Möglichkeit verwiesen, nicht vorhandene Kompetenz als vorhandene darzustellen. Wie die Grenzen zwischen wahr und falsch, zwischen dem (legitimen) Inszenieren vorhandener Fähigkeiten, dem (fraglichen) Überdecken vorhandener Makel und dem (hochstaplerischen) Kreieren von Kompetenzen verwischen, zeigt ein Blick auf das so genannte ‚Lebenslauf-Tuning', das namhafte Bewerbungsratgeber seit Jahren empfehlen.[28] So wird beispielsweise vorgeschlagen, eine über dreimonatige Therapie wegen Drogen- oder Alkoholabhängigkeit als „Aus- und Weiterbildung" oder „selbständige Tätigkeit" zu deklarieren. Eine Krankheit von mehr als dreimonatiger Dauer könne in „Fortbildung (auch im Selbststudium), freiberufliche Tätigkeiten" und/oder „berufliche Neuorientierung" umbenannt werden.[29] Erfahrungsgemäß führe eine solche Optimierung deutlich schneller, effizienter und zielsicherer zur Einstellung als Ehrlichkeit und Authentizität, so einer der Autoren im Interview.

Das deckt sich mit den theoretischen Befunden der Soziologie, nach denen der Lebenslauf „zu einem literarischen Kunstwerk werden" müsse und die eigene Person „in umfassender Weise als Design-Produkt zu verstehen und als Marketing-Objekt zu behandeln [sei]."[30] Im privaten Leben sei es die Dekoration der Person,

26 Prisching: *Das Selbst, die Maske, der Bluff*, S. 151.

27 Veelen: *Hochstapler*, S. 220.

28 Vgl. Jürgen Hesse / Hans Christian Schrader: *Das große Hesse/Schrader Bewerbungshandbuch. Alles, was Sie für ein erfolgreiches Berufsleben wissen müssen*. Frankfurt am Main: Eichborn 2010, S. 285–313.

29 So raten es die Autoren in neueren Bewerbungshandbüchern und einem Dokument, das ihr *Büro für Berufsstrategie* auf der Firmenwebseite angemeldeten Kunden unter dem Titel „Lebenslauftuning – Lücken und Probleme im Lebenslauf" zum Gratis-Download bereitstellt, siehe http://www.berufsstrategie.de/downloads/lebenslauf-luecken-probleme.php (Zugriff am 10.06.2013).

30 Prisching: *Das Selbst, die Maske, der Bluff*, S. 134.

im professionellen Leben die Qualifikationsinszenierung. „Jeder ist der Unternehmer seiner eigenen Persönlichkeit"– ob wahrhaft kompetent oder nicht.[31]

Wie dabei das gute Selbst-Marketing die eigene Inkompetenz verschleiern und so aus PV-Sicht zu Fehlentscheidungen führen kann, illustriert folgender Gesprächsauszug:

> In dem Fall war es dann sogar einer der besagten Theaterspieler, der wirklich sehr sehr gut aufgetreten ist; konnte sich gut verkaufen und hatte von allem genug Ahnung, um die Fragen sozusagen abzuwälzen und elegant, galant zu beantworten. Und wenn man dann ne Aufgabe hat mit, [überlegt] – optisch dargestellt in acht Ebenen, acht ist so das tiefste Detail, eins is so ganz oben, ganz oben über die Fläche geschrappt – dann wusste er eigentlich über seine komplette Wissensbreite genau über Level eins und zwei Bescheid und alles, was dann ums Bearbeiten ging, war dann eben ne Nullmeldung.

Zugleich herrscht Verunsicherung, ob nicht auch das „Theaterspielen" an sich eine zu goutierende Qualität darstellt:

> Ne Person ist in der Lage in nem Einzelinterview wunderbar ein Theaterstück vorzuspielen. Wenn ne Person das dreimal hintereinander schafft, dann ist das schon auch schauspielerisch eine nicht zu verachtende Leistung und dann schon wieder ne Stärke, abstrakterweise,

räumte ein PV mit hörbarem Widerwillen ein. „Man muss das billigend in Kauf nehmen. Recht ist einem das natürlich nicht, aber es ist in der Tat so, dass, äh, umgangssprachlich der Trommler das Rennen schnell macht". Es herrscht der Glaube: „Wer sich selbst interessant ausdrücken kann", der kann auch das zu vermarktende Produkt „interessant anpreisen", so PV Schuster. Ein Spiel mit dem Feuer, wie der nächste Abschnitt zeigt.

Verhängnisvoll: Die zweite Seite der Wunsch-Medaille

Gehört nun also auch explizit die Inszenierungskompetenz zum Anforderungsprofil? Ja. Unter anderem. Eine Sammlung aller Eigenschaften, die sich Personalverantwortliche – jobunabhängig – von Bewerber_innen wünschen, zeichnet ein klares Persönlichkeitsbild: Sympathisch, selbstbewusst, rhetorisch gewandt, anpassungsfähig, gelassen, entspannt, kontrolliert und überzeugend durch ihre Präsenz sollen die zukünftigen Mitarbeiter_innen sein. Sie sollen ein souveränes Auftreten haben sowie ausgeprägte Empathie und eine gute Selbstdarstellungsfähigkeit. Dieser Anforderungskatalog gilt umso mehr, wenn im Team und/oder mit Kunden gearbeitet werden

31 Ebd., S. 142–143.

soll und v.a., wenn es um Führungspositionen geht; dann sogar fast ausschließlich.

Dieser empirische Befund deckt sich mit den Befunden der Arbeitssoziologie, dass Soft Skills immer wichtiger werden,[32] und ist hoch brisant, denn der Anforderungskatalog enthält exakt diejenigen Eigenschaften, die auch Hochstapler für eine überzeugende Darstellung benötigen,[33] wie ein Vergleich zeigt.

Natürlich wünschen Personalverantwortliche zudem Eigenschaften, die gerade nicht auf Hochstapler zutreffen: Zuverlässig, loyal, konfliktfähig, verantwortungsbewusst, bodenständig und authentisch sollen die Kandidat_innen ebenfalls sein. Doch der Haken ist: Während erstgenannte Fähigkeiten sich bereits schnell in einem Gespräch zeigen, sind letztere kaum durch ein zeitlich begrenztes/knappes Verfahren überprüfbar. Ob jemand verlässlich, loyal, verantwortungsbewusst ist, kann eigentlich erst nach langer Zeit festgestellt werden, wenn sich der Kandidat „in der Arbeitsumgebung voll implementiert hat und da jeden Tag in nem Tagesgeschäft agiert, wo man ihn in einem längeren Zeitraum beobachten kann", so einer der Befragten.

Die aktuellen Auswahlverfahren vom Assessmentcenter bis zum ausgefeilten Auswahlgespräch liefern daher kaum Gewissheit über die faktisch vorhandenen Eigenschaften.[34] Natürlich gilt hier wie auch beim Hochstapeln: Je größer die Diskrepanz zwischen den geforderten und den überprüfbaren Qualitäten, desto eher kann getäuscht werden. Natürlich kann von Mathematikern das Rechnen verlangt werden und von Bäckern das Backen; aber ob ein Redaktionsleiter teamfähig ist oder dies nur behauptet, kann erst nach einigen Monaten der Beobachtung sicher beurteilt werden – und dann ist es meist schon zu spät.[35]

32 Vgl. z.B. Werner Dostal: Qualifikation und Arbeitsmarktdynamik. In: *Berichterstattung zur sozioökonomischen Entwicklung in Deutschland. Arbeit und Lebensweisen. Erster Bericht.* Wiesbaden: VS 2005, S.481–505, hier S.482; Christiane Funken / Alexander Stoll / Sinje Hörlin: *Die Projektdarsteller: Karriere als Inszenierung. Paradoxien und Geschlechterfallen in der Wissensökonomie.* Wiesbaden: VS 2011, S.10.

33 Vgl. Veelen: *Hochstapler.*

34 Zum Teil räumten dies auch die Interviewten ein; zwei beschrieben sogar, wie sich in Assessmentcentern simpel und effektiv tricksen lässt.

35 Meine Untersuchungen zeigen, dass die Wahrscheinlichkeit einer Entlassung in oder nach der Probezeit meist recht gering ist, auch wenn sich die Personalauswahl als nicht zufriedenstellend erweist. Gründe und Strategien können hier aus Platzgründen nicht näher erläutert werden.

Daher müssen sich die PV – v. a. bei der Überprüfung der sogenannten Soft Skills – auf das verlassen, was die Bewerber_innen erzählen, und auf ihren eigenen Eindruck hinsichtlich deren Glaubwürdigkeit. Darin liegt die Gefahr. Denn, wie bereits gezeigt wurde, ist der persönliche Eindruck von Menschen (leicht) manipulierbar, v. a. für Personen, die die laut Portfolio geforderten Eigenschaften besitzen. Genau diese Kehrseite der Medaille, die Schattenseite des perfekten Kandidaten oder der perfekten Kandidatin, scheinen die PV nicht zu sehen. Gemeint ist: Der Anforderungskatalog der flexiblen neuen Arbeitswelt begünstigt den Eintritt von Persönlichkeiten in die Unternehmen und Spitzenpositionen, die qua ihrer Persönlichkeitseigenschaften eben auch das Zeug zum Hochstapeln haben. Ob sie reine Hochstapler sind oder nicht, sei dahingestellt. Entscheidend ist, dass derartige Fähigkeiten für ihre Einstellung ausschlaggebend waren. Die Eigenschaften, die – aus Unternehmensperspektive – funktional sind und als erwünschte Soft Skills bezeichnet werden, bergen zugleich die Gefahr dysfunktionaler Nutzung, da sie zu Täuschung und Hochstapelei befähigen.

Gerät dadurch das ‚Spiel' perspektivisch außer Kontrolle? Ist die aktuelle Einstellungspraxis vergleichbar mit dem Zauberspruch in Goethes berühmtem Gedicht? Darin beschwört der titelgebende Zauberlehrling Geister herauf, die zunächst wie gute Helfer scheinen, sich jedoch durch unbeabsichtigte Nebeneffekte bald zur unaufhaltsamen Bedrohung entwickeln und zum verzweifelten Ausruf führen: „Die ich rief, die Geister, / Werd' ich nun nicht los."[36]

36 Johann Wolfgang Goethe: Der Zauberlehrling. In: Ders.: *Gedichte 1800–1832*. Berlin: Deutscher Klassiker-Verlag 2010, S. 141–144, hier S. 144.

Das Unfassbare fassbar machen?!

Die RTL-Berichterstattung am 11. September 2001 als Grenzerfahrung für offensichtliche und ‚versteckte' Experten

Anne Herrmann

Die Terroranschläge am 11. September 2001 wurden vielfach als „Epochenschwelle" bezeichnet, „nach der die Welt nicht mehr so ist (und niemals so sein wird) wie zuvor."[1] Das perfide geplante Attentat erschütterte das Sicherheitsgefühl der USA erheblich, verbreitete Furcht und Schrecken weit über die Grenzen Amerikas hinaus und grub sich tief in das kollektive Gedächtnis. Die Massenmedien spielten in diesem Zusammenhang eine besondere Rolle: Zum ersten Mal wurde ein Verbrechen dieser Dimension weltweit live übertragen. Binnen weniger Minuten flimmerten die erschütternden Bilder über Millionen Bildschirme auf der ganzen Welt. Das Fernsehen als zentrales Medium der Erstinformation muss hierbei besondere Beachtung erfahren, da es durch seine Live-Qualität und die Wucht der von ihm übertragenen Bilder immense Wirkung auf die öffentliche Wahrnehmung der Ereignisse hatte. Die Akteure in den Sendestudios versuchten, die Ereignisse mithilfe von vermeintlichem Expertenwissen zu deuten. Die Mächtigkeit der Bilder machte die Terroranschlage aber

1 Klaus Beck / Thorsten Quandt: Terror als Kommunikation? Was Handlungstheorie, Rational Choice-, Netzwerk- und Systemtheorie aus kommunikationswissenschaftlicher Sicht zur Erklärung leisten. In: Thorsten Quandt / Bertram Scheufele (Hrsg.): *Ebenen der Kommunikation. Mikro-Meso-Makro-Links in der Kommunikationswissenschaft.* Wiesbaden: VS 2011, S. 85–110, hier S. 85; vgl. auch Bernhard Debatin: Semiotik des Terrors. Luftschiffbruch mit Zuschauern. In: Christian Schicha / Carsten Brosda (Hrsg.): *Medien und Terrorismus. Reaktionen auf den 11. September 2001.* Münster: LIT 2002, S. 25–38, hier S. 30.

zur unauslöschlichen Apokalypse im Kopf, ließ den Journalismus zeitweise seine Inszenierungshoheit verlieren und provozierte in den Augen vieler Autoren ein „Zerrbild der Mediengesellschaft".[2]
Dieser Beitrag beschäftigt sich mit der Frage, wie TV-Journalisten aus dieser Grenzerfahrung Wirklichkeit konstruierten. Wie gingen sie mit dem akuten Informationsmangel um? Wurde Nichtwissen retuschiert und in ad-hoc-‚Hochstapeleien' verpackt? Oder greift dieser Generalverdacht angesichts der Krisensituation zu kurz? Wo wurde Expertenwissen vorgegeben, das eigentlich keines war? Andersherum gedacht: Waren nur jene Experten, die als solche bezeichnet wurden? Gegenstand der Betrachtungen ist die scheinbar ‚alles im Griff habende' Berichterstattung von RTL, dem ersten Privatsender, der die Ereignisse ausstrahlte. Besonders von Interesse sind der Moderator der unmittelbar nach den Anschlägen ausgestrahlten Sondersendungen, Peter Kloeppel, sowie Korrespondent Christof Lang und Experte Georg Sieber. Die Transkripte der Sondersendungen wurden mithilfe der Grounded Theory untersucht. Dieser methodische Ansatz soll bisherige Untersuchungen zu dieser „Katastrophe von historischer Dimension"[3] ergänzen und versuchen, bestehende Theorieentwürfe zu integrieren. Nach einer schlaglichtartigen Sichtung des Forschungsstandes werden verschiedene theoretische Perspektiven beleuchtet, die innerhalb der kommunikationswissenschaftlichen Betrachtung der Ereignisse des 11. September 2001 besonders prominent sind. Daraufhin werden zentrale Ergebnisse der Analyse vorgestellt. Auf eine Erläuterung der Grounded Theory muss verzichtet werden, um den Umfang des Beitrages nicht zu sprengen.[4]

Anmerkungen zu Forschungsstand und theoretischen Zugängen

Die Anschläge des 11. September erzeugten einen beachtlichen publizistischen Widerhall. Die Resonanz reichte von der „raschen Dokumentation bis zur empirisch-analytischen Beschreibung" der medialen Thematisierung und Kommentierung der Ereignisse.[5]

2 Joachim Buttler: Ästhetik des Terrors. Die Bilder des 11. Septembers 2001. In: Ders. / Michael Beuthner / Sandra Fröhlich / Irene Neverla / Stephan A. Weichert (Hrsg.): *Bilder des Terrors – Terror der Bilder? Krisenberichterstattung am und nach dem 11. September*. Köln: von Halem 2003, S. 26–41, hier S. 40.

3 Stefan Uhl: Zwischen Moderation und Emotion: Wie deutsche Fernsehmoderatoren den 11. September bewältigten. In: Ebd., S. 113–133, hier S. 113.

4 Vgl. etwa Juliet Corbin / Anselm Strauss: *Basics of Qualitative Research*. London / Thousand Oaks: SAGE 2008; Günter Mey / Katja Mruck (Hrsg): *Grounded Theory Reader*. Wiesbaden: VS 2011.

5 Beck / Quandt: Terror als Kommunikation?, S. 85; vgl. Christian Schicha / Carsten

Dabei spielen wissenschaftliche Betrachtungen sowie die Selbstreflexion der Medienakteure eine wesentliche Rolle. Auch Mediennutzung und Anschlusskommunikation markieren viel beachtete Forschungsfelder. Besondere Aufmerksamkeit erfuhr darüber hinaus der Umgang mit den Bildern des Schreckens. Des Weiteren wurden die Anschläge vor dem Hintergrund journalistischer Krisen- und Kriegsberichterstattung untersucht.[6] Unter den empirischen Arbeiten dominieren „Inhaltsanalysen unterschiedlicher Art".[7] Insgesamt überwiegen Einzelfallstudien mit eng gestecktem theoretischen sowie methodischen Rahmen.

Die theoretischen Zugänge kommunikationswissenschaftlicher Untersuchungen zum 11. September sind recht vielfältig. Weller wählt beispielsweise konstruktivistische Prämissen als Ausgangspunkt für seine Überlegungen. Damit steht er stellvertretend für eine Vielzahl von Autoren, die Massenmedien als Deutungsinstanzen untersuchen. Demnach waren es nicht primär die Ereignisse des 11. September oder deren Bilder, „sondern die verwendete Sprache und die ihr zugrunde liegenden Deutungsmuster, die den Ereignissen ihre Bedeutung verleihen."[8] Folgt man dieser Ansicht, bestimmen Massenmedien internationale Politik und deren Wahrnehmung durch die Öffentlichkeit maßgeblich mit, weshalb Weller an dieser

Brosda: Medien, Terrorismus und der 11. September 2001. Eine Einleitung. In: Dies. (Hrsg.): *Medien und Terrorismus*, S. 7–24, hier S. 10.

6 Vgl. Michael Beuthner: Wie wenig Zeit braucht guter Journalismus? Echtzeitberichterstattung zwischen Aktualitätsdruck, Sorgfaltspflicht und Bilderflut. In: Ders. / Buttler / Fröhlich / Neverla / Weichert (Hrsg.): *Bilder des Terrors*, S. 134–157; Diskussion: Apocalypse how? Quantität und Qualität der Medienbilder des 11. September. Eine Podiumsdiskussion am 8. November 2002 im Warburg-Haus. In: Ebd., S. 170–203; Martin Emmer / Christoph Kuhlmann / Gerhard Vowe / Jens Wolling: Der 11. September – Informationsverbreitung, Medienwahl und Anschlusskommunikation. In: *Media Perspektiven* 4 (2002), S. 166–177; Christoph Weller: Das Fernsehen und die politische Deutung der Ereignisse am 11. September. Oder: Die Kriegserklärung des Gerhard Schröder. In: Martin Löffelholz (Hrsg.): *Krieg als Medienereignis II. Krisenkommunikation im 21. Jahrhundert*. Wiesbaden: VS 2004, S. 257–274.

7 Beck / Quandt: Terror als Kommunikation?, S. 85; vgl. Martin Löffelholz: Krisen- und Kriegskommunikation. Trends, Themen und Theorien eines hoch relevanten, aber gering systematisierten Teilgebietes der Kommunikationswissenschaft. In: Ders. (Hrsg.): *Krieg als Medienereignis II*, S. 13–58, hier S. 38.

8 Christoph Weller: *Die massenmediale Konstruktion der Terroranschläge am 11. September 2001. Eine Analyse der Fernsehberichterstattung und ihre theoretische Grundlage*. Duisburg: Institut für Entwicklung und Frieden 2002, S. 43; vgl. Siegfried Weischenberg: Zwischen Zensur und Verantwortung. Wie Journalisten (Kriege) konstruieren. In: Löffelholz (Hrsg.): *Krieg als Medienereignis*, S. 65–80.

Stelle auch auf den Link zur Politikwissenschaft verweist.[9] Konstruktivistische Ansätze sind auch für medienethische Fragen folgenreich. Konstruktivistisch gedacht, lässt sich der vielfach geäußerte Vorwurf, die Medienrealität des 11. September verfälsche die Wirklichkeit der Anschläge, nicht aufrechterhalten, da die ‚wirkliche Welt' keine vollständige und objektive Repräsentation ihrer selbst liefert. Die Beobachterabhängigkeit allen Erkennens macht das Ideal objektiver Berichterstattung illusionär.[10] In der journalistischen Praxis haben sich aus dieser Verantwortung für die eigenen Wirklichkeitskonstruktionen einige Standards herausgebildet, beispielsweise die Absicherung durch Experten-Statements. Die Ausnahmesituation infolge der Attentate ließ jedoch viele dieser Normen und Routinen ins Wanken geraten, was noch näher auszuführen sein wird.

Innerhalb der gegenwärtigen Forschung besonders prominent sind Arbeiten der Medienereignis- bzw. Ritualisierungsforschung. Sie untersuchen den 11. September als „global media event".[11] Unter Bezugnahme auf Dayan und Katz werden Medienereignisse hier beschrieben als „a distinct area within media and communication research, an area that has to be investigated by crossing the empirical traditions of mass communication research and cultural studies."[12] Diese medialen Ereignisse sind also Genres, „focused on the ritual confirmation of social rules and values within a nation or society."[13] Anders ausgedrückt, bezeichnen sie semiotische Ressourcen, deren Texte von besonderer gesellschaftlicher Relevanz sind, „weil sie für viele Menschen ein bindendes Gemeinschaftserlebnis darstellen und ihre mediengerechte Inszenierung zugleich auf unterschiedliche Spielarten ritualisierter Kommunikation hindeutet."[14] Neben den

9 Vgl. Weller: *Massenmediale Konstruktion der Terroranschläge*, S. 44.

10 Vgl. Debatin: Semiotik des Terrors, S. 34–36.

11 Vgl. Andreas Hepp / Nick Couldry: Introduction. Media Events in Globalized Media Cultures. In: Dies. / Friedrich Krotz (Hrsg.): *Media Events in a Global Age*. London / New York: Routledge 2010, S. 1–20.

12 Andreas Hepp / Friedrich Krotz: Media Events, Globalization and Cultural Change. An Introduction to the Special Issue. In: *Communications* 33,3 (2008), S. 265–272, hier S. 265.

13 Ebd., S. 266. Vgl. auch Daniel Dayan: Beyond Media Events: Disenchantment, Derailment, Disruption. In: Couldry / Hepp / Krotz (Hrsg.): *Media Events in a Global Age*, S. 23–31.

14 Stephan A. Weichert: *Die Krise als Medienereignis. Über den 11. September im deutschen Fernsehen*. Köln: von Halem 2006, S. 37; vgl. Andrea C. Hoffmann: Multiplikatoren des Schreckens. Medien spielen Terroristen (unfreiwillig) in die Hände. In: Martin

von Dayan und Katz ausgemachten „conquests", „contests" und „coronations" gibt es auch „disruptive events, such as disasters, terrorist incidents and war".[15] Der 11. September kann als „Medienereignis par excellence" gelten.[16] Mit Baudrillard gedacht, erweist er sich sogar als „Mutter aller Ereignisse", als „absolute[s] Ereignis", das alle erdenklichen Schreckensszenarien in sich vereint.[17]

Diese Ansätze bieten Anknüpfungspunkte für zahlreiche weitere Theorien mittlerer Reichweite, die hier nur genannt werden können. Zu denken ist beispielsweise an den Agenda-Setting-Ansatz, das Agenda-Building, den Framing-Ansatz oder die Nachrichtenwerttheorie. Ein strittiges, in diesem Zusammenhang oft genanntes Konzept ist das sogenannte CNN-Syndrom. Danach gibt es eine starke kausale Wirkung der globalen Echtzeitberichterstattung auf sicherheitspolitische Prozesse, indem politische Entscheidungsträger dazu gedrängt werden, sich überstürzt in die politische Debatte einzuschalten, ohne genügend Zeit zur gründlichen Analyse des jeweiligen Sachverhalts zu haben. Allerdings ist es naheliegender, davon auszugehen, dass Politikgestaltung in einer von Medien geprägten Umgebung stattfindet und die Beschleunigung globaler Krisenberichterstattung zu vielfältigen Veränderungen im politischen Prozess führt.[18] Der sprunghafte Popularitätsgewinn staatlicher Institutionen in Krisenzeiten wird auch als Rally-Effekt (abgeleitet von „rally around the flag") bezeichnet. Daneben diskutieren viele Forscher die Möglichkeit einer symbiotischen Beziehung zwischen Medien und Terrorismus und verweisen dabei auf die Hauptaufgabe der Massenmedien sowie

Löffelholz / Christian F. Trippe / Andrea C. Hoffmann (Hrsg.): *Kriegs- und Krisenberichterstattung. Ein Handbuch*. Konstanz: UVK 2008, S. 240–245.

15 Maria Kyriakidou: Rethinking Media Events in the Context of a Global Public Sphere. Exploring the Audience of Global Disasters in Greece. In: *Communications* 33,3 (2008), S. 273–291, hier S. 276; vgl. Daniel Dayan / Elihu Katz: *Media Events. The Live Broadcasting of History*. London: Harvard University Press 1992.

16 Weichert: *Die Krise als Medienereignis*, S. 23.

17 Jean Baudrillard: Der Geist des Terrorismus. Das Abendland, das die Stelle Gottes eingenommen hat, wird selbstmörderisch und erklärt sich selbst den Krieg. In: *Süddeutsche Zeitung*, 12.11.2001, S. 16.

18 Martin Löffelholz: Kriegsberichterstattung in der Mediengesellschaft. In: *Aus Politik und Zeitgeschichte* 16–17 (2007), S. 25–31, hier S. 30; vgl. Julia Hahn / Kathrin Mok / Patrick Roessler / Michaela Schmid / Nicolas Schwendemann: Mediated Events in Political Communication. A Case Study on the German European Union Council Presidency 2007. In: *Communications* 33,3 (2008), S. 331–350, hier S. 336; Bruce Hoffman: *Terrorismus – der unerklärte Krieg. Neue Gefahren politischer Gewalt*. Bonn: Bundeszentrale für politische Bildung 2006, S. 298.

die Absicht der Terroristen: mediale Öffentlichkeit herzustellen. Damit einher geht eine mögliche funktionale Instrumentalisierung der Medien durch den Terrorismus, welcher Live-Übertragungen sowie Folgeberichterstattungen in seine Pläne integriert.[19]

Ergebnisse der Analyse: Krisenberichterstattung

Die Terroranschläge provozierten unweigerlich eine Krise im Sinne einer Bedrohung zentraler Werte eines Systems. Gerade in Krisenzeiten bekommt die Hauptaufgabe der Medien, die Herstellung von Öffentlichkeit, besonderes Gewicht. Dies kann journalistische Routinen sprengen und lässt kaum Platz für die vielfach geforderte mediale Selbstreflexion.[20] Der „Black Tuesday" markiert eine Zäsur. Systemtheoretisch gesprochen schränkte dieser massive Kommunikationsabbruch die Systeme in ihrer Funktion ein, verhinderte beispielsweise ökonomische Operationen. Gleichzeitig entstand ein enormer Berichterstattungsdruck, sodass die Disruption auch eine Reaktion der Systeme provozierte. Das Massenmedium Fernsehen spielte dabei eine besondere Rolle: Am 11. September wurde es zum „simultane[n] Medium des Weltgeschehens".[21] Der „Black Tuesday" war damit sozusagen auch ein ‚Tag des Fernsehens', also ein einschneidendes Erlebnis für die deutsche Fernsehwelt. Er gilt auch als ‚Sternstunde' des deutschen Fernsehjournalismus.[22] Das Fernsehen war unmittelbar nach den Anschlägen für die meisten Menschen das zentrale Medium der Informationsgewinnung und behauptete so seine Führungsposition gegenüber Radio, Internet sowie Presse. Es war für 44,9% der Bevölkerung der BRD das Medium der Erstinformation.[23]

19 Katja Hampe / Martin Löffelholz: Entscheidungsträger unter Druck. CNN-Effekt und Rally-Effekt. In: Löffelholz / Trippe / Hoffmann (Hrsg.): *Kriegs- und Krisenberichterstattung*, S. 290–292.

20 Vgl. Weichert: *Die Krise als Medienereignis*, S. 244–251; vgl. Christoph Weller: Massenmediale Konstruktion im außenpolitischen Entscheidungsprozess. Die öffentliche Meinung und deutsche Fernsehberichterstattung am 11. September 2001. In: Cornelia Ulbert / Christoph Weller (Hrsg.): *Konstruktivistische Analysen der internationalen Politik*. Wiesbaden: VS 2005, S. 313–346.

21 Jürgen Dörrmann / Ulrich Pätzold: Der 11. September als journalistische Herausforderung. In: Dies. (Hrsg.): *Der 11. September. Wie die Tageszeitungen berichteten. Eine Publikation des Journalisten-Zentrums Haus Busch*. Hagen: Deutsches Institut für Publizistische Bildungsarbeit 2002, S. 5–13, hier S. 5; vgl. Dirk Baecker: *Wozu Gesellschaft?* Berlin: Kadmos 2007, S. 45–49.

22 Vgl. Diskussion: Apocalypse how?, S. 176; Weichert: *Die Krise als Medienereignis*, S. 30.

23 Vgl. Emmer / Kuhlmann / Vowe / Wolling: Der 11. September, S. 169.

Der auf der Makroebene der Gesellschaft zu beobachtende historische Einschnitt ist auf der Mesoebene der Redaktion weniger, da nur kurzfristig folgenreich. Auch das individuelle Verhalten der Akteure muss zwar als Grenzerfahrung verstanden werden, untergrub jedoch nicht nachhaltig die gängige journalistische Praxis, sodass hier besser von einem Routinebruch die Rede ist. Die mediale Aufarbeitung des 11. September ist paradigmatisch für grundlegende Mechanismen der Krisenberichterstattung: Infolge der ‚crashing events' entstehen umgehend die häufig zitierten ‚breaking news'. Der Faktor Zeit spielt in diesem Zusammenhang eine entscheidende Rolle. Der „Aktualitätszwang", also der permanente Bedarf nach „dem Allerneuesten" (Kloeppel, 16:00 Uhr),[24] lässt die Akteure verschiedene Strategien an den Tag legen, um das schier unfassbare Ereignis in das bestehende Sendekorsett zu pressen. Dafür entscheidend ist die simultane Berichterstattung, im Rahmen derer beispielsweise die Bilder aus New York live gezeigt und kommentiert werden. Das ‚mediale Netzwerk' führt (auf der zeitlichen Ebene) zu einer simultanen sowie (auf der inhaltlichen Ebene) zu einer konsonanten Berichterstattung verschiedener Medien weltweit. Sie lässt die Bewältigung der Ereignisse vor ökonomisches Kalkül treten und zeigt anschaulich die Janusköpfigkeit der Medien als Hersteller von Kultur- und Wirtschaftsgut. Häufig werden Bilder von CNN mit dessen Logo übernommen. Das Extremereignis verschiebt also die Prioritäten der auf größtmöglichen Umsatz orientierten TV-Industrie.[25] Die markante Live-Qualität des medialen Ereignisses synchronisiert dessen Erleben und lässt sozusagen eine geteilte Wahrnehmung entstehen. Immer wiederkehrende Versuche, die Ereignisse zu definieren, fassbar zu machen, sollen verlorene Deutungs- und Handlungsmacht wiederherstellen. Vermeintliche Sicherheit suggerieren auch die stabilen Prognosen, die schnell getroffen und weiter verfolgt werden, jedoch auf labilen Rekonstruktionen der zurück liegenden Ereignisse beruhen (vgl. u. a. Kloeppel 18:34 Uhr).

24 Die Zeitangaben beziehen sich auf die Transkripte in Weller: *Massenmediale Konstruktion der Terroranschläge*, S. 51–103. Nachfolgend werden Zitate hieraus direkt im Haupttext per Zeitangabe in Klammern nachgewiesen.

25 Vgl. Clément Chéroux: *Diplopie. Bildpolitik des 11. September*, aus d. Franz. v. Robert Fajen. Paderborn: Konstanz University Press 2011, S. 44–46; Weichert: *Die Krise als Medienereignis*, S. 245.

Die Ergriffenheit der Bevölkerung provoziert ein Wir-Gefühl. Damit einher geht auch der Distanzverlust der Journalisten, die selbst betroffen und professionell ohnmächtig gegenüber den Ereignissen sind – ein weiteres Merkmal medialer Krisenberichterstattung. Die häufig von CNN übernommenen Katastrophenbilder bieten aufgrund ihrer Dramatik kaum Platz für Kontextualisierung und übersetzen die Realität quasi 1:1. Sie lassen Realität und Medienbilder verschmelzen. Dennoch sind sie symbolisch aufgeladen, tragen also durchaus einen inneren Verweisungszusammenhang. Diese Symbolik wird von Peter Kloeppel auch explizit angesprochen: „Es gibt kein World-Trade-Center mehr. New York hat sein Wahrzeichen verloren, die Welt hat ein Wahrzeichen verloren. [Pause]" (16:28 Uhr). Damit einher geht eine regelrechte Mystifizierung des World-Trade-Centers, das als Sinnbild für die Weltmacht Amerika, mindestens aber als nationales Wahrzeichen bezeichnet wird, während das Pentagon in den Augen vieler als „Rückgrat der USA" auftritt.[26] Die Bilder werden permanent wiederholt, vermutlich um die Ereignisse begreifbar zu machen, was das Konzept der rituellen Redundanz als Hilfsmittel nahe legt. Andersherum gedacht kann die visuelle Redundanz aber auch darauf zurückgeführt werden, dass die Bilder anfangs die einzige Informationsquelle waren, also gezeigt werden mussten, um dem selbst induzierten Visualisierungshype zu genügen. Dadurch verloren die Medien ihre Inszenierungshoheit. Die Bilder in Endlosschleife wurden zur Studiodekoration degradiert und diese ‚Ästhetik des Schreckens' von den Zuschauern bereitwillig rezipiert. Voraussetzung dafür ist „die Position des unversehrten Beobachters".[27] Durch seinen sicheren, nicht involvierten Standpunkt kann der Zuschauer die Geschehnisse aus der Distanz beobachten und ästhetischen Gefallen daran finden. So entstehen Anknüpfungspunkte für die Medienethik im Sinne einer Publikumsethik, auf die hier nicht ausführlich eingegangen werden kann. Inwiefern am 11. September ein Zerrbild der Mediengesellschaft sichtbar wurde, wäre ebenfalls mithilfe medienethischer Diskurse zu klären. An dieser Stelle nur so viel: Der „synchronisierte Reportmarathon" okkupierte zwar nahezu die gesamte Fernsehwelt, zeigte aber kaum Ansätze einer demokratischen Streitkultur zur Qualifizierung politischer Entscheidungen.[28] Die

26 Weichert: *Die Krise als Medienereignis*, S. 350.

27 Debatin: Semiotik des Terrors, S. 28.

28 Vgl. Michael Beuthner / Stephan A. Weichert: Zur Einführung: Bilder des

Echtzeit-Konkurrenz der Sender und ihre Chronistenpflicht führten zu einem „Live-Rausch", der kein retardierendes Moment bzw. ein Sichten der Informationen vorab zuließ und damit das erschwerte, was man sich auf die journalistische Ethikfahne geschrieben hatte. Es wurde anfangs auch kaum Kritik an der amerikanischen Regierung geübt (Rally-Effekt), sondern es wurden lediglich in einer nachgeholten Debatte Alternativen diskutiert, was Hafez als „phasenverschobenen Pazifismus" bezeichnet.[29]

Das Dreigestirn der Akteure (I): Moderator und Korrespondent

Live-Schaltungen machten einen erheblichen Teil der Krisenberichterstattung am 11. September aus. Während der Liveness-Phase konnten die Programmgestalter die professionelle Logistik des Fernsehens demonstrieren, die es ermöglichte, Informationen und Stimmungen aus aller Welt einzufangen. Moderator und Korrespondent ergänzen sich in ihrer Rolle als Informationsvermittler und schaffen Nähe zum Ereignis: Während der Moderator als Vermittler und ‚Welterzähler' (vgl. 15:36 Uhr) den Rahmen der Berichterstattung aufspannt, dient der Korrespondent mit seiner Expertise und Augenzeugenschaft als ‚Fenster zur Welt' (vgl. Lang 15:34 bis 15:36 Uhr). Korrespondentenberichte haben damit hauptsächlich die Funktion, über Neuigkeiten vor Ort zu berichten, so eine gewisse psychologische Nähe zu schaffen und Authentizität zu vermitteln. Außerdem stellt der Korrespondent eine entscheidende Stütze des Moderators dar (vgl. 15:49 Uhr). Das Frage-Antwort-Spiel zwischen beiden dient nicht nur dazu, Zeit zu gewinnen, bis neue Informationen zur Verfügung stehen. Vielmehr hilft es auch, die Situation im Sinne eines Gemeinschaftswerks zu bewältigen (vgl. 15:40 Uhr). Auf diese Weise gelingt es ihnen, die Katastrophe zur Nachrichtengeschichte zu machen. Die

Terrors – Terror der Bilder? In: Dies. / Buttler / Fröhlich / Neverla (Hrsg.): *Bilder des Terrors*, S. 10–25, hier S. 14; Joachim W. H. Haes: Catching the Wave. German Media on September 11. In: *Prometheus* 20,3 (2002), S. 277–280, hier S. 277; Bernhard Pörksen: Medienethik. In: Ders. / Siegfried Weischenberg / Hans J. Kleinsteuber (Hrsg.): *Handbuch Journalismus und Medien*. Konstanz: UVK 2005, S. 211–220, hier S. 217.

29 Beuthner: Wie wenig Zeit braucht guter Journalismus?, S. 141; vgl. Kai Hafez: Die irrationale Fehlwahrnehmung des „Anderen". Deutsche und arabische Öffentlichkeitsreaktionen auf den 11. September. In: Georg Stein / Volkhard Windfuhr (Hrsg.): *Ein Tag im September: 11. September. Hintergründe, Folgen, Perspektiven*. Heidelberg: Palmyra 2002, S. 221–246, hier S. 228.

angesprochene Ereignisnähe wird durch die emotionale, scheinbar physische Präsenz des USA-Korrespondenten verstärkt. Dementsprechend fragt Peter Kloeppel gleich in der zweiten Sondersendung: „Christof Lang, ich weiß nicht, ob Sie noch bei mir sind?" (15:40 Uhr) Der 11. September ist sowohl für die Moderatoren als auch für die Korrespondenten aller involvierten TV-Sender eine Herausforderung. Viele von ihnen sitzen bereits während des ersten Anschlags in der Maske und gehen im Verlauf des weiteren Geschehens live auf Sendung. Moderator und Korrespondent unterliegen einer ungeahnten Belastungsprobe. Immer wiederkehrende Zusammenfassungen, redundante, eingängige Formulierungen und der mit dem Zeitdruck in Zusammenhang stehende Steno-Stil der Wortbeiträge soll dem kontingenten Ereignis eine für den Zuschauer fassbare, weil bekannte Form geben. Häufig entstehen die gesprochenen Texte in actu, also unreflektiert und direkt während des Sendens.[30] Rahmenschaltelemente lassen das Sendekorsett aufblitzen, das die eigene Spontaneität einschränkt: „So viel zunächst von dieser Stelle, wir machen jetzt ganz kurz weiter mit Werbung und melden uns dann direkt wieder vor dem Jugendgericht, das dann um 16 Uhr beginnen soll. Bis dann." (Kloeppel, 15:55 Uhr)

Zu den Sprachbildern kommt die Bildsprache, narrative wird folglich durch visuelle Redundanz als Hilfsmittel ergänzt. Moderator und Korrespondent verwenden regelrecht apokalyptische Sprachbilder, äußern offen ihre Betroffenheit und nehmen so meist eine emotionale Erzählhaltung ein. Dies manifestiert zusammen mit den häufig ausgestrahlten Augenzeugenberichten von Passanten oder Journalisten Gefühle der Angst und des Schreckens innerhalb der Bevölkerung. Erzählkonventionen des Spielfilms sollen den Ereignissen eine Ordnung verleihen. Die dahinterstehende filmische Wahrnehmung verstärkt die Ereignisnähe zusätzlich. Bezüge zum Spielfilm zeigen sich sowohl implizit als auch explizit, beispielsweise an folgender Stelle: „Etwas, was wir – und man muss das tragischerweise sagen – fast nur aus Hollywood-Filmen kennen, hat sich offensichtlich hier zur Bürozeit in New York zugetragen." (Kloeppel, 15:33–15:34 Uhr)

30 Vgl. Knut Hickethier: Wie aus der Katastrophe eine Nachrichtengeschichte wurde. Ulrich Wickert und der „11. September". In: Beuthner / Buttler / Fröhlich / Neverla / Weichert (Hrsg.): *Bilder des Terrors*, S. 103–112, hier S. 108–112; vgl. auch Joan K. Bleicher: Lesarten des Wirklichen. Narrative Strukturen der Live-Übertragung vom 11. September 2001. In: Ebd., S. 64–68.

Mit dieser Bildsprache einher gehen Personalisierungen, wenn sich beispielsweise das Feuer „durch den Turm, durch die Stahlkonstruktion hindurchfrisst" (Kloeppel, 16:03 Uhr). Darüber hinaus spielt die Verwendung relativ stabiler Frames in der Berichterstattung eine entscheidende Rolle. Die Deutung der Ereignisse als Krieg und das damit einhergehende Schwarz-Weiß-Denken sind Beispiele hierfür (gut vs. böse, Supermacht vs. Attentäter usw.). In diesem Zusammenhang stehen auch die Engführung der Suche nach Drahtziehern in der arabisch-islamischen Welt und die Verwendung religiöser Sprachformeln. Man bemüht sich um weitgehende Personalisierung, schafft ein Täterbild ohne genaue Indizien und sorgt so dafür, dass Osama Bin Laden als vermeintlicher Drahtzieher zum „Symbol des Terrors" avanciert. Einmal gesetzte Frames durchziehen die gesamte Berichterstattung. Sie werden also innerhalb des Senders, aber auch von anderen Medien immer wieder aufgegriffen. Damit zeigt sich die Selbstreferentialität der Medien erneut sowohl innerhalb einer Redaktion als auch medienübergreifend.[31] Allerdings bleibt festzuhalten, dass es den Journalisten unmittelbar nach den Anschlägen kaum möglich war, über Hintergründe oder Täter zu spekulieren, sodass viele zur Vorsicht mahnten, was die Interpretation sowie Quellen der Informationen anging. Dementsprechend äußert RTL-Korrespondent Lang um 15:38 Uhr:

> Gerade eben kriege ich eine weitere Meldung auf den Tisch, ähm, eine Organisation namens DFLP, das sind Palästinier [sic], Palästinenser, ähm, hat offensichtlich die Verantwortung für diesen Anschlag erhoben, die Quelle dafür ist Abu-Dhabi-TV, auch das gebe ich weiter mit einem Fragezeichen dahinter.

Die Unsicherheit des Korrespondenten zeigt sich auch in der divergenten Ereignisdefinition als Unglück oder Anschlag. Die durch die Anschläge induzierte Ausnahmesituation erfordert also professionelle Leistungen unter Extrembedingungen, was zu einer Vielzahl skurriler Situationen führt. Zu nennen sind hier beispielsweise die Versprecher des Moderators oder seine unsichere Erzählhaltung.[32] Zu den technischen Pannen gehören das Zusammenbrechen von Korrespondenten-Schaltungen oder das Einblenden falscher Namen. Die ursprünglich geplante Sendezeit kann nicht eingehalten werden (vgl. u. a. 15:29 Uhr). Ein Weg, um die Ausnahmesituation in den Griff zu bekommen, liegt im Einsatz von Experten.

31 Ebd.

32 Vgl. Beuthner: Wie wenig Zeit braucht guter Journalismus?, S. 152–153.

Exkurs: Die Begriffe ‚Experte' und ‚Expertenwissen'

Zwar schenkt die Kommunikationswissenschaft dem Expertenbegriff relativ wenig Beachtung. Insgesamt erfreut sich die sozialwissenschaftliche Forschung zum Expertentum jedoch einer „anhaltend stabile[n] Konjunkturlage".[33] Daher lohnt sich ein Blick über den Tellerrand der eigenen Disziplin. Die Frage, wer denn nun eigentlich ein Experte ist, wird beispielsweise in der Wissenschafts- und Technikforschung oder aus demokratietheoretischer Sicht heraus diskutiert. Im Alltag versteht man Experten für gewöhnlich als Menschen, die über Wissen verfügen, das sie auf Anfrage weitergeben und zur Problemlösung einsetzen. Der wissenschaftlich fundierte Expertenbegriff ist dem gar nicht so fern: Experten besitzen privilegierte Informationszugänge und tragen Verantwortung für die Bereitstellung von Problemlösungen.[34] Bogner und Menz machen innerhalb der Methodendiskussion verschiedene Expertenbegriffe aus. Sie unterscheiden den voluntaristischen Expertenbegriff, demzufolge alle Menschen Experten (nämlich ihres eigenen Lebens) sind. Ein solches Verständnis kann jedoch zu einem regelrechten Begriffswirrwarr führen. Die konstruktivistische Definition des Experten verweist auf dessen relationalen Status: Zum einen erfolgt die Zuschreibung vonseiten des Forschers, also methodisch-relational. Eine forschungs-pragmatische, allein auf den lokalen Herstellungskontext bezogene Perspektive bleibt jedoch unzureichend, da auch sie die Gefahr birgt, den Expertenbegriff inflationär auszudehnen. Auf der anderen Seite steht also der Experte, der gesellschaftlich zum Experten gemacht wird. Hierin liegt der sozial-repräsentationale Ansatz im Sinne einer sozialen Etikettierung. Der dritte von Bogner und Menz ausgeführte Expertenbegriff ist wissenssoziologisch begründet und innerhalb der Methodendebatte dominierend. Gläser und Laudel definieren Experten als „die spezifische Rolle des Interviewpartners als Quelle von Spezialwissen über die zu erforschenden sozialen Sachverhalte".[35]

33 Alexander Bogner / Wolfgang Menz: Experteninterviews in der qualitativen Sozialforschung. Zur Einführung in eine sich intensivierende Methodendebatte. In: Dies. / Beate Littig (Hrsg.): *Experteninterviews. Theorien, Methoden, Anwendungsfelder.* Wiesbaden: VS 2009, S. 7–31, hier S. 10.

34 Vgl. Jochen Gläser / Grit Laudel: *Experteninterviews und qualitative Inhaltsanalyse als Instrumente rekonstruierender Untersuchungen.* Wiesbaden: VS 2010, S. 11.

35 Ebd., S. 12; vgl. Alexander Bogner / Wolfgang Menz: Das theoriegenerierende Experteninterview. Erkenntnisse, Wissensformen, Interaktion. In: Dies. / Beate Littig (Hrsg.): *Experteninterviews*, S. 61–98, hier S. 67–70; Michael Meuser / Ulrike Nagel: Experteninterview und der Wandel der Wissensproduktion. In: Ebd., S. 35–60, hier S. 37.

Eine solche wissenssoziologische Bestimmung geht zurück auf Schütz' Unterscheidung dreier Idealtypen des Wissens: der Mann auf der Straße, der gut informierte Bürger sowie der Experte.[36] Die sich daran anschließende Diskussion fokussiert vor allem die an spezielles Sonderwissen geknüpfte Unterscheidung von Experte und Laie. Das Sonderwissen ist laut Sprondel an die Berufsrolle gebunden und manifestiert sich als sozial institutionalisierte Expertise. Expertenwissen ist demnach nur dann Sonderwissen, wenn das herrschende Alltagswissen es dazu macht, also auftretende Probleme als Sonderprobleme definiert.[37]

Im Rahmen neuer Formen der Wissensproduktion verblasst die Bindung des Experten an seine Berufsrolle. Sofern „die Herstellungspraxis des Expertenwissens in der Nutzung unterschiedlicher Wissenssphären relevant wird“, interessiert der Experte nicht nur als Funktionsträger bzw. Zugangsmedium zur Organisation oder deren Repräsentant, sondern auch als Privatperson.[38] Damit werden private Bezüge des Expertenhandelns nicht mehr ausgeklammert. Konstruktivistisch gedacht, erweisen sich die Wirklichkeitskonstruktionen des Experten in einem spezifischen Teilsegment der Gesellschaft als durchsetzungsmächtiger als die anderer Personen, also der Laien.[39] Expertenwissen liefert hier die Chance, „in einem bestimmten organisationalen Handlungskontext hegemonial zu werden“ und strukturiert „die Handlungsbedingungen anderer Akteure […] in relevanter

36 Schütz unterscheidet diese drei Typen nach ihrer Bereitschaft, bestimmte Dinge oder Bereiche der realen Welt als fraglos gegeben anzunehmen. Der Mann auf der Straße verfügt demnach über pragmatisch motiviertes Rezeptwissen, mithilfe dessen er „in typischen Situationen typische Ergebnisse mit typischen Mitteln“ erreicht. Der relevante Weltausschnitt des gut informierten Bürgers beschränkt sich weder auf die Grenzen seiner eigenen Lebenswelt noch auf die Fachgrenzen eines definierten Wissensgebietes. Der Experte verfügt hingegen über ein detailliertes Wissen, das auf ein „System auferlegter Relevanzen“ beschränkt ist. Sein gegenüber dem gut informierten Bürger genaueres Wissen bezieht sich also auf einen Bereich, in dem die Art der relevanten Probleme und entsprechende Lösungsstrategien weitgehend vordefiniert sind (Walter M. Sprondel: „Experte“ und „Laie“. Zur Entwicklung von Typenbegriffen in der Wissenssoziologie. In: Ders. / Richard Grathoff (Hrsg.): *Alfred Schütz und die Idee des Alltags in den Sozialwissenschaften*. Stuttgart: Enke 1972, S. 140–154, hier S. 145; vgl. Alfred Schütz: Der gut informierte Bürger. Ein Versuch über die soziale Verteilung des Wissens. In: Ders.: *Gesammelte Aufsätze*, Bd. 2: Studien zur soziologischen Theorie. Den Haag: Nijhoff 1972, S. 85–101).

37 Vgl. Sprondel: „Experte“ und „Laie“, S. 140–154.

38 Vgl. Meuser / Nagel: Experteninterview, S. 46.

39 Vgl. Bogner / Menz: Das theoriegenerierende Experteninterview, S. 44.

Weise mit."[40] Der Experte hat auch Deutungsmacht und beeinflusst folglich „in hohem Maß das Bild, das wir von bestimmten Sachverhalten haben".[41]

Das Dreigestirn der Akteure (II): RTL-Experte(n) am 11. September 2001

Auch die Experten waren wesentliche Deutungsinstanzen der Terroranschläge. Der als „Terrorismusexperte" und „Polizeipsychologe" angekündigte Georg Sieber sollte vor allem der Frage nach möglichen „Drahtziehern" nachgehen (vgl. 15:51–15:55 Uhr). Sieber schildert zunächst seine ursprüngliche Annahme, derzufolge ein technischer Defekt Ursache für den Flugzeugabsturz sei. Moderator Peter Kloeppel greift diese These in einer Art sprachlichem ‚Ping-Pong-Spiel' auf und beteiligt sich an der Rekonstruktion der Ereignisse. Somit entwickeln Experte und Moderator die Definition der Ereignisse erneut als Gemeinschaftswerk. Die enorme Ereigniskontingenz führt zu einem unsicheren Expertenstatus, da auch Sieber die Anschläge anfangs nicht einordnen kann. Er formuliert seine erste Idee zu möglichen Ursachen daher unpersönlich. Es bleibt unklar, ob diese Deutung von ihm allein stammt. Den so entstehenden vermeintlichen Informationsvorsprung verteidigt er jedoch, indem er die Plausibilität seiner ursprünglichen These stärkt: „[E]in Pilot kann in solch einem Moment natürlich sofort die Handsteuerung übernehmen" (Kloeppel, 15:52 Uhr), darauf Sieber: „Wenn er es bemerkt!".

Insgesamt verfügt Sieber also über privilegierte Informationszugänge und trägt Verantwortung für die Bereitstellung von Problemlösungen. Sein ihn vom Laien unterscheidendes Sonderwissen als sozial institutionalisierte Expertise manifestiert sich aber vor allem in „Ersatzwissen".[42] Schließlich kann auch Sieber kaum Auskunft zu der anfangs verdächtigten Terrorgruppe DFLP liefern und greift auf Informationen über andere Terrororganisationen in den USA und frühere Anschläge zurück. Die Deutung der Ereignisse ist also auch für den Experten schwierig. Dennoch überbrückt er den akuten Informationsmangel und kommt auf diese Weise seiner

40 Bogner / Menz: Das theoriegenerierende Experteninterview, S. 46.

41 Aglaja Przyborski / Monika Wohlrab-Sahr: *Qualitative Sozialforschung. Ein Arbeitsbuch.* München: Oldenbourg 2009, S. 133.

42 Vgl. Michaela Pfadenhauer: Auf gleicher Augenhöhe. Das Experteninterview – ein Experte zwischen Experte und Quasi-Experte. In: Bogner / Littig / Menz (Hrsg.): *Experteninterviews*, S. 99–116, hier S. 101–103; vgl. Sprondel: „Experte" und „Laie", S. 140–141.

Chronisten- sowie Erklärungspflicht nach. Er lässt die Ereignisdefinition progressiv fortschreiten und wirkt quasi als Ruhepol. Rein pragmatisch gesehen war besonders entscheidend, dass Sieber als Experte schnell zugänglich war, sich also in der Nähe des Sendestudios befand bzw. per Telefon zugeschaltet werden konnte. Interessant ist des Weiteren, dass der Experte von einer Intervention abrät, also seiner Orientierungsfunktion nicht nur mit Blick auf das Publikum, sondern auch hinsichtlich der Politik nachkommt. Bei der Suche nach Drahtziehern versteift er sich entgegen seinen Kollegen auf anderen Sendern nicht auf terroristische Organisationen anderer Länder. Aus seinem Wissensbestand zu früheren Anschlägen deduziert er, „dass es sich wirklich um ein internes Problem handelt, in das wir uns nicht einmischen sollten" (Sieber, 15:53 Uhr). Damit wird das Konzept der Handlungsmacht um eine Dimension erweitert, nämlich die Ohnmacht als Handlungsmacht. Dieser vorgeschaltet ist die Deutungsmacht der Experten, deren Wirklichkeitskonstruktionen durchsetzungsmächtiger sind als die anderer Personen, also der Laien. Entgegen Siebers Mahnung zur Zurückhaltung setzt sich im Verlauf der Berichterstattung jedoch Krieg als Deutungsmuster und die dementsprechende Handlungsmaxime durch. Damit wird deutlich, dass der Expertenstatus bei RTL nicht nur explizit, sondern auch implizit vorhanden ist. Peter Kloeppel und Christof Lang bemühen sich ebenso um die Deutung der Ereignisse. Auch sie verfügen über spezifische Wissensbestände: Peter Kloeppel war als Redakteur in New York tätig, besitzt also entsprechendes Erfahrungswissen. Dieses liefert einen Kommentarrahmen bzw. ein kognitives Gerüst. Korrespondent Christof Lang kann durch seine unmittelbare Augenzeugenschaft auf einen besonderen Wissensbestand zurückgreifen. Die Grenzen des Expertentums liegen hier also außerhalb der expliziten Rollenzuschreibung.[43]

Fazit

Der 11. September 2001 brannte sich nicht nur tief in das kollektive Gedächtnis der weltweit betroffenen Öffentlichkeit. Auch für die Medien waren die Anschläge eine Grenzerfahrung, die ihre professionellen Standards und Routinen ins Wanken geraten ließ. Es konnte

43 Vgl. Diskussion: Apocalypse how?, S. 174–185, 195; Alexander Görke: Zwischen Selbstbehauptung und Vereinnahmung. Strukturen und Funktion journalistischer Krisenkommunikation. In: Löffelholz (Hrsg.): *Krieg als Medienereignis II*, S. 121–144; Uhl: Zwischen Moderation und Emotion, S. 123.

gezeigt werden, wie Medienakteure des Privatsenders RTL unmittelbar nach den Anschlägen versuchten, das Ereignis medial in den Griff zu bekommen. Im Verlauf der Analyse stellte sich heraus, dass sowohl Moderator, Korrespondent als auch der als solcher angekündigte Experte wie Zahnräder ineinandergriffen, um die schier unbegreiflichen Anschläge für sich selbst und dann für das Publikum fassbar zu machen. Das ‚kollektive Fassbarmachen' erwies sich als jene Kerngeschichte, auf die sich alle anderen Kategorien beziehen lassen, und wurde so zur Schlüsselkategorie. Die Akteure wollten den Ritualcharakter der Fernsehnachrichten wahren und „das Unbekannte und Befremdliche" für den Zuschauer greifbar machen, allerdings „mit der Gefahr, zur sinnentleerten Routine zu erstarren".[44] Sowohl die ausgemachten Wissensarten (Fakten-, Erfahrungs- sowie Ersatzwissen) als auch Mechanismen wie Induktion und Deduktion halfen, die Anschläge auf einer kognitiven Ebene fassbar zu machen. Insbesondere das Ersatzwissen trug dazu bei, den akuten Informationsmangel zu überbrücken und der medialen Orientierungsfunktion nachzukommen. Aus rein pragmatischer Sicht sorgten das ‚Ping-Pong-Spiel' der involvierten Akteure sowie ihre Rollenvielfalt für die mediale Bewältigung der Katastrophe. Die Deutungshoheit ging klar von Moderator und Korrespondent aus, was in dieser Hinsicht die Bedeutung des als solchen angekündigten ‚Experten' relativiert. Ein weiterer Befund liegt darin, dass der erläuterte wissenssoziologisch fundierte Expertenbegriff auch auf Moderator und Korrespondent der RTL-Sondersendungen am 11. September 2001 anwendbar ist. Inwiefern dieser Anknüpfungspunkt allgemeine Gültigkeit hat, müssen weitere Untersuchungen zeigen.

Den Massenmedien wird häufig bewusste Täuschung bzw. Hochstapelei bescheinigt. Auch das Setting des 11. September bietet einen typischen Beutegrund für Blender und Betrüger. Schließlich sind es die Zeiten des sozialen Aufruhrs und der Verunsicherung, denen eine besondere Anfälligkeit für Hochstapelei nachgesagt wird. Sie geben einzelnen Akteuren die Chance, sich die temporär aus den Angeln gehobene soziale Ordnung zunutze zu machen und Ordnung und Wissen zu behaupten, obwohl die Verhältnisse undurchschaubar sind. Blickt man auf die RTL-Berichterstattung unmittelbar nach den Anschlägen des 11. September, kann dieser Generalverdacht jedoch

44 Weichert: *Die Krise als Medienereignis*, S. 107; vgl. Beuthner / Weichert: Zur Einführung, S. 17.

nicht erhärtet werden. Vielmehr setzte dieses Extremereignis mediale Routinen außer Kraft und ließ die Medienakteure mit allen ihnen möglichen Mitteln versuchen, das eigene Nichtwissen zu überwinden und dem Zuschauer plausible Deutungsangebote zu liefern. Moderator und Korrespondent versuchten sozusagen ‚live on air' Fakten zu sammeln, um die anfangs undurchschaubare Situation für sich selbst und die Zuschauer begreifbar zu machen. Viele vage Vermutungen oder vorschnelle Behauptungen waren damit der Notwendigkeit geschuldet, dem Publikum umgehend Orientierungsangebote zu liefern, die aufgrund der sich überschlagenden Ereignisse jedoch nur schwer möglich waren. Entgegen der üblichen Standards galt an dieser Stelle Schnelligkeit vor Richtigkeit. Im Zuge dieses „reaktiven Simultan-Journalismus"[45] speiste sich das Expertenwissen aus verschiedenen, nicht immer als solchen explizit gemachten Quellen und Wissensformen. Es wurde damit nicht vorrangig simuliert. Inwiefern eine bewusste Täuschung des Publikums im Rahmen der Berichterstattung nach dem 11. September vorlag, muss an anderer Stelle geklärt werden. Der hier dargelegte, die Medienakteure entlastende Befund relativiert dementsprechend nicht die allgemein gültige Forderung nach kritischem Medienkonsum.

45 Beuthner: Wie wenig Zeit braucht guter Journalismus?, S. 142.

„Some New Things Never before Seen!“
Hochstapelei im Making-of

Felix Lempp / Jannis Funk

„This is like no other acting job!“ Mit diesen Worten, unterlegt vom charakteristischen Bond-Thema, begrüßt Pierce Brosnan die Zuschauer_innen im Making-of zum Film *Die Another Day* (UK / USA 2002, R: Lee Tamahori). Dem Iren ist ein Urteil in dieser Frage durchaus zuzutrauen, ist er doch bei der Premiere des zwanzigsten James-Bond-Films bereits knapp fünfzig Jahre alt. Er hat nicht nur den britischen Geheimagenten schon zuvor in drei Filmen verkörpert und war als Remington Steele ein Serienheld der 1980er Jahre, sondern kann in seiner zu diesem Zeitpunkt bereits über zwanzigjährigen Karriere auf eine beeindruckende Filmografie verweisen. Dennoch: Dass James Bond die Rolle seines Lebens bleiben würde, scheint ihm bereits 2002 klar zu sein, wenn er betont, dass die Verkörperung des Agenten mit keiner anderen Rolle vergleichbar sei. Jeder weitere Bond-Film wird seiner Meinung nach damit nicht nur für ihn, sondern für alle Beteiligten zur außergewöhnlichen Produktion und zum bedeutenden Karriereschritt: „[T]he men and women who worked on this film“, so heißt es im Making-of des Films weiter, „said this was the toughest film that they worked on just because of the whole scope of it.“ Ähnliche Äußerungen wie diese durchziehen das ganze Making-of und machen deutlich: ‚Bond‘ ist weit mehr als eine Filmreihe – es ist eine Marke. Der Erfolg des Franchise stellt dabei für Produzenten wie Regisseure gleichzeitig einen Glücksfall und ein Risiko dar: Einerseits kann man sich des Profits an den Kinokassen recht sicher sein, andererseits werden von Kritik und Fangemeinde derart große Erwartungen bezüglich jedes neuen Films gehegt, dass auf Schauspieler_innen wie Produktionscrew ein großer Druck lastet: Natürlich soll jeder Film ein ‚typischer Bond' werden, aber jede Fortsetzung der Geschichte um den britischen MI6-Agenten muss auch Neuheiten bieten, die die Zuschauenden begeistern und die sie so noch nicht gesehen haben. Auf diese Neuheiten hinzuweisen ist somit eines der Hauptziele der PR-Maschinerie vor Kinostart, in die in immer größerem Ausmaße auch das Format des Making-ofs eingebunden wird.[1] So stellt Halle Berry, Bond-Girl in *Die Another Day*, im Making-of pflichtschuldig fest: „With this new ‚Bond' being, as it is, his 40th anniversary, there is some new things never before seen!" Was genau diese Neuheiten sind oder worin Schwierigkeiten bestanden, die die Crew nach Brosnan in dieser Größe noch nie bewältigen musste – das wird lediglich nebulös angedeutet. Im Falle von *Die Another Day* drängt sich bei der Lektüre der Kritiken nach Filmstart der Verdacht auf, dass die Neuheiten vor allem in – teilweise als lächerlich übertrieben kritisierten – Spezialeffekten bestehen und gerade hinsichtlich der Handlungsentwicklung eher ausgetretene Pfade verfolgt werden.[2] Blickt man nach dem

1 So hat das Genre des Making-ofs nach Craig Hight zwar das Potential, vielfältige Diskursschichten im Referenzfilm aufzudecken, doch steht diesen Möglichkeiten des Genres oftmals das Interesse der Produzenten entgegen, die eher an den Werbemöglichkeiten durch das Making-of für den Referenzfilm interessiert sind (vgl. Craig Hight: Making-of Documentaries on DVD: The *Lord of the Rings* Trilogy and Special Editions. In: *The Velvet Light Trap: A Critical Journal of Film and Television* 56 (2005), S. 4–17, hier S. 7). Auch Volker Wortmann betont wie Hight nicht nur die Möglichkeiten des Making-ofs zur Analyse und Kontextualisierung des Referenzfilms, sondern räumt ein, dass sich seine Nutzung wie im Falle anderer DVD-Bonusmaterialien auf eine reine „Simulation von Diskursen, die nur noch unter Marketingaspekten Relevanz beanspruchen kann", beschränken kann (Volker Wortmann: DVD-Kultur und Making of. Beitrag zu einer Mediengeschichte des Autorenfilms. In: *Rabbit Eye – Zeitschrift für Filmforschung* 1 (2010), S. 95–108, hier S. 105).

2 Beispielsweise urteilt Claudia Puig: „[T]he film is so fraught with explosions and chases that the action eventually feels numbing." (Claudia Puig: 007 Goes Through Motions on ‚Day' Job. In: *USA Today*, 21.11.2002. http://usatoday30.usatoday.com/life/movies/reviews/2002-11-21-die-another-day_x.htm (Zugriff am 03.06.2014)). Auch für die *New York Times* findet *Die Another Day* keinen überzeugenden Ausweg aus dem Dilemma, dem Publikum die bekannten, unverzichtbaren Elemente der 007-Reihe und zugleich Innovation bieten zu wollen; zudem überzeugen die als spektakulär angekündigten Spezialeffekte nicht: „[S]ome of the special effects have a tacky, off-the-rack look that would be more suitable in a ‚Spy Kids' movie. In one especially dreadful sequence, Bond windsurfs through a churning Icelandic sea dotted with what seem to be huge chunks of digital meringue […] And the long finale is thudding and pointless, a loud, unimaginative return to the clichés […]." (A. O. Scott: Bang! Splat! Kapow! Must Be That 007. In: *The New York Times*, 22.11.2002. http://www.nytimes.com/movie/review?res=9C07E6D81439F931A15752C1A9649C8B63 (Zugriff am 03.06.2014)).

Kinobesuch auf das Making-of zurück, erscheinen viele der dort getätigten Aussagen und Versprechungen als Hochstapelei.
Bei genauerer Betrachtung wird schnell deutlich, dass dieses Charakteristikum des klassischen filmischen Making-ofs[3] auch in anderen Fällen zu beobachten ist, immer dann nämlich, wenn Prozesse offengelegt und dabei nur scheinbar objektiv beobachtet und beschrieben werden; überall also, wo ein Making-of entsteht und damit implizit die Deutungshoheit über einen Schaffensprozess beansprucht wird. Während in der klassischen Auffassung von Kultur das Werk (Werkästhetik) bzw. sein Wirken und Wahrgenommen-Werden (Rezeptionsästhetik) im Mittelpunkt stehen, wendet sich die Gegenwartskultur verstärkt der eigenen Gemachtheit zu und stellt den Prozess in den Mittelpunkt (Produktionsästhetik). Das Format des Making-ofs – allgemein verstanden als Beobachtung, Beschreibung und Inszenierung von Produktionsprozessen – erscheint so als ein allgegenwärtiges Phänomen der zeitgenössischen Kultur, die damit zumindest potentiell zur Kultur der Hochstapler_innen wird. Die Untersuchung dieses Phänomens im Zuge kulturwissenschaftlicher Überlegungen erscheint so in hohem Maße gerechtfertigt.

Eine Plattform zur wissenschaftlichen Untersuchung des Phänomens Making-of: *Making-of – Ein Lexikon*

Eben jene Analyse des Phänomens Making-of war das Ziel einer Arbeitsgruppe des vierten Geisteswissenschaftlichen Kollegs der Studienstiftung des deutschen Volkes (2011–2013) unter der Leitung von Stephan Porombka und Jens Roselt. Die Arbeitsgruppe untersuchte zunächst verschiedene Formen des Making-ofs wie beispielsweise das klassische filmische Making-of, aber auch Kochshows, Do-it-yourself-Videos, Tagebücher oder Castingshows. In allen Fällen dient der Begriff des Making-ofs als Beschreibungskategorie, die als Gemeinsamkeit dieser unterschiedlichen Formate die Beschreibung und Inszenierung eines Produktionsprozesses betont. Darüber hinaus wurde der Begriff aber nicht nur auf sein deskriptives, sondern dezidiert auch auf sein analytisches Potential hin untersucht: Dabei ging die Arbeitsgruppe der Frage nach, wie das Verhältnis zwischen dem beobachteten Prozess und seinem ihn beobachtenden, ästhetisierenden und damit inszenierenden Making-of gestaltet sein kann. Als

3 Vgl. Wieland Schwanebeck: Klassisches Making-of. In: *Making-of. Ein Lexikon* (2013). http://making-of-lexikon.de (Zugriff am 03.06.2014).

ein Ergebnis dieser Überlegungen kann die Typologie verschiedener Making-ofs gelten, die die „chronologisch[e] Situierung [des Making-ofs] gegenüber dem Produktionsprozess“[4] als Differenzkriterium betrachtet. Als retrospektives Making-of können in diesem Zusammenhang „diejenigen Making-ofs bezeichnet werden, die den Produktionsprozess aus zeitlicher Distanz im Rückblick beobachten“,[5] während prospektive Making-ofs „einen zum Zeitpunkt der Beschreibung in der Zukunft liegenden Produktionsprozess beschreiben.“[6] Demnach können klassische filmische Making-ofs, deren Material zwar während des Prozesses der Dreharbeiten entsteht, die aber erst nach deren Abschluss gleichsam *ex post* kompiliert werden, als retrospektive Making-ofs gelten, während Simulationen und nicht zuletzt Projektanträge Formen des prospektiven Making-ofs darstellen. Die Making-ofs des dritten Typs werden als simultane bezeichnet. Bei ihnen fällt der Prozess mit seiner Beobachtung ununterscheidbar zusammen.[7] Ein Beispiel für diesen Typ ist das Fernsehformat der Castingshow, bei dem oftmals der Prozess (die Entstehung bzw. Formung eines Stars) von seiner Beobachtung und Inszenierung (der konkreten Sendung wie beispielsweise *Deutschland sucht den Superstar*) kaum zu trennen ist. Wie derartige Systematisierungsbemühungen belegen, verstand es die Arbeitsgruppe auch als ihre Aufgabe, erste Versuche zur Entwicklung eines ‚Toolkits‘ vorzustellen, mit dem künstlerische Prozesse in ihrer Gemachtheit untersucht werden können. Die Ergebnisse der Untersuchungen liegen mittlerweile in Form der Online-Publikation *Making of – Ein Lexikon* vor, die fortlaufend ergänzt und bearbeitet wird, um des Phänomens Making-of in der Gegenwartskultur habhaft zu werden. Die offene Lexikonstruktur, die die Ergänzung und (Neu-)Verlinkung der Lemmata zulässt, macht diese Ergebnisse grundsätzlich erweiterbar, trägt dem dynamischen Untersuchungsgegenstand Rechnung und möchte sich als Plattform zur interdisziplinären, multimedialen und interrelationalen Untersuchung des Kulturphänomens Making-of etablieren.[8]

4 Jannis Funk: Retrospektives Making-of. In: *Making-of*.

5 Ebd.

6 Jannis Funk: Prospektives Making-of. In: Ebd.

7 Vgl. Jannis Funk: Simultanes Making-of. In: Ebd.

8 Strukturell unterscheidet das Online-Lexikon zwischen Theorie- und Beispielartikeln. In letzteren werden konkrete Making-ofs bzw. Making-of-Formate vorgestellt, während die Theorieartikel im Geiste eines Toolkits Konzepte, Begrifflichkeiten und Theorien aus verschiedenen Disziplinen der Kulturwissenschaften vorstellen, die aus dem Blickwinkel des Phänomens ‚Making-of‘ dabei neu perspektiviert werden.

Mittels jenes Werkzeugkoffers lässt sich das klassische Making-of[9] zum Kinofilm gleich in mehrfacher Hinsicht als ‚hochstapelnde‘ Gattung schlechthin charakterisieren: Zum einen ist da der Werbeeffekt, der den fertigen Film als zu vermarktendes Produkt im günstigsten Licht erscheinen lassen muss. Zum anderen ist das Making-of als DVD-Beigabe stets das Narrativ der Produzierenden selbst und wird gemäß deren Regeln und Perspektivierungen entwickelt. In den meisten Fällen besteht die Vorgabe, im Making-of eine Erfolgsgeschichte zu erzählen. Einige bemerkenswerte Ausnahmen von dieser Regel wie die Dokumentation *Lost in La Mancha* (USA 2002, R: Keith Fulton / Louis Pepe) über Terry Gilliams gescheiterte Verfilmung von *Don Quichote* haben inzwischen zwar Berühmtheit erlangt, grundsätzlich herrscht aber schon beim Dreh des Making-ofs, welcher die Dreharbeiten des Films meist zeitlich wie örtlich begleitet, die Übereinkunft zwischen allen Beteiligten, dass es sich bei dem Film, dessen Entstehen dokumentiert wird, um einen Erfolg handeln wird, er jedenfalls etwas bisher noch nicht Dagewesenes darstellt. Diese Übereinkunft ist umso bemerkenswerter, wenn man bedenkt, dass ihre Richtigkeit sich in großen Teilen erst in der Zukunft erweisen wird: Ein gewisses Talent zum Hochstapeln muss also bei allen Beteiligten vorausgesetzt werden, wenn sie beispielsweise, ohne die Szenen schon digital bearbeitet gesehen zu haben, von noch nie dagewesenen Stunts und technischen Effekten sprechen. Die Prozessbeobachtung und -offenlegung, die das filmische Making-of verspricht, ist folglich zu großen Teilen eine Inszenierung eben dieses Produktionsprozesses mit der Zielvorgabe, das Endprodukt als erfolgreich und einzigartig darzustellen – Hochstapeln gehört dabei also, gerade hinsichtlich der marketingtechnischen Bedeutung des filmischen Making-ofs, zum Geschäft.

Zwischen Authentizitätsversprechen und Inszeniertheit: Hochstapelei in Making-of-Formaten

Das Nämliche gilt jedoch auch für alle anderen Making-of-Formate: Jedem Narrativ des Machens ist ein hochstaplerischer Gestus inhärent, unabhängig davon, ob es sich dabei um (ent)mystifizierende Künstlerporträts (wie die Dokumentation *Gerhard Richter Painting*, D 2011, R: Corinna Belz) handelt oder um Kochshows, die in vielen

Weitere Lemmatavorschläge und Artikel gemäß dieser Systematik können jederzeit an die Redaktion des Lexikons geschickt werden (kontakt@making-of-lexikon.de).

9 Vgl. Schwanebeck: Klassisches Making-of.

Fällen nicht zum Nachkochen einladen, sondern lediglich die Wartezeit auf die Tiefkühlpizza verkürzen.[10] In diesem Sinne kann auch das Facebook-Profil, auf dem in einem Fotoalbum der Prozess des Erlernens des Surfens im letzten Sommer beschrieben wird, wobei allerdings die Bilder der peinlichsten Stürze zu Gunsten der erfolgreichsten Wellenritte zurückgestellt wurden, genauso als Making-of gelten wie die mediale Beobachtung der Formung des nächsten Topmodels, bei der das Augenmerk von Kamera und damit auch Fernsehpublikum nur auf bestimmten Aspekten des Prozesses liegt – auf anderen dagegen ausdrücklich nicht. Die Ironie, mit der Titel wie *Deutschland sucht den Superstar* und *Germany's Next Topmodel* mit dem eigenen hochstaplerischen Charakter kokettieren, wird von Staffel zu Staffel augenfälliger. Längst erwartet niemand mehr ernsthaft die Entdeckung eines „Supertalents“: Der formulierte übertriebene Anspruch gilt nur noch als Feigenblatt für die Zurschaustellung und Inszenierung des Castingprozesses.

Dieser Aspekt der Inszeniertheit aller Making-ofs widerspricht auf den ersten Blick dem Versprechen der Authentizität, dem sich viele Making-of-Formate verpflichtet fühlen, „versprechen sie doch oftmals eine Offenlegung des ‚echten‘, ‚unverfälschten‘, eben des authentischen Produktionsprozesses.“[11] In jüngerer Vergangenheit wurde die antonyme Beziehung der Begriffe ‚Authentizität‘ (im Sinne von ‚Echtheit‘) und ‚Inszenierung‘ (im Sinne von ‚Schein‘) jedoch stark in Zweifel gezogen. So stellt etwa Erika Fischer-Lichte fest, dass grundsätzlich alles, was wahrgenommen werden kann, zuerst inszeniert werden muss – auch das Authentische: „Denn Inszenierung produziert nicht Schein, sondern läßt etwas als gegenwärtig in Erscheinung treten“.[12] Auch und gerade wenn das Making-of Authentizität beansprucht, liegt allein in der Wahl des Materials und des Formats bereits eine Inszenierung des beobachteten Produktionsprozesses vor, die bestimmten Regeln und Vorgaben unterworfen ist – der Hochstapelei ist in gewissem Sinne also Tür und Tor geöffnet. So wird beispielsweise im filmischen Making-of Authentizität meist nicht nur auf der Ebene der Prozessaufdeckung inszeniert,

10 Vgl. Laura Hindelang: Kochshows. In: *Making-of.*

11 Felix Lempp: Authentizität. In: Ebd.

12 Erika Fischer-Lichte: Theatralität und Inszenierung. In: Dies. / Christian Horn / Isabel Pflug / Matthias Warstat (Hrsg.): *Inszenierung von Authentizität.* Tübingen / Basel: Francke 2007, S. 9–28, hier S. 22.

indem den Zuschauer_innen ein Blick auf den ‚tatsächlichen' Ablauf der Dreharbeiten versprochen wird, sondern auch in Bezug auf die Schauspieler_innen, indem die Ebenen von Rolle und Darsteller_in bewusst verwischt werden:

> Ihr Auftreten im Film, so die Botschaft der Making-of-Narration, ist [...] von Seiten der Schauspielerinnen und Schauspieler kein ‚Schlüpfen in eine fremde Rolle', sondern das Ausspielen eigener Lebenserfahrungen in der ‚Rolle ihres Lebens': Als authentisch gilt hier also das, was nicht erfunden oder durch Rollenarbeit aufgebaut werden muss, sondern was der Schauspieler aus seinem eigenen, echten Leben direkt in die Rolle einfließen lässt.[13]

Das Beispiel von der Bedeutung des Versprechens ‚authentischer' Prozessbeschreibung für Making-of-Formate macht deutlich, dass sich für sie bereits Gattungsmerkmale herausgebildet haben, welche die Rezipient_innen mit dem Begriff des Making-ofs verbinden: Die Zuschauer_innen wissen, was sie beispielsweise von einem filmischen Making-of erwarten.

Die Enttarnung eines hochstapelnden Formats: Das Faking-of *Rain of Madness*

Welche Rolle das Phänomen der Hochstapelei im Kontext derartiger Gattungsmerkmale spielt, soll abschließend an einem Beispiel erläutert werden. Es handelt sich dabei allerdings nicht um ein filmisches Making-of oder einen Dokumentarfilm, sondern um eine Persiflage auf eben diese Formate.[14] Diese Auswahl bietet sich an, weil Persiflagen besonders Gattungsmerkmale bzw. -konventionen ihrer Vorbilder in den Blick nehmen: Persifliert wird das Typische, und das sind hier u. a., wie sich zeigen wird, Aspekte der Hochstapelei. Als sekundierende PR-Maßnahme im Rahmen der Bewerbung der Komödie *Tropic Thunder* (USA 2008, R: Ben Stiller) wurde der Trailer zu einer angeblichen Dokumentation der Dreharbeiten unter dem Namen *Rain of Madness* (USA 2008, R: Justin Theroux) lanciert, um das bereits vom eigentlichen Hauptfilm betriebene,

13 Lempp: Authentizität.

14 Wie schon Craig Hight betont, hat das Genre des filmischen Making-ofs eine Vielzahl von Ausprägungen, die von in der Produktion fast vollständig von Werbeinteressen geleiteten „extended trailers" bis zu Dokumentationen, „[which] open a space for debate over the overall social, political and cultural value of the film in question", reichen. (Hight: Making-of Documentaries, S. 7) All diesen Formen gemeinsam ist dabei der behauptete oder tatsächliche Anspruch, den Produktionsprozess des entsprechenden Films für die Zuschauer_innen transparent zu machen.

parodistisch-metafiktionale Spiel um noch eine weitere Referenzschicht anzureichern. Stillers *Tropic Thunder* ist eine bombastische Satire auf den Hollywoodbetrieb und basiert u. a. auf der ausführlich dokumentierten Entstehungsgeschichte von *Apocalypose Now* (USA 1979, R: Francis Ford Coppola). Der Film nimmt eine kritische Bewertung gängiger Hollywoodpraxis vor, das Thema Krieg (und v. a. das nationale Trauma Vietnam) in actionlastige Materialschlachten zu verwandeln, die zugleich ausreichend Raum für Pathosmonologe und (zumindest vorgeblich) kritische Auseinandersetzungen mit dem Sujet lassen – eine Formel, die sich u. a. im Fall der Oscargewinner *Platoon* (USA 1986, R: Oliver Stone) und *Forrest Gump* (USA 1994, R: Robert Zemeckis) bestens bewährt hat. Mit seiner besonderen Konzentration auf *Apocalypse Now* thematisiert Stillers Film die Legenden um den völlig aus dem Ruder gelaufenen Coppola-Film, die inzwischen untrennbar mit seiner Rezeptionsgeschichte verbunden sind. So, wie der von Marlon Brando gespielte Colonel Kurtz in *Apocalypse Now* dem Wahnsinn verfällt und im Dschungel „den Endpunkt des totalitären Staates [erreicht], ein Stadium des totalen Krieges",[15] so brachte auch Coppola seine Crew – jedenfalls dem dominanten Narrativ zufolge – beim Dreh auf den Philippinen (der zudem von einer Naturkatastrophe heimgesucht wurde) mit diktatorischer Willkür wiederholt an den Rand des völligen Zusammenbruchs. Hinzu kamen die Allüren des exzentrischen Schauspielers Brando, ein unfertiges Drehbuch und Konfrontationen mit den örtlichen Behörden – jede dieser Krisen greift *Tropic Thunder*, die Geschichte eines gescheiterten Vietnamfilmdrehs, auf. Hier führen die Egos der Hauptdarsteller, der im Würgegriff des Studios zappelnde Regisseur und zahlreiche Pannen beim Dreh sogar zum Abbruch der Produktion, so dass ein in *Tropic Thunder* auftauchendes Reporterteam bald über den Dreh zu berichten weiß, dieser sei „one month behind schedule, just five days into shooting." Das Faking-of[16] *Rain of Madness* vollzieht diesen (fiktiven) Katastrophendreh nach und parodiert dabei selbst die vom Coppola-Dreh berichtende, mehrfach preisgekrönte, retrospektive Dokumentation *Hearts of Darkness: A Filmmaker's Apocalypse* (USA 1991, R: Fax Bahr / George Hickenlooper / Eleanor Coppola).

15 Marcus Stiglegger: *Ritual und Verführung. Schaulust, Spektakel & Sinnlichkeit im Film.* Berlin: Bertz + Fischer 2006, S. 160.

16 Vgl. Wieland Schwanebeck: Faking-of. In: *Making-of.*

Abb. 1: Werner-Herzog-Parodie in *Rain of Madness.*

In *Rain of Madness* übernimmt Justin Theroux, ein Mitautor des Skripts von *Tropic Thunder*, die Rolle des Dokumentarfilmers Jan Jürgens, der in seinem Äußeren vor allem durch Schnurrbart und deutschen Akzent deutlich an den jungen Werner Herzog erinnert. Auch die Hauptdarsteller des Films spielen im Faking-of mit, welches das grandiose Scheitern der Dreharbeiten zu einem fiktionalen Vietnam-Kriegsfilm namens *Tropic Thunder* zu dokumentieren vorgibt. Interessant im Rahmen der hier untersuchten Fragestellung ist dabei, dass die komischen Effekte der Persiflage vor allem durch die Überzeichnung oder komische Brechung der inzwischen für die Gattung des filmischen Making-ofs bzw. der Dokumentation konstitutiven Merkmale hervorgerufen werden und dass in diesem Zusammenhang der Aspekt des Hochstapelns eine bedeutende Rolle spielt.

Dies zeigt sich bereits zu Beginn des Faking-ofs, wenn die Stimme Jan Jürgens' aus dem Off die Bootsfahrt durch einen bedrohlich wuchern den Dschungel, vorbei an Indigenen mit Maschinengewehren, durch philosophische Fragestellungen pathetisch auflädt und damit, nicht untypisch für die Dokumentation der Dreharbeiten eines Kriegsfilms, dessen Aussageabsichten im Existentiellen verortet:

> War. A theme that has inspired countless directors and Hollywood productions. But what is war? What does it mean to take another man's life? Is war murder or institutionalized genocide? What is it in our nature that compels perfectly rational human beings to kill one another?

Dieses Pathos wird allerdings schon in der nächsten Szene radikal gebrochen, wenn Jürgens lakonisch feststellt: „None of these questions interested me! What interests me is making a documentary about the making of a film that led to its own unmaking!" In der Art, wie die grundlegenden Fragestellungen hier beiläufig erledigt werden und sich die erklärte Absicht des Films auf das Handwerkliche konzentriert – nämlich die Dokumentation der Produktion (oder gerade Nicht-Produktion) eines anderen Films –, wird gleichzeitig das philosophische Gebaren anderer Making-of-Formate, welche die Behandlung, wenn nicht gar Beantwortung von Menschheitsfragen im begleiteten Film versprechen, lächerlich gemacht. Die Komik stellt sich in diesem Falle also nicht so sehr durch die übertriebene Verwendung typischer Stilmittel des filmischen Making-ofs her, sondern eher durch deren radikale Enttarnung als Hochstapelei. Parallel zur verbalen Pointe setzt *Rain of Madness* noch einen visuellen Gag, der einerseits das journalistische Ethos des Making-ofs kritisch hinterfragt und andererseits den Vorwurf an den Paratext, sich allein parasitär vom Hauptwerk zu ernähren, ins Bild rückt: Jürgens besucht das Filmset von *Tropic Thunder* und bedient sich dort ungeniert am Buffet für die Crew, statt ernsthaftes Interesse am Produktionsprozess zu zeigen.

Darüber hinaus findet sich auch die besagte Überbetonung von typischen Stilmitteln des Making-ofs in *Rain of Madness*. Als Beispiel sei eine Szenenfolge angesprochen, die sich mit dem oben bereits behandelten Aspekt der im Making-of behaupteten Authentizität des Spiels der Darsteller auseinandersetzt. Im Faking-of spielt Robert Downey jr. die Rolle des Method Actors Kirk Lazarus, der eigentlich die Hauptrolle im angeblichen Film übernehmen soll, für sich aber – als weißer Australier! – die Rolle eines schwarzen Platoonmitglieds verlangt. Um diese Rolle authentisch verkörpern zu können, lässt er sich durch einen chirurgischen Eingriff die Haut künstlich dunkeln. Dies zielt eindeutig karikierend auf die in den Making-of-Formaten so oft behauptete Authentizität der Rollendarstellung der Schauspielerinnen und Schauspieler, schlüpft Kirk Lazarus doch im wahrsten und damit gleichzeitig wahnwitzigsten Sinne des Wortes ‚in die Haut' seiner Rolle. Allerdings erschöpfen sich weder *Rain of Madness* noch *Tropic Thunder* in einseitiger Polemik gegen die Verlogenheit Hollywoods, sondern richten ihre Satire auch gegen Erinnerungspolitik im Allgemeinen. So kommt es zur Dopplung des Hochstaplermotivs

Abb. 2: Robert Downey jr. als egozentrischer Method Actor in *Rain of Madness*.

auf der Ebene des Referenzfilms, denn auch die mit viel Bombast und Authentizitätsgarantie angepriesene tragische Geschichte des gescheiterten Platoons, die in *Tropic Thunder* auf die Leinwand gebracht werden soll, entpuppt sich als bloße Erfindung – der von Nick Nolte gespielte angebliche Kriegsheld, Sgt. John ‚Four Leaf' Tayback ist ein Hochstapler, was die eitel dahinredenden Mimen, die seine Geschichte auf die Leinwand bringen wollen, zu doppelten Fakes macht.[17] Auch deren psychologische Motivation für das eigene Schauspiel (von Darstellern in Making-ofs nicht selten minutenlang in Interviews ausgebreitet und noch für die Darstellung der psychologisch ausgefallensten Rolle um Ankerpunkte im eigenen Leben angereichert) wird in *Rain of Madness* persifliert, indem Lazarus seinem Vater auf recht ungewöhnliche Weise für sein Talent dankt: „Every day that I wake up I thank my father for being an abusive alcoholic, because it was that exact kind of environment that I find makes great talent.“

In dieser Auseinandersetzung mit dem Authentizitätspostulat der Making-ofs wird der komische Effekt nicht durch eine ausdrückliche Brechung erzielt, wie noch im Falle der Aussage Jan Jürgens',

17 In einer Szene, die später noch aus *Tropic Thunder* herausgeschnitten wurde und die sich als Extra auf der DVD des Films findet, rühmt der Protagonist Tugg Speedman (Ben Stiller), der am Schluss den Oscar gewinnt, in seiner Dankesrede dennoch ‚Four Leafs' Leistung mit einem Satz, der für alle Hochstapler gelten mag: „Thank you for lying with such honesty!“

dass ihn all die typischerweise gestellten großen Menschheitsfragen nicht interessierten, sondern in der Übersteigerung der Stilmittel des Making-ofs bis ins Absurde. Hier zeigt sich abermals eine starke Verbindungslinie zum Phänomen des Hochstaplers: Hochstapelei ist in gewisser Weise auch der Clownerie verwandt, den guten Hochstapler zeichnet aber aus, dass ihm der Balanceakt zwischen kunstvoller Täuschung und übertriebener – das bedeutet: zu offensichtlicher – Lüge gelingt. Ähnlich muss das gute Making-of die gewünschte Deutungshoheit über den Produktionsprozess so inszenieren, dass diese nicht aufdringlich und damit lächerlich wirkt, sondern wie nebenbei vermittelt wird. Die Betonung authentischer Schauspielleistungen darf beispielsweise eben nicht in den Bereich des Unglaubwürdigen, Grotesken führen, sondern muss der Realität immer so weit verpflichtet bleiben, dass sie die Rezipient_innen noch in das Narrativ eines Making-ofs als Offenlegung von Produktionsprozessen integrieren können: Natürlich weiß man als Zuschauer_in, dass man vermutlich nicht wirklich ganz objektiv die Filmentstehung durch das Making-of vorgeführt bekommt, selbstverständlich ahnt man, dass Werbeabsichten oder zumindest die Deutungsabsichten der Produzent_innen mitspielen, wie es durch die paratextuelle Verfasstheit des Making-ofs vorgezeichnet ist. Nach Genette ist der Paratext (den er als „Anhängsel" zum literarischen Text im Sinne eines „vom Autor mehr oder weniger legitimierten Kommentar[s]" bestimmt)[18] stets als Beiwerk auf einen Referenztext bezogen, womit – im Hinblick auf die zeitgenössische Medienumgebung – auch das Making-of einen solchen Paratext darstellt, der gemeinsam mit anderen Bonusmaterialien auf den Film-DVDs „diverse Zugänge zum Werk [ermöglicht] und […] den jeweiligen Referenzfilm mit multiplen Diskursschichten an[reichert]."[19] Daher ist es in der Regel eher das mit einigem zeitlichen Abstand produzierte, zumeist einem Filmklassiker oder einer legendär gescheiterten Großproduktion gewidmete Making-of, in dem die Ehrlichkeit überwiegt bzw. auch Raum für kritische Stimmen ist – dass Pierce Brosnan z. B. mit seiner eigenen Laufbahn als James Bond äußerst unzufrieden ist und die einzelnen Filme für gründlich misslungen hält, erfährt man nicht im anlässlich des Kinostarts bzw.

18 Gérard Genette: *Paratexte*, aus d. Franz. v. Dieter Hornig. Frankfurt am Main / New York: Campus 1992, S. 10.

19 Wortmann: DVD-Kultur, S. 98.

der DVD-Auswertung lancierten Making-of, sondern im Interview mehr als zehn Jahre später.[20]

Obwohl diese Konventionen vom Publikum natürlich durchschaut werden, erfreuen sich auch die der bloßen Werbung für den Film verpflichteten Making-ofs weiterhin großer Beliebtheit, denn so wie dem versierten Hochstapler ein gewisser übermäßiger Charme oder manche unglaubliche Geschichte verziehen werden, sieht man beim Making-of über die eine oder andere Schönfärberei hinweg – solange sie eben noch in die Vorstellung vom Making-of als insgesamt neutrale, informierende Form der Offenlegung eines Produktionsprozesses integriert werden kann. Dieser Fiktionskontrakt zwischen Making-of-Macher_innen und ihren Zuschauer_innen gleicht folglich auf frappante Weise dem zwischen Hochstapler_innen und deren Publikum: Hochgestapelt wird nur dort, wo ein solches existiert und den Hochstapelnden zu seinen Täuschungen motiviert, indem es Bereitschaft zeigt, ihm „in die Falle zu gehen", wie es Wieland Schwanebeck in der Einleitung zum vorliegenden Band formuliert. Der Akt des Hochstapelns ist an den Akt des Erzählens gebunden,[21] erst in der Durchsetzung des Wahrheits- und Gültigkeitsanspruchs des eigenen Narrativs jenseits der Sphäre des Fiktionalen und angesichts eines Gegenübers wird der Erzähler zum Hochstapler. Dabei verzeiht das Publikum manche Schwindelei und charmante Übertreibung, solange diese aufregende Doppelbödigkeit nur nicht den Kern der gesamten Rolle betrifft. Wieder ist es das Faking-of *Rain of Madness*, das abschließend klarstellt, dass in diesem Fiktionskontrakt die eigentliche Berechtigung des Making-ofs liegt, nicht in einer objektiven Prozessoffenlegung: Der Regisseur und die Hauptdarsteller des angeblich zu drehenden Films sind mit dem Hubschrauber in ein asiatisches Krisengebiet geflogen und verschwunden. Jan Jürgens folgt ihnen und findet im Dschungel ein Videoband, das den Tod und die grausame Zerstückelung der Hauptdarsteller und ihres Regisseurs zu zeigen scheint. Die Zuschauer_innen sehen von diesem Material nichts, beobachten nur Jan Jürgens, der fassungslos auf den Bildschirm eines Fernsehers starrt. Mit dem Tod der Filmcrew muss auch das Making-of-Format

20 Vgl. Horatia Harrod: Pierce Brosnan: ‚I was never good enough as Bond'. In: *The Telegraph*, 12.04.2014. http://www.telegraph.co.uk/culture/film/10755167/Pierce-Brosnan-I-was-never-good-enough-as-Bond.html (Zugriff am 03.06.2014).

21 Vgl. hierzu das Kapitel zum Verhältnis von Hochstapelei und Erzählen in Wieland Schwanebeck: *Der flexible Mr. Ripley. Hochstapelei und Männlichkeit in Literatur und Film*. Wien / Köln / Weimar: Böhlau 2014, S. 54–63.

der Dokumentation der Filmentstehung enden und so wendet sich Jürgens ein letztes Mal an seine Zuschauer_innen, indem er ihnen den Sinn seines Filmschaffens erklärt:

> But what is important is not the amazing footage that you will never see but instead the lives of the actors who tried to make *Tropic Thunder*. [...] Why did the cast sabotage itself? And finally: What about Hollywood, the land of false promises? What is the answer to all these questions? I will never tell you! What I have shown you is in the end the truth, not the spoon-fed Hollywood version of it. This time, unlike Hollywood, you must decide for yourselves what is real and what is illusion.

Auch in Formaten des Making-ofs wird also nicht Illusion von Realität geschieden, diese Aufgabe wird den Rezipient_innen aufgetragen. Der Dokumentarfilmer inszeniert sich sogar als die Instanz, die auf mache Fragen der Zuschauer_innen Antworten haben könnte – diese aber gerade nicht verrät. Die Komik dieses Endes des Faking-ofs liegt dabei gerade nicht darin, dass es ein völlig anderes Ziel verfolgte als ein ‚echtes' Making-of, ganz im Gegenteil: *Rain of Madness* deckt auf, dass es filmischen Making-of-Formaten nie um die objektive Prozessoffenlegung geht, sondern um die Entwicklung und Durchsetzung des eigenen Narrativs, um das Schaffen von Künstlerfiguren,[22] um das Erregen – nicht die Befriedigung! – von Neugier. Dass Jan Jürgens dies seinem Publikum in der letzten Einstellung an den Kopf wirft, reizt zum Lachen, weil es der Gattung die Illusion der objektiven Prozessaufdeckung nimmt: Das Making-of als hochstapelnde Gattung ist aufgeflogen und ein aufgeflogener Hochstapler wird leicht zum Clown – oder aber, wie Felix Krull, zum Romancier!

22 Vor diesem Hintergrund erklärt sich auch die Referenz auf Herzog, der seine *auteur*-Persona u. a. durch Dokumentarfilme geschaffen hat, in denen entweder das eigene Werk im Vordergrund steht (so etwa in *Mein liebster Feind* von 1999, der filmischen Aufarbeitung seines Verhältnisses zu Klaus Kinski), oder in denen Herzog selbst im Film präsent ist – nicht zuletzt auch durch seine in stark akzentuiertem Englisch vorgetragenen Voice-Over-Kommentare. Zu Herzogs Selbstparodie im Faking-of *Incident at Loch Ness* (USA 2004, R: Zak Penn) vgl. Schwanebeck: Faking-of.

Willkommen im Hochstapler-Biotop
Plagiarismus und andere universitäre Betrügereien

Wieland Schwanebeck

> Bildung wird nicht in stumpfer Fron und Plackerei gewonnen, sondern ist ein Geschenk der Freiheit und des äußeren Müßigganges; man erringt sie nicht, man atmet sie ein […]. Wer aus minderem Holze gemacht ist, wird Bildung nicht erwerben; wer sie sich aneignete, war niemals roh.
>
> (Thomas Mann: *Bekenntnisse des Hochstaplers Felix Krull*)

Professor Krippendorf und seine Kollegen

James Krippendorf ist ein auf die Pazifikregion spezialisierter Anthropologe und Feldforscher, dessen beste Zeit schon hinter ihm liegt. Ein Stipendium von 100.000 $ zur Erforschung von Stammeskulturen ist ausgegeben, der Förderer möchte Ergebnisse sehen, der gute Ruf des Forschers steht auf dem Spiel, der Gerichtsvollzieher klopft bereits an – und Professor Krippendorf gerät an den Rand des Ruins. Vor der Konkursmasse steht glücklicherweise noch die (geistige) *Diskurs*masse, und so gibt Professor Krippendorf nicht kampflos auf – er kreiert sein Untersuchungsobjekt kurzerhand selbst und erfindet einen Stamm: die Shelmikedmu. Das Videomaterial zur angeblichen Feldforschung wird im heimischen Garten selbst produziert, der eigene Nachwuchs zur indigenen Bevölkerung geschminkt, eine Stammessprache erfunden. Bald avanciert Krippendorf zum Staranthropologen, der im Fernsehen über die seltsamen Balzrituale der Shelmikedmu doziert, die teils verblüffende Ähnlichkeit mit dem Paarungsverhalten und Familienleben der westlichen Gesellschaft haben. Allerdings – so viel Frankenstein'sches Erbe muss sein – gerät nicht nur die Schöpfung außer Kontrolle, sondern steigt Krippendorf die von ihm selbst produzierte Sensation derart zu Kopf, dass der

Abb. 1: Die Erfindung der Shelmikedmu in *Krippendorf's Tribe*.

elaborierte Schwindel nicht von Dauer sein kann. Zu seinem Glück gehört Professor Krippendorf aber nicht zu den verbürgten Fällen (pseudo-)akademischer Betrüger, die in realiter vom Campus gejagt wurden, sondern handelt es sich bei ihm um den sympathischen Hochstaplerprotagonisten in einer Hollywood-Komödie, nämlich dem auf Frank Parkins gleichnamigem Campus-Roman beruhenden Film *Krippendorf's Tribe* (USA 1998, R: Todd Holland). Dadurch wird das Happy-End unausweichlich – und der Professor darf sich mit der Institution aussöhnen.

Die Geschichte um Professor Krippendorf ist aus mehrerlei Gründen symptomatisch für gegenwärtige Diskussionen um Hochstapler, Fälscher und Betrüger: Nicht nur, weil Todd Hollands Film am Anfang einer großangelegten Rückkehr des Hochstaplermotivs im zeitgenössischen Spielfilm seit der Jahrtausendwende steht,[1] sondern auch, weil wir dem habilitierten Hallodri – wie so vielen seiner (Hochstapler-)Kollegen – nicht böse sind, wiewohl wir als Angehörige der *scientific commnity* mit seinem Treiben kaum einverstanden sein dürften. Darüber hinaus illustriert Professor Krippendorfs Schicksal auch einen Vorwurf, der heute verbreiteter ist denn je: dass nämlich inmitten der zahlreichen boomenden Betätigungsfelder für Betrüger

1 Zum Revival des Hochstaplermotivs im Gegenwartskino vgl. Wieland Schwanebeck: Watch Me If You Can. The Return of the Impostor in Contemporary Film. In: Caroline Rosenthal / Stefanie Schäfer (Hrsg.): *Fake Identity? The Impostor Narrative in North American Culture*. Frankfurt am Main / New York: Campus 2014, S. 159–174.

und Blender die Universität eine besondere Rolle als Brutstätte für Fälscher, Plagiatoren und Schaumschläger spielt.
Es mutet verführerisch an, sich die systemische Hochstapelei, für die Professor Krippendorf ein glänzendes fiktives Beispiel abgibt, als genuin amerikanisches Phänomen zu denken, denn in der amerikanischen Kultur haben Hochstapler, Trickbetrüger und *con men* von jeher eine besondere Rolle gespielt.[2] Historiker gehen gar davon aus, dass der Trickbetrug das amerikanische Selbstverständnis historisch mit geformt hat, denn die *confidence trickery* – also die mit dem insgeheimen Ziel des Betrugs erfolgende Aufforderung, einer guten Geschichte Glauben zu schenken – ist die Schattenseite einer im Kern durchaus positiven Charaktereigenschaft, nämlich der Fähigkeit zu vertrauen. Wer von einem charismatischen *con man* hinters Licht geführt wird, fällt seiner Bereitschaft zum Opfer, *in dubio pro reo* zu entscheiden. Weshalb sollte diese Fähigkeit in einer Institution wie der Universität nicht ebenfalls zur Blüte gelangen, wo sie doch permanent asymmetrische Kommunikationssituationen schafft und Geschichtenerzählern reichlich Raum zum Monologisieren bietet – ohne dass sie dies von anderen Einrichtungen groß unterschiede.
Doch so leicht stiehlt sich die Universität nicht aus der Verantwortung, auch wenn ihre Angehörigen weit weniger im Licht der Öffentlichkeit stehen und zumeist jenseits von Glamour und Prestige lehren und forschen. Zum Idol und Jetsetter taugt der Professor nicht, dem anscheinend zur Vermehrung seines (symbolischen und *tatsächlichen*) Kapitals nur zwei Wege offenstehen: Entweder er zieht sich in den Elfenbeinturm zurück, um sein Dasein weitgehend unter Ausschluss der Öffentlichkeit der vollkommenen Hingabe an Forschung (und, so bleibt zu hoffen, auch Lehre) zu widmen, oder er übt sich in der Fähigkeit, die Früchte der vermeintlich trockenen und obskuren Wissensproduktion in alltagstauglichen Plauderton zu verpacken, in der Hoffnung, vom medialen Scheinwerferlicht erfasst zu werden. Der Preis: Dem angehenden Starakademiker ist die Verbannung aus der *scientific community* so gut wie sicher. Ergo haben auch diejenigen, die dem Professor im Fernsehen ein Gesicht verleihen, nur in den seltensten Fällen noch Verbindungen zum aktuellen Fachdiskurs: Man

2 Zur kulturellen Topik des Hochstaplers in der amerikanischen Geschichte vgl. die Beiträge in ebd.; sowie das Kapitel zur Rolle des *impostor*-Narrativs in den USA in Wieland Schwanebeck: *Der flexible Mr. Ripley. Hochstapelei und Männlichkeit in Literatur und Film*. Wien / Köln / Weimar: Böhlau 2014, S. 33–44.

denke an den durch *Das Literarische Quartett* (1988–2001) einer größeren Öffentlichkeit bekannt gewordenen Publizisten Hellmuth Karasek, der heute in Quizshows bildungsbürgerlichen Glamour verströmen darf und sich dabei vom Moderator als „Herr Professor Karasek" titulieren lässt, wiewohl er kaum Verbindungen zum universitären Milieu pflegt, in seinen Memoiren etwa der eigenen Promotion lediglich anekdotischen Wert als Mär von gekränkten Eitelkeiten abgewinnt und an einer Stelle räsoniert, der Doktortitel habe ihm „manchmal mehr geschadet als genutzt."[3] Karaseks zwischen zwei Werbeunterbrechungen ausgetragene Verwaltung des eigenen Bildungsgrads empfiehlt sich, um Talkrunden zu adeln oder Bücherempfehlungen auszusprechen, aber sie disqualifiziert den Professor in den Augen seiner ehemaligen Kollegen – der mit seinem ganz eigenen Bildungsdünkel ringende Hochstapler Gert Postel jedenfalls weiß in seinen Memoiren zu versichern, dass er „[m]it der Lektüre von Konsalik oder Karasek […] keine Minute verschwenden [würde]."[4] Im Übrigen tragen auch diejenigen, die tatsächlich innerhalb der Akademie zu Stars ihrer Zunft geworden sind, nicht unbedingt zum verbesserten Ruf der Institution bei, wenn sie, wie der französische Literaturwissenschaftler Pierre Bayard, Bücher mit dem Titel *Wie man über Bücher spricht, die man nicht gelesen hat* (2007), publizieren.

Dennoch existiert kein verlässliches Feindbild des hochstaplerischen Professors, wie es etwa für andere Berufsgruppen existiert – man denke an das populäre Bild vom windigen Anlageberater mit eigenem Privatflugzeug (bspw. Jürgen Harksen, von dem sich Dieter Wedel zu seinem Mehrteiler *Gier* inspirieren ließ) oder an den quacksalbernden Arzt, der vor Jahrhunderten seinen Patienten Wundertinkturen vom fahrenden Wagen herab angedreht hat und heute (wie im Fall Gert Postels, von dem noch mehr zu berichten sein wird) ganze Fachkommissionen von seinen Qualifikationen überzeugt, selbst wenn er dabei Krankheitsbilder ad hoc erfinden muss.[5] Aber weshalb sollte

3 Hellmuth Karasek: *Auf der Flucht. Erinnerungen.* Berlin: Ullstein 2004, S. 306.

4 Gert Postel: *Doktorspiele. Geständnisse eines Hochstaplers.* Frankfurt am Main: Eichborn 2001, S. 75. Ein anderes Beispiel für Karaseks professoralen Weg ist der Philosoph Richard David Precht, der mit der nach ihm benannten Fernsehsendung (*Precht*, seit 2012 im ZDF) in den ehemaligen Programmgefilden des *Literarischen Quartetts* unterwegs ist.

5 Zu den rhetorischen Techniken der ‚Quacksalber' im Lichte des Hochstapler-Paradigmas vgl. Manfred F. R. Kets de Vries: *Reflections on Character and Leadership.* San Franciso: Jossey-Bass 2009, S. 91.

der Ärztestand auch eine Ausnahme bilden, wo seine Angehörigen doch – so wusste schon Felix Krull – „ihrer überwiegenden Mehrzahl nach" auch nur „gewöhnliche Hohlköpfe sind"?[6]
Gleichwohl stellt sich die Frage, wie wir angesichts der aktuellen Nachrichtenlage die Rolle der Universität bewerten – u. a. weil sie ja die zentrale, zur Distribution und Verwaltung des symbolischen Kapitals (nach Bourdieu) berufene Institution darstellt, mit dem sich Hochstapler so gern schmücken. Wie Sonja Veelen in ihrer soziologischen Untersuchung zum Hochstapler anmerkt, ist die Voraussetzung für Hochstapelei stets eine hohe „Diskrepanz zwischen dem Realen und dem Nominellen", d. h. es bedarf einer Verwaltung jener Kapitalmengen, mit denen man seinen Anspruch auf eine adäquate Position zu untermauern sucht.[7] Wenn die Zertifizierung in die Zuständigkeit der Universitäten fehlt – ihr also die Rolle der Zentralbank zukommt, die das Kapital in Umlauf bringt und dessen Stabilität wahrt –, was liegt dann für den Hochstapler näher, als sich an die Quelle des Kapitals zu begeben und den Mechanismus gegen die Institution selbst zu drehen? Schließlich weist man sich auch dort, wo Diplome und Promotionsurkunden ausgestellt werden, wiederum mit Diplomen und Promotionsurkunden aus.[8] Ist dieses System einmal am Laufen – auch dies Konsens in der Hochstaplerforschung –, greifen die identischen Mechanismen der Herrschaftssicherung wie überall sonst, kommt es zur rasanten Vervielfältigung der Verwaltungsapparate und zur Abschottung des Systems gegen Kontrolle von außerhalb.[9] Die Erschütterung kann beträchtlich sein, wenn die Gepflogenheiten dieses unter Ausschluss der Öffentlichkeit operierenden Systems einmal mit der Außenwelt kollidieren – dazu bedarf es, wie im Folgenden dargelegt, nur einer einzelnen, zum Skandal ausgeweiteten, personalisierten Diskussion wie der um Karl-Theodor zu Guttenberg.[10]

6 Thomas Mann: *Bekenntnisse des Hochstaplers Felix Krull*. Frankfurt am Main: Fischer 1957, S. 40.

7 Sonja Veelen: *Hochstapler. Wie sie uns täuschen. Eine soziologische Analyse*. Marburg: Tectum 2012, S. 169.

8 Zu den Kontroll- und Zugangsmechanismen vgl. Ralf Ottermann: *Soziologie des Betrugs*. Hamburg: Dr. Kovač, S. 351–357.

9 Vgl. Roberto Ohrt: Herr Ubu mit blonden Zähnen. In: *Kultur und Gespenster* 8 (2009), S. 51–71, hier S. 64.

10 Eine medienwissenschaftliche Analyse des Guttenberg-Skandals liefern Bernhard Pörksen / Hanne Detel: *Der entfesselte Skandal. Das Ende der Kontrolle im digitalen Zeitalter*. Köln: von Halem 2012, S. 92–107.

Guttenberg und die Folgen

In seinem Vortrag „Der Heilige und der Hochstapler", der in Auszügen unter dem Titel „Doktor Wenn und Doktor Aber" später auch als Gastbeitrag im *Spiegel* erschien, knöpfte sich Peter Sloterdijk 2011 die hiesigen Universitäten vor. Die ‚Causa Guttenberg' diente als Ausgangspunkt seiner Beobachtungen, wiewohl die Institution für Sloterdijk schon vor Guttenberg ein Glaubwürdigkeitsproblem besessen hatte. Allein der klassische (wenn auch im Bachelorsystem mittlerweile beerdigte) Begriff des Scheinerwerbs sei ein Indiz dafür, dass im deutschen Akademikermilieu Kompetenz vor allem simuliert werde; überhaupt handle es sich bei der Universität um „ein Biotop, das auf die Hervorbringung von zumeist bizarren und durchweg unpopulären ‚Textsorten' spezialisiert ist" und in der das institutionalisierte Fachgerede und der Publikationsdruck zur regelrecht „hochstaplerische[n] Textproduktion" verleiteten.[11] Augenscheinlich gesellt sich Sloterdijk mit seiner Polemik in eine Reihe mit Beobachtern, die sich v. a. in den Feuilletons mit pauschalisierenden Diagnosen über den Zeitgeist zu Wort gemeldet haben. In der Tat lieferten die medial aufsehenerregenden Fälle einiges Anschauungsmaterial für den in der *Zeit* gestellten Befund, „dass die Elite dieses Landes sich aus Blendern und Hochstaplern zusammensetzt."[12] Angespielt wird dabei auf die über Wiki-Plattformen wie *VroniPlag* aufgedeckten Fälle aus dem politischen Sektor: Veronica Saß (Promotion an der Universität Konstanz im Jahr 2008, aberkannt im Mai 2011), Silvana Koch-Mehrin (Promotion an der Universität Heidelberg im Jahr 2000, aberkannt im Juni 2011), Matthias Profröck (Promotion an der Universität Tübingen im Jahr 2007, aberkannt im Juli 2011) oder Jorgo Chatzimarkakis (Promotion an der Universität Duisburg im Jahr 2000, aberkannt im März 2012), viel Aufmerksamkeit fanden zudem der etwas strittigere Fall der – ausgerechnet im Feld der Gewissensforschung angesiedelten – Dissertation von Annette Schavan (Promotion an der Universität Düsseldorf im Jahr 1980, aberkannt im Februar 2013) und natürlich der Stein, der die Lawine überhaupt erst

11 Peter Sloterdijk: Doktor Wenn und Doktor Aber. Die Figur des Hochstaplers gehört ins Zentrum der modernen Kultur. In: *Der Spiegel*, 05.12.2011, S. 124–128, hier S. 125–126.

12 Adam Soboczynski: Dichter & Fälscher. *Die Zeit*, 22.06.2011, S. 1. Zur Plagiatsdebatte s. a. Roland Schimmel: *Von der hohen Kunst ein Plagiat zu fertigen. Eine Anleitung in 10 Schritten.* Berlin: LIT 2011.

ins Rollen gebracht hatte: Karl-Theodor zu Guttenberg (von Stephan Porombka im Schlusskapitel des Buches ebenfalls aufgegriffen). Wie die zugespitzte Lesart der *Zeit*-Redakteure bereits erahnen lässt, wurden in der folgenden Debatte v. a. Politiker ins Visier genommen, aus deren Fehlverhalten freilich ein regelrechter Generalverdacht gegen den wissenschaftlichen Betrieb erwuchs. Dessen Vertreter mussten sich Vorwürfe gefallen lassen, es bei der Wahrung wissenschaftlicher Standards allzu lax mit der Genauigkeit zu nehmen. Die genaue Argumentation Sloterdijks geriet dabei leider aus dem Blick, denn dieser hatte in seinem Vortrag eine wichtige Differenzierung vorgenommen, von der in der folgenden, am legitimen Felix-Krull-Erben zu Guttenberg[13] ausgerichteten Debatte kaum noch die Rede war: Dient die plagiierte Dissertation gerade bei Politikern, die mit der Autorität ihres Mandats wie auch ihres Doktortitels die Talkrunden und Wahlplakate dominieren, im Sinne der Bourdieu'schen Kapitalakkumulation eher als Statusaufwertung und damit als klassischer Glamour-Faktor, erfüllt das institutionalisierte Abschreiben einen ganz anderen Zweck und wird „innerakademisch viel eher zur Tarnung und zum Abtauchen in der Üblichkeit" genutzt.[14] Immerhin *ein* Unterschied zwischen klassischem Hochstapler und Fach-Hochstapler: Letzterer redet anscheinend auch dann weiter, wenn das Publikum bereits gegangen ist, um in einem ganz dem Motto des *publish or perish* verpflichteten Wissenschaftssystem zu überleben.

Welche Mechanismen also hinter dem institutionalisierten Plagiarismus stecken, bei dem die Grenzen zwischen Zitat, Selbstzitat, Aufblähung der eigenen Forschungs- und Publikationsbilanz und genuinem Ideenklau durchaus schwierig auszuloten sind,[15] und wie sich dieser

13 Guttenberg wurde im Bundestag von Jürgen Trittin mit einigen Passagen aus Felix Krull konfrontiert; auch für Peter Sloterdijk liegt die Überblendung des geschassten Verteidigungsministers mit Krull, der sich der Einberufung zum Militär durch eine virtuose schauspielerische Leistung bei seiner Musterung zu entziehen weiß, nahe; vgl. Peter Sloterdijk: Der Heilige und der Hochstapler. Von der Krise der Wiederholung in der Moderne. http://www.swr.de/swr2/programm/sendungen/essay/-/id%3D9761112/property%3Ddownload/nid%3D659852/1ihuoxj/swr2-essay-20120625.pdf (Zugriff am 24.01.2014), S. 14–15.

14 Sloterdijk: Heilige und Hochstapler, S. 17. Zur These, dass Hochstapelei heute immer mehr ein Phänomen des institutionalisierten Expertentums ist, vgl. auch Thorsten Pannen: Anmerkungen aus dem Zettelkasten eines angestellten Hochstaplers nebst Theorie zum Verschwinden der Hochstapelei im entwickelten Digitalismus. In: *Kultur und Gespenster* 9 (2009), S. 103–111, hier S. 110–111.

15 Eine umfangreiche Typologie liefert Volker Rieble: Erscheinungsformen des Plagiats. In: Thomas Dreier / Ansgar Ohly (Hrsg.): *Plagiate. Wissenschaftsethik und Recht.* Tübingen: Mohr Siebeck 2013, S. 31–50.

Publikationsdruck möglicherweise zu einer nicht nur schleichenden, sondern rasant fortschreitenden Ökonomisierung der Universität verhält, die mehr und mehr auf eine durch Publikationslisten erleichterte Drittmittelakquise angewiesen ist,[16] geriet dann doch wieder zum Expertengespräch, das eher unter Ausschluss der Öffentlichkeit stattfand – das mediale Echo konzentrierte sich auf Guttenberg, wobei sich der Skandal allerdings nicht an seinem wissenschaftlichen Versagen, sondern an seinem Verhalten im Gefolge der Aufdeckung entzündete.[17]

Dabei hätte Sloterdijk mit Sicherheit keine umfassende öffentliche Schelte der Universitäten vorgenommen, wenn allein die z. T. noch aus dem Schreibmaschinenzeitalter stammenden, schlampig zusammengeflickten und seither in juristischen Bibliotheken verstaubenden Visitenkarten ausgewählter Volksvertreter den Zankapfel bildeten. Ihm ging es vielmehr um eine Kultur der inflationären Textproduktion, in der „Zitations-Indizes für tatsächliche Abbildungen wissenschaftlicher Leistungen" gehalten werden, die allenfalls einen „Bluff-Indikator" bedeuten, dem sich alle fügen.[18] Dass auf *VroniPlag* oder *GuttenPlag* heute die ein oder andere akademische Schandtat aufgedeckt wird, belegt für sich genommen keinesfalls eine deutlich gestiegene Tendenz zum wissenschaftlichen Fehlverhalten in der Jetzt-Zeit, zumal sich die Plagiatsjäger im Internet nicht mit Stichproben aus vergangenen Jahrzehnten aufhalten, sondern vornehmlich auf Arbeiten der jüngeren Vergangenheit konzentrieren – die Dissertation von Frank-Walter Steinmeier (dem 57. auf *VroniPlag* bearbeiteten Fall) stammt aus dem Jahr 1992, womit sie gerade einmal die sechste auf dieser Plattform erfasste Arbeit darstellt, die vor dem Jahr 2000 vorgelegt wurde.

Wer genaue, stichhaltige Auskünfte über den angeblich geschwundenen Ethos des Wissenschaftsbetriebs möchte, sollte den Hinweis beherzigen, wonach der zeitgemäße Typus des Hochstaplers keineswegs mehr dem Glamour und Jetset verströmenden Playboy entspricht, sondern als biederer Soll-Erfüller bzw. als „Fach-Hochstapler"

16 Vgl. hierzu bereits die Diskussion in Ottermann: *Soziologie*, S. 385–391.

17 Pörksen und Detel sprechen in diesem Fall von außer Kontrolle geratenem Skandalmanagement und von einer „Grenzüberschreitung zweiter Ordnung". (Pörksen / Detel: *Der entfesselte Skandal*, S. 105–106.)

18 Manfred Prisching: *Das Selbst, die Maske, der Bluff. Über die Inszenierung der eigenen Person.* Wien: Molden 2009, S. 118.

gedacht werden muss, wie Sloterdijk bereits in der *Kritik der zynischen Vernunft* argumentiert: „Was früher Hochstapelei hieß, nennt sich heute Expertentum. Ist es eine Sache der Bildungsökonomie oder des technischen Fortschritts? Ohne akademische Ausbildung kann man heute nicht einmal mehr Schwindler werden."[19] Ob einer, der es sich in seiner gesicherten Position bequem eingerichtet hat und ‚nur' zu dem Zweck Ideen und Texte stiehlt, bloß nicht aus der Reihe zu tanzen und den Status quo zu sichern, noch als klassischer Hochstapler zu bezeichnen ist, wäre zu prüfen – für Erich Wulffen, der eine der ersten ernstzunehmenden Forschungsarbeiten zum Hochstapler in Deutschland vorgelegt hat, stand jedenfalls bereits im Jahr 1923 fest, dass gerade der Deutsche aus den genannten Gründen nicht zum Hochstapler taugt – dafür sei er „zu nüchtern, zu phlegmatisch. Das Weltmännische in Kleidung und Auftreten geht ihm ab, seine Sprache verrät ihn."[20] Wulffen schreibt im Zeitalter der Manolescus und Domelas – mit Biedermännern konnte er noch nicht rechnen.
Dabei dürften Zweifel am wissenschaftlichen Ethos und an der Aussagekraft der Doktorwürde tatsächlich so alt sein wie die Institution selbst. Kann es ein Zufall sein, dass das akademische Milieu als weltliterarischer Schauplatz eigentlich nur in zwei Gattungen wirklich aufgegriffen wurde, nämlich im satirischen Intrigenroman (in dem andauernd geklaut und abgeschrieben wird), sowie im Kriminalroman (in dem gemordet wird, weil *zuvor* geklaut und abgeschrieben wurde)?[21] Verdächtig scheint da zunächst einmal alles und jeder. Und trotzdem steht eine grundsätzliche Debatte um die Standards des wissenschaftlichen Arbeitens und v. a. um den wissenschaftlichen Wert der Dissertation noch aus, wiewohl es gerade einer solchen umfassenden, systemischen Debatte und vor allem der Aufklärung einer mit *copy-and-paste*-Techniken sozialisierten Studentengeneration bedürfte, die sich mittlerweile zahlreicher an den Rändern der Legalität operierender Dienste im Web bedienen kann, um Hausarbeiten zu kopieren, zu übersetzen oder gar käuflich zu erwerben,[22] ohne dass dies Anlass

19 Peter Sloterdijk: *Kritik der zynischen Vernunft*, Bd. 2. Frankfurt am Main: Suhrkamp 1983, S. 859.

20 Erich Wulffen: *Die Psychologie des Hochstaplers*. Leipzig: Dürr & Weber 1923, S. 41.

21 Zur Omnipräsenz des Plagiatsmotivs in der deutschsprachigen Campusliteratur vgl. Wieland Schwanebeck: *Annäherungsversuche. Der Universitätsroman und die deutschsprachige Gegenwartsliteratur*. Dresden: Thelem 2012, S. 93–96.

22 Einige empirische Ergebnisse zum Plagiatsverhalten hat in jüngerer Vergangenheit das BMBF-Forschungsprojekt „FAIRUSE (Fehlverhalten und Betrug bei

zu einem Generalverdacht gegen die angeblich „Zigtausende[n], die ihre Seminar- oder Examensarbeiten teilweise oder zur Gänze abschreiben, und die unzähligen Schüler, die ihre Hausarbeiten aus dem Internet runterladen", geben sollte.[23] Die Lehrenden sind aufmerksamer geworden, auch wenn die ihnen zur Verfügung stehende Software längst nicht ausreicht, um jeder potentiellen Gefahrenquelle Herr zu werden. Einige der im Netz operierenden Ghostwriter *for hire* sind mittlerweile vorsichtiger geworden und preisen ihre Dienste weniger offensiv an, aber sie sind nicht verschwunden.

Das Spektrum der universitären Hochstapelei

Der (pseudo-)akademische Betrüger hat schon immer das Prestige gesucht und von unterschiedlichen historischen Konstellationen profitiert. Von den zerbombten Nachkriegsarchiven, die dem Zertifikatsschwindel in der Nachkriegszeit in die Hände spielten, war bereits in der Einleitung die Rede; für die kommunistischen Staaten, in denen es nach offizieller Darstellung das Phänomen der Hochstapelei aufgrund der angestrebten klassenlosen Gesellschaft nicht geben durfte, halten sich die verbürgten Fälle in Grenzen. Allerdings war das akademische Milieu dort ebenfalls in Spielarten der Hochstapelei verwickelt. So forderte die Akademie der Wissenschaften der DDR zu Patentvorschlägen auf, die der Versorgungslage Abhilfe leisten sollten – verbürgt ist etwa eine als Pseudo-Ananas gezüchtete Runkelrübe mit dem Namen „Fruchtfleischsimulat mit südfruchtartigen Merkmalen".[24]

Versucht man, die universitären Hochstapler – die übrigens in der Mehrzahl einen überdurchschnittlich hohen Bildungsgrad aufweisen[25] – von genuinen Akademikern zu trennen, gerät man bald in Schwierigkeiten, denn wo sollen hier die Grenzen gezogen werden? Bei der tatsächlich bestandenen Prüfung? Mit oder ohne vorher

der Erbringung von Studienleistungen): Individuelle und organisatorisch-strukturelle Bedingungen" (Universität Bielefeld) erarbeitet. Vgl. Sebastian Sattler / Peter Graeff / Sebastian Willen: Explaining the Decision to Plagiarize. An Empirical Text of the Interplay between Rationality, Norms, and Opportunity. In: *Deviant Behavior* 34 (2013), S. 444–463.

23 Helmut Höge: Im Grunde verletzt es meine Eitelkeit, dass jeder Name in der Geschichte Ich bin. In: *Kultur und Gespenster* 9 (2009), S. 113–129, hier S. 115.

24 Christian Saehrendt / Steen T. Kittl: *Alles Bluff! Wie wir zu Hochstaplern werden, ohne es zu wollen. Oder vielleicht doch?* München: Heyne 2011, S. 229.

25 Stefan T. Siegel: *Der Hochstapler und seine Tat. Phänomenologische und typologische Untersuchungen.* Univ. Diss., Freiburg 1975, S. 30–33.

absolviertes Studium? Bei dem Wissenschaftler, der über Jahrzehnte kompetent ein Forschungszentrum geleitet, Aufsätze publiziert und Prüfungen abgenommen, also im wissenschaftlichen Betrieb funktioniert hat, ohne je selbst eine Hochschule besucht zu haben? Beim dreisten Plagiat, dessen auch ordentlich Habilitierte bereits überführt worden sind? Und sind allein diejenigen schuld, die das System am Laufen halten, oder muss die Ursachenforschung, wie die bereits zitierten kritischen Stimmen (bspw. Sloterdijk und Prisching) suggerieren, in einem größeren Zusammenhang ansetzen? Ohne eine interessierte Klientel – das Angebot regelt die Nachfrage – hätte es sicher auch keine Abnehmer für die von dem Titelhändler Paul Werner angebotenen Zertifikate gegeben, und hätte Werner nicht auch noch in der Haft weiteren Handel betreiben können, u. a. mit dem Gefängnispsychologen, der bei ihm einen fiktiven Doktorgrad erstanden haben soll.[26]

An historischen Fällen mangelt es nicht – sie begleiten die Geschichte der Universitäten als schlechtes Gewissen und sind längst in die innerakademische Folklore eingegangen, besonders wo es sich um respektable Mitglieder des wissenschaftlichen Betriebs handelte, die im Lauf ihrer Karriere – nachdem sie, soweit sich heute nachvollziehen lässt, viele Jahre lang ordentlich im Betrieb funktioniert hatten – regelrecht kriminelle Energie entwickelten: so etwa der ordentliche Mathematikprofessor Guglielmo Libri, der im 19. Jahrhundert überführte größte Bücherdieb in der europäischen Geschichte;[27] der als ‚Krötenküsser' bekannt gewordene Biologie-Professor Paul Kammerer aus Wien, der anhand schwarzer Schwellungen bei Kröten meinte, die Vererbbarkeit peripherer Merkmale im Tierreich nachgewiesen und damit Charles Darwin widerlegt zu haben – bis sich herausstellte, dass Kammerer den Kröten schwarze Tusche unter die Haut gespritzt hatte;[28] in jüngerer Vergangenheit noch der Fall des vom *Spiegel* als „Professor, an dem nichts stimmt",[29] betitelten

26 Höge: Im Grunde verletzt es meine Eitelkeit, S. 115. Zum Problem der Titelhändler und falschen akademischen Grade vgl. Barbara Kalender / Jörg Schröder: Schröder erzählt: Die Doktormacher. In: *Kultur und Gespenster* 9 (2009), S. 161–173.

27 Vgl. Wulffen: *Psychologie des Hochstaplers*, S. 38.

28 Vgl. Paul Kruntorad: Kammerer – Der Krötenküsser. In: Karl Corino (Hrsg.): *Gefälscht! Betrug in Politik, Literatur, Wissenschaft, Kunst und Musik*. Frankfurt am Main: Eichborn 1996, S. 366–375.

29 Gisela Friedrichsen: Verurteilter Schädelforscher. Der Professor, an dem nichts stimmt. In: *Spiegel Online*, 19.06.2009. http://www.spiegel.de/wissenschaft/mensch/

Reiner Protsch von Zieten, der mehr als 30 Jahre lang das Institut für Anthropologie und Humangenetik in Frankfurt am Main leitete, ohne über Abitur oder Habilitation zu verfügen, dort über Jahrzehnte Bibliotheksbücher in seine Privatsammlung überführte und erst aufflog, als er versuchte, die Schimpansenschädelsammlung des Instituts ins Ausland zu verkaufen.

Ihnen gegenüber stehen die klassischen, ‚eingeschlichenen' Hochstapler, die ohne jegliche Qualifikationen auf dem Campus reüssierten und in der Hochstapler-Community bis heute als Stars verehrt werden – gerade, weil sie durch Überlistung akademischer Kontrollgremien Sympathien auf ihre Seite ziehen konnten. Wer etwa vermag sich dem Charme der Geschichte um Frederick Emerson Peters zu entziehen, der als verurteilter Betrüger zwischen 1924 und 1931 die Gefängnisbibliothek auf McNeil Island im Alleingang aufbaute, sich durch den gesamten Bestand las und mit der gewonnenen Bildung auf freiem Fuß erst so richtig durchstartete und u. a. als Professor, Museumsleiter und als US-Präsident auftrat?[30] Wer könnte umhin, die Ausdauer von Marvin Hewitt zu bewundern, der in den 1950ern an insgesamt fünf verschiedenen amerikanischen Universitäten als Physikprofessor tätig war, ohne das Fach je studiert zu haben,[31] und welcher Student hätte nicht einigen Trost in der Geschichte um Marilee Jones gefunden, die als Dekanin lange Zeit die Aufnahme der Studenten ans MIT in Massachusetts regelte, bis sich 2007 herausstellte, dass sie selbst eine Hochstaplerin ohne eigenen Abschluss war? Die spektakulärste dieser Karrieren hat im Nachwendedeutschland wohl Gert Postel hingelegt, dessen Memoiren (nicht nur) vor dem Hintergrund der universitären Hochstaplerdebatte eine erhellende Lektüre liefern.[32] Postels nachgewiesener Erfolg vor einer Expertenkommission aus Doktoren und Professoren, die ihn zum Leiter einer psychiatrischen Klinik in Zschadraß berief, zeigt, dass das Problem keineswegs nur auf Seiten der aufs reine Prestige Versessenen

verurteilter-schaedelforscher-der-professor-an-dem-nichts-stimmt-a-631481.html (Zugriff am 24.01.2014).

30 Vgl. Jay Robert Nash: *Hustlers and Con Men. An Anecdotal History of the Confidence Man and His Games.* New York: Evans 1976, S. 287–289.

31 Vgl. Helene Deutsch: The Impostor. Contribution to Ego Psychology of a Type of Psychopath. In: Dies.: *Neuroses and Character Types. Clinical Psychoanalytic Studies.* London: Hogarth Press 1965, S. 319–338, hier S. 329–330.

32 Eine soziologische Analyse von Postels Hochstaplertechniken findet sich in Veelen: *Hochstapler*, S. 143–165.

liegt, die mit dem erkauften Doktortitel die eigene Karriere abseits von Forschung und Lehre beflügeln wollen. Hochstapler, die willens sind, einen Beruf auszuüben, für den sie überhaupt keine Qualifikationen besitzen, lenken das Augenmerk auf die berufenen Experten, die mit dem Anspruch fachlicher Exzellenz über den Zugang in ihre Heiligtümer entscheiden und dabei ineffiziente Kontrollmechanismen walten lassen. Da muss die Frage gestattet sein, wie legitim der den Experten eingeräumte Sonderstatus wirklich ist, der z. B. dem universitären Campus geradezu heterotopen Status verleiht[33] und Jacques Derrida gar von der unbedingten Universität sprechen lässt, „von jeder einschränkenden Bedingung frei".[34] Skepsis ist also geboten – Gert Postel hat sich zum ‚Kreuzritter' in dieser Mission aufgeschwungen, ist er doch heute nicht nur in seiner publizistischen Tätigkeit zum Maskottchen der Anti-Psychiatrie-Bewegung und ihrer Anhänger avanciert, für die erwiesen ist, dass jeder Laie einen Beruf im Feld der Psychologie und Psychiatrie „mit dem gesunden Menschenverstand ohne Schwierigkeiten ausfüllen [kann]",[35] sondern hat seine erfolgreichen Memoiren auch für einen Rundumschlag gegen das intellektuelle Milieu und den ehrwürdigen akademischen Habitus genutzt. Seine höhere Mission umschreibt Postel dabei so: „[E]igentlich bin ich ein Nichts. Ein ehemaliger Postbote mit mittlerer Reife, der immer wieder den Akademikern zeigt, daß man nicht unbedingt studiert haben muß, um als Akademiker zu gelten."[36] Ähnliche Seitenhiebe finden sich in Postels Buch zuhauf – u. a. schildert er die eigene ‚Heilung' von der narzisstischen Störung im Gefängnis als Dissoziation vom Bildungsadel: Das *FAZ*-Abonnement wird als therapeutische Maßnahme gekündigt, von Bier wird auf Rotwein umgesattelt, Shakespeare- und Stendhal-Ausgaben werden verbrannt,[37] und aus dem Gefängnis spaziert einer, der Otto Reutter auf den Lippen haben könnte: „Mir ham se als jeheilt entlassen."

Dem Exorzismus sind freilich nur die *Veranlagung* zum Hochstapeln und die Persönlichkeitsstruktur, die zur Hybris und damit auch

33 Zur Beziehung zwischen Foucaults Konzept der Heterotopie und dem universitären Raum vgl. Schwanebeck: *Annäherungsversuche*, S. 217–219.

34 Jacques Derrida: *Die unbedingte Universität*, aus d. Franz. v. Stefan Lorenzer. Frankfurt am Main: Suhrkamp 2001, S. 9.

35 Wolf Middendorf: Hochstapelei und Betrug. In: *Archiv für Kriminologie* 165,1 (1980), S. 168–183, hier S. 177.

36 Postel: *Doktorspiele*, S. 91.

37 Postel: *Doktorspiele*, S. 180–181.

zur Überführung verleitet hat, zum Opfer gefallen; nicht die Fähigkeit an sich. Denn glaubt man der Schilderung – und die Textsorte der Hochstaplermemoiren problematisiert mit ihrem permanenten Oszillieren zwischen Flunkerei und Authentizitätsschwur (wobei gerade aus der Offenlegung vergangener Schwindeleien paradoxerweise umso mehr Glaubwürdigkeit geschöpft wird) das Verhältnis von Dichtung und Wahrheit erheblich und stellt den Glauben des Lesers auf eine immense Probe –, dann lässt sich nur schwer leugnen, dass für Postels glänzende Karriere als Mediziner die Fachkompetenz nur sekundär hinter den sozialen Fähigkeiten rangierte,[38] und dass der ärztliche Habitus möglicherweise über andere Faktoren definiert ist. Die größte lebende Legende der Hochstaplerinnung jedenfalls, Frank Abagnale, zitiert in diesem Zusammenhang einen Ratschlag, den ihm ein ‚Fachkollege' auf der pädiatrischen Station früh mit auf den Weg gegeben haben will: „Just be here, Doctor. Walk around. Show yourself. Play poker with the interns. Play grab-ass with the nurses."[39] Voraussetzung für unsere Sympathie ist dabei natürlich nicht allein die Reue des überführten Täters, der seine autobiographischen Schnurren in einer neuerlichen Hochstapelei – dem Akt des Schreibens – zur (Wieder-)Aufführung bringt, sondern auch, dass er die Finger vom Patienten lässt, um niemandem ernstlich zu schaden, und als Arzt eher leitend, verwaltend – im Fall Abagnales: mit den Schwestern flirtend – in Erscheinung tritt. Denn darüber, dass Hochstapler wie Postel ihre spektakulärsten Stunts im Arztkittel vollführen, könnte man ansonsten nur verzweifeln. Dass einer wie Postel, der in seinem Bewerbungsgespräch ad hoc Krankheitsbilder und Fachtermini erfand (das Schicksal gar dergestalt herausgefordert haben will, dass er behauptete, mit einer Arbeit über die *pseudologia phantastica* in Thomas Manns *Felix Krull* promoviert worden zu sein), tatsächlich auf Patienten losgelassen wurde und möglicherweise mit deren Gesundheit und Leben spielte, nur um seinem Narzissmus zu frönen, angezogen vom gesellschaftlichen Status des Arztes, dessen Doktortitel traditionell „unter den Hochstaplern der weitaus beliebteste [ist]",[40] das wäre denn doch zu viel und würde den einvernehmlichen

38 Vgl. Saehrendt / Kittl: *Alles Bluff*, S. 208–209.

39 Frank W. Abagnale / Stan Redding: *Catch Me If You Can. The Amazing True Story of the Most Extraordinary Liar in the History of Fun and Profit.* Edinburgh / London: Mainstream Publishing 2003, S. 67.

40 Siegel: *Hochstapler*, S. 68.

Kontrakt zwischen dem geständigen Hallodri und seinem amüsierten Leser hinfällig werden lassen.
Auffällig ist zudem die Kluft zwischen den akademischen Prestigeberufen und -fächern, in denen sich die prominenten Fällen vom Kaliber Guttenbergs oder Postels abspielen, sowie den angeblich brotlosen Künsten, denen üblicherweise (wenn auch kaum im Rahmen ähnlich aufsehenerregender, personalisierter öffentlicher Debatten) der Vorwurf *systemischer* fachlicher Hochstapelei gemacht wird – die Rede ist von den Geisteswissenschaften.

Die üblichen Verdächtigen

Frank Abagnale, von dessen Leben Steven Spielberg Erfolgsfilm *Catch Me If You Can* (USA 2002) handelt, hat laut seinen Memoiren ein Semester lang an einem College auf *freshmen*-Level Soziologie unterrichtet und dafür seinem eigenen Bekunden zufolge lediglich zweier Hilfsmittel bedurft: seiner Lebenserfahrung und des Einführungslehrbuchs, das er ordentlich durcharbeitete, um den Studenten immerhin um eine Woche voraus zu sein.[41] Damit taugt Abagnale, der sich zwar die Aufnahme in den akademischen Zirkel erschlich (er selbst war als wiederholter Schulschwänzer und frühreifer Trickbetrüger von der Mutter in ein katholisches Internat gesteckt worden, nur um von dort im Alter von 16 für immer zu türmen, ohne jemals wieder eine Bildungseinrichtung von innen sehen zu wollen), aber seine Tätigkeit als Dozent sehr gewissenhaft verrichtet haben will,[42] zum lebendigen Beweis für all jene, die schon immer den Verdacht hatten, dass einige Fächer aus dem akademischen Kanon nicht nur völlig ohne Qualifikationen vermittelbar sind, sondern zudem allenfalls unnützes ‚Pseudo-Wissen' produzieren. Bei seiner Attacke auf das institutionalisierte Gequassel und die rasante Zunahme der ungelesenen Texte nahm der bereits zitierte Peter Sloterdijk zwar keine einzelne Fachkultur vor allen anderen ins Visier, doch das mediale Echo (und die Verbreitung der entsprechenden Stereotypen in einschlägiger Belletristik und populärer Sachliteratur) reflektiert durchaus den Eindruck, einige Disziplinen begingen weit häufiger den Frevel, nicht nur etliche zum Ungelesensein verdammte Texte zu

41 Vgl. Abagnale / Redding: *Catch Me*, S. 85–89.

42 „I thoroughly enjoyed my role as a teacher. So did my students, I'm certain. […] At least fifty of my students sought me out to tell me how much they had enjoyed my classes and to wish me good-bye and good luck." (Ebd., S. 88.)

produzieren, sondern diese darüber hinaus völlig ohne Substanz in die Welt zu schicken.

Im Klartext: Auf der Anklagebank sitzen weit öfter die Geisteswissenschaften (und zu einem gewissen Grad auch die Sozialwissenschaften) als die Naturwissenschaften, zu deren Verteidigung immerhin noch vorgebracht wird, eine wesentliche Aussage (bzw. ein vorzeigbares Forschungsergebnis) finde sich in der Conclusio oder zumindest im dem Text üblicherweise vorangestellten Abstract. Die Geisteswissenschaften treten dagegen in der Inszenierung des Stücks mit dem Titel *Wissenschaftlicher Fortschritt und Erkenntnisstreben* nur als gegen die Handlung spielende Störenfriede auf, die sich mit der überflüssigen Problematisierung von etablierten Kategorien sowie ihrem ewiglichen Insistieren auf Differenzierung um sich selbst drehen und ihre eigenen Texte mit leeren Argumenten, rhetorisch zweifelhaften Schlenkern und modischen Theorien und Leitbegriffen aufblähen. An dieser Stelle muss der Name eines besonderen Polemikers fallen, nämlich der von Alan Sokal, dem es in den 1990er-Jahren gelang, den Geisteswissenschaften ein besonderes Schnippchen zu schlagen. Sokal, ein erfolgreicher Mathematiker und Physiker mit Spezialisierung in der statistischen Mechanik, hatte sich geraume Zeit über postmoderne Theoretiker wie Julia Kristeva, Jacques Lacan oder Luce Irigaray geärgert, die sich in ihren Texten häufig naturwissenschaftlicher Termini bedienen, um Analogien zu ziehen oder Metaphern zu entlehnen. Was Sokal nicht gefiel, war, dass die genannten Autoritäten aus Gender-Wissenschaft, Philosophie und Psychoanalyse allerdings die Konzepte häufig nur sehr ungenau verwendeten bzw. gar nicht richtig verstanden zu haben schienen. Das in Sokals Studium der postmodernen Theoriebildung angesammelte Material war umfangreich genug, um in ein gemeinsam mit Jean Bricmont verfasstes, im Original unter dem Titel ‚Intellektuelle Hochstapelei' (*Impostures Intellectuelles*, 1997) lanciertes Buch zu münden, in dem beide Autoren die sinnfreie Verwendung naturwissenschaftlicher Begriffe in den Geisteswissenschaften anprangerten. Den Nestor der postfreudianischen Psychoanalyse etwa, Jacques Lacan, bezichtigen Sokal und Bricmont einer regelrechten Halbbildung in Bezug auf die von ihm geplünderten wissenschaftlichen Felder, v. a. „eine[r] vage[n] Vorstellung von der Mathematik";[43] im Werk von Luce Irigaray führen sie den

43 Alan Sokal / Jean Bricmont: *Eleganter Unsinn. Wie die Denker der Postmoderne die Wissenschaften mißbrauchen*, aus d. Engl. v. Johannes Schwab / Dietmar Zimmer. München: Beck 1999, S. 54.

Nachweis eines äußerst dürftigen Verständnisses von Atomphysik und Mechanik; Gilles Deleuze und Félix Guattari schließlich werden u. a. für ihre „ohne Sinn und Verstand" erfolgten Entlehnungen im Feld der Quantenmechanik gescholten.[44] Im Nachgang zu dieser aufsehenerregenden Publikation gelang Sokal freilich ein noch größerer Coup, der als *Sokal Hoax* für Furore sorgte. Dem Fachjournal *Social Text* legte Sokal 1996 einen aus völligem Kauderwelsch bestehenden Artikel mit dem Titel „Transgressing the Boundaries: Towards a Transformative Hermeneutics of Quantum Gravity" vor, in dem er vorsätzlich all die Verbrechen beging, deren er die Gegenseite bezichtigt hatte: modisch klingende Phrasen ohne jeglichen Sinn, komplex scheinende Konzepte, die ihrem ursprünglichen Zusammenhang entrissen waren, und ein ungeniertes Kokettieren mit postmoderner, abenteuerlich formulierter Theoriebildung. Sokal schleuste den gänzlich sinnfreien Text erfolgreich durch das *peer-review*-Verfahren des Journals, und er wurde – nachdem er seinen Coup publikumswirksam enthüllt hatte – zum Helden derjenigen, die den Geisteswissenschaften und ihrer Vorliebe fürs übermäßige Abstrahieren ohnehin nie über den Weg getraut hatten.[45]

Doch es gibt auch Gegenstimmen, die selbst die sogenannten ‚richtigen', exakten Wissenschaften der Hochstapelei bezichtigt haben und einwenden, die Vorstellung einer um die reine Vervielfältigung von Diskursmasse bedachten Geisteswissenschaft auf der einen und der empirisch validen, ungleich seriöseren Naturwissenschaft auf der anderen sei regelrecht illusorisch. So wies der Nobelpreisträger Peter Brian Medawar in einer vielbeachteten Rede bereits 1963 darauf hin, dass Physik und Chemie weder eine vorurteilsfreie Wahrnehmung im Experiment noch die Hervorbringung gänzlich objektiver, restlos quantifizierbarer Forschungserträge für sich reklamieren dürfen.[46] In einem Kapitel seines später vorgelegten Buches *The Art*

44 Ebd., S. 180.

45 Zur Rolle des Sokal-Skandals im Rahmen der vielzitierten Zwei-Kulturen-Debatte vgl. Thomas Kühn: *Two Cultures, Universities and Intellectuals. Der englische Universitätsroman der 70er und 80er Jahre im Kontext des Hochschuldiskurses.* Tübingen: Narr 2002, S. 141–152.

46 Vgl. Peter B. Medawar: Is the Scientific Paper a Fraud? http://www.albany.edu/~scifraud/data/sci_fraud_2927.html (Zugriff am 11.02.2014). S. a. die Diskussion von Medawars aufsehenerregendem Vortrag in Federico Di Trocchio: Ist die wissenschaftliche Abhandlung ein Betrug? In: Anne-Kathrin Reulecke (Hrsg.): *Fälschungen. Zu Autorschaft und Beweis in Wissenschaften und Künsten.* Frankfurt am Main: Suhrkamp 2006, S. 244–262, hier S. 244–247.

of the Soluble (1969) elaboriert Medawar diese These und rückt ein hypothetisch-deduktives Verfahren als Wechselspiel von „imaginativen und kritischen Akte[n]“ in den Mittelpunkt seiner Ausführungen.[47] Zwar sei der wissenschaftliche Erkenntnisprozess nicht mit einer Kunstform gleichzusetzen, doch in ihrer vollkommen verklärten Darstellung des Erkenntnisprozesses begeht laut Medawar auch die Naturwissenschaft letztlich Betrug und bedient sich vieler Strategien, die sonst eher der Fiktion zugeordnet werden. Schließlich ist die Verwendung rhetorischer Formeln für den Wissenschaftler beim Verfassen seines narrativ getrimmten Papers (das sich als Textsorte nicht umsonst vom stilistisch geschliffenen Gelehrtenbrief der Renaissance herleitet) letztlich genauso wenig vermeidbar wie für den Romancier vor seiner leeren Manuskriptseite: „[D]er soziale Gebrauch von Wort und Schrift [bringt] unweigerlich Fiktion als kommunikativen Kunstgriff mit ins Spiel“.[48] Für rhetorische Kunstgriffe sind die Naturwissenschaften damit ebenso anfällig, auch wenn sie es so vehement leugnen, wie es Sokal getan hat. Ein Literaturwissenschaftler kann es sich an dieser Stelle weder verkneifen, die These von der Allgegenwart des Narrativen zu bemühen, die auch vor den Naturwissenschaften keinen Halt macht,[49] noch die Beobachtung anzufügen, dass auf Fachtagungen *jeder* Provenienz in den hinteren Reihen Bullshit-Bingo gespielt wird – dabei werden auf dem eigenen Spielerzettel statt Nummern die unvermeidlichen hohlen Formulierungen notiert, die sich in vielen wissenschaftlichen Textsorten finden und bspw. die Stichhaltigkeit der eigenen Axiome übertreiben („It is generally believed that …“), Ergebniskosmetik signalisieren („Typical results are shown.“) oder von der Bequemlichkeit des Verfassers beim Nachschlagen von Quellen Zeugnis ablegen („It has long been known that …“).[50] Diese und andere immer wiederkeh-

47 Peter B. Medawar: *Die Kunst des Lösbaren. Reflexionen eines Biologen*, aus d. Engl. v. Eberhard Bubser. Göttingen: Vandenhoeck & Ruprecht 1972, S. 137.

48 Di Trocchio: Wissenschaftliche Abhandlung, S. 246–247.

49 So argumentiert Mieke Bal in ihrer Narrativik-Einführung: „[P]ractically everything in culture has a narrative aspect to it, or at the very least, can be perceived, interpreted as narrative. In addition to the obvious predominance of narrative genres in literature, a random handful of places where narrative ‚occurs‘ includes lawsuits, visual images, philosophical discourse, television, argumentation, teaching, history-writing.“ (Mieke Bal: *Narratology. Introduction to the Theory of Narrative*. Toronto / Buffalo / London: University of Toronto Press 2009, S. 225.)

50 Die genannten Beispiele stammen aus einer Liste, mit der am Institut für Physik der Universität Illinois frisch immatrikulierte Studenten für akademische

rende Favoriten aus dem Handbuch für wissenschaftliche Phrasendrescherei haben es auch in entsprechende, im Netz zirkulierende Kompendien und Buchpublikationen geschafft.[51] Eine humoristische Praxis, die allerdings den gängigen Standards der Universitäten lediglich einen Spiegel vorhalten möchte; schließlich werden Studierende und Nachwuchswissenschaftler beim Schreiben früh auf den akzeptierten Gebrauch der entsprechenden Formeln eingeschworen. Die Universität Manchester stellt im Netz gar eine (ironiefrei gemeinte) „Academic Phrasebank" zur Verfügung, bei der man sich in thematischen Blöcken wie „Being Critical" oder „Reporting Results" aus einem immensen Fundus bedienen kann.[52]

Universitäre Hochstapelei – unvermeidbar?

Darf die Universität im Licht ihrer Verfehlungen und so mancher, z. T. institutionell geförderter Hochstapeleien also wirklich die Anklagebank verlassen? Trägt die Verbreitung der Hochstapelei in anderen gesellschaftlichen Feldern (von denen sich viele andere im vorliegenden Buch dokumentiert finden) zur Entlastung bei, oder ist es vielmehr nötig, die Anklagebank zu erweitern, um *allen* Verdächtigen Platz zu bieten, z. B. auch anderen Bildungseinrichtungen? Aktuelle Debatten kreisen um die Repräsentativität des Abiturs und die Aufblähung der Lehrpläne (ein Buch Thomas Städtlers zu diesem Thema ist gar *Die Bildungs-Hochstapler* betitelt);[53] bereits in den 1990er-Jahren präsentierte Stefan Hopmann die These, dass sich Unterricht und Wissensvermittlung nirgends ohne hochstaplerische Aktivität abspielen können: „Merke: Hochstapler sind die besseren Pädagogen."[54] Eine Institution wie die Universität ist also möglicherweise nicht nur aufgrund von Betrügereien in der Forschung der Hochstapelei verdächtig, sondern auch hinsichtlich der Lehre. In Hopmanns

Schludrigkeiten sensibilisiert werden sollen, siehe https://courses.physics.illinois.edu/phys496/Terminology.pdf (Zugriff am 15.02.1014).

51 G. Nigel Gilbert und Michael Mulkay haben eine populäre Liste dieser Begriffe bereits in den 1980ern in ihrem Buch *Opening Pandora's Box* zusammengestellt; einen kürzeren Abriss einschlägiger Phrasen und Schlagwörter liefert Di Trocchio: Wissenschaftliche Abhandlung, S. 258–259.

52 Vgl. die von John Morley kreierte Website unter http://www.phrasebank.manchester.ac.uk (Zugriff am 11.02.2014).

53 Thomas Städtler: *Die Bildungs-Hochstapler. Warum unsere Lehrpläne um 90% gekürzt werden müssen.* Heidelberg: Spektrum 2010.

54 Stefan Hopmann: Über Hochstapler und andere Pädagogen. In: *Neue Sammlung. Vierteljahres-Zeitschrift für Erziehung und Gesellschaft* 33,3 (1993), S. 421–436, hier S. 428.

Diskussion gilt dieser Vorwurf freilich für die Schulen in noch größerem Umfang: Er weist auf tradierte Missstände in der Ausbildung zum Lehrberuf hin, u.a. den Umstand, dass bei der Einstellung von Lehrern ihre Qualifikation zumeist höher angesetzt wird als ihre tatsächliche Befähigung, oder dass die von den Universitäten in Praktika oder im Referendariat überwachte Unterrichtsplanung Simulation auf hohem Niveau provoziert. Letzeres, weil dem künftigen Lehrer ein Abweichen von seinem tabellarisch formulierten, minutiös geplanten Konzept tendenziell als Fehler ausgelegt werde, ungeachtet der Unvorhersehbarkeit realer Unterrichtssituationen und der damit einhergehenden Notwendigkeit versatiler Improvisation.[55] Auch dieser Vorwurf, der augenscheinlich v.a. die Verhältnisse an den Schulen tangiert, führt also letztlich zur Universität zurück, die – eingedenk aller bislang zitierten Stimmen und des medialen Echos – gleich an mehreren Fronten versagt: Ihre Kontrollmechanismen sind zu lax; sie verleitet zur inflationären, zweckfreien Vervielfältigung von Diskursmasse (*publish or perish*); sie tut nichts dagegen, dass selbst innerhalb ihrer Mauern ethische Standards geflissentlich ignoriert werden; und die an der Universität nachlässig Geschulten tragen ihre schlechten Angewohnheiten sogar noch in die Welt – sei es in höheren politischen Ämtern oder als Klassenlehrer. All diese Verfehlungen wiegen noch schwerer, weil dem Wissenschaftler Vorbildfunktion abverlangt wird, und weil „der einzelne Wissenschaftler auf den Arbeiten seiner Kollegen aufbaut und das Ziel der Wissenschaft, der Erwerb und die Erweiterung möglichst abgesicherter Erkenntnisse, letztlich nur durch ehrliches Verhalten ihrer Mitglieder zu erreichen ist."[56]

Angesichts der Kluft zwischen solch hehren Idealen und immer mehr dem öffentlichen Gelächter preisgegebenen Kollateralschäden ist möglicherweise gerade eine gründliche Entzauberung des akademischen Glamours im Gang. Das kann man einerseits betrauern, andererseits aber auch als Chance auf eine dringend benötigte Katharsis interpretieren. Dass professionelle wie auch Teilzeit-Hochstapler vom Campus angezogen werden, ist schließlich nicht nur der Tatsache geschuldet, dass sich Forschung und Lehre auf dem Campus gelegentlich im toten Winkel – d.h. jenseits des Kontrollblickes von außen – abspielen, sondern erklärt sich auch durch den geradezu

55 Vgl. Hopmann: Über Hochstapler und andere Pädagogen, S. 428–429.

56 Ottermann: *Soziologie*, S. 350.

mythisch übertriebenen Nimbus der Alma Mater. Müssten sich Hochstapler *als* Hochstapler in Vorstellungsgesprächen für den höheren Dienst ihrer Branche empfehlen (ein Gedankenspiel, das vielleicht auch in Zusammenhang mit Sonja Veelens ebenfalls in diesem Buch enthaltener Auseinandersetzung mit hochstaplerischen Techniken im Personalgespräch lohnt), dann wiesen ihre Bewerbungsunterlagen jedenfalls durchaus Parallelen auf: Sie alle waren entweder tatsächlich an einer Universität immatrikuliert oder beharrten zumindest darauf, Abschlüsse zu besitzen.[57] Legendäre Betrüger klammerten sich selbst inmitten ihrer Großbeichte noch an falsche akademische Weihen; der Verschwörer Titus Oates etwa (2006 in einer BBC-Umfrage zum widerwärtigsten Briten des 17. Jahrhunderts gewählt) gestand vor Gericht zwar all seine Taten, hielt aber bis zuletzt daran fest, einen Doktorgrad der Universität Salamanca zu besitzen, die er nie besucht hatte.[58]

Die Universität muss sich in keinem Fall den Vorwurf gefallen lassen, sich stärker als andere Einrichtungen für den zweifelhaften Titel des von Sloterdijk behaupteten Hochstapler-Biotops zu empfehlen; dass entsprechende Diagnosen dennoch nicht aus der Mode kommen, mag an der allgemeinen Sympathiewelle liegen, auf welcher der Pseudo-Akademiker reitet, der es ‚diesen Eierköpfen' mal so richtig gezeigt hat. Etwas nachvollziehbarer wird diese Haltung, wenn man sich die teilweise Abschottung der Universitäten nach außen vor Augen führt, die bizarre Vorstellungen von ihrem recht prosaischen, alltäglichen Betrieb zeitigen muss, mit der die Realität nicht schritthalten kann. Wie akademische Arbeit wirklich aussieht, fällt nicht nur im Genre des Hochstaplerfilms jenseits der Repräsentierbarkeit. Da werden (im Film) Ersatzhandlungen gefunden wie das bis zur Selbstaufgabe getriebene Studium von Akten und Büchern, das disziplinierte Lernen, die minutiöse Erarbeitung von Karteikarten; all dies geschnitten als Montage, wie sie aus dem Söldner- oder Sportfilm zur Vorbereitung auf den großen Kampf bekannt ist und Aufbau von (Geistes-)Kraft in Windeseile und mit vorzeigbaren

57 In Helene Deutschs bekannter Untersuchung trifft dies z. B. auf ihren Patienten Jimmy (der einige Philosophieseminare besucht hatte und sich zumindest für eine Weile an oberflächlich geführten fachlichen Diskussionen beteiligen konnte) und den Fall von Ferdinand Waldo Demara (der sich u. a. als Uni-Dekan und Jura-Student ausgab) zu, vgl. Deutsch: The Impostor, S. 328–329.

58 Phyllis Greenacre: The Impostor. In: *Psychoanalytic Quarterly* 27,3 (1958), S. 359–382, hier S. 365.

Abb. 2: Die Behauptung kulturellen Kapitals: Hellmuth Karasek vor seinem Bücherschrank.

Ergebnissen suggeriert. Andernorts wird der Akademiker entweder als Lustgreis, als fußnotenvernarrter Trottel oder als verhinderter Abenteuer à la Indiana Jones inszeniert,[59] oder es wird (im Fernsehen) ein zu Wort kommender professoraler Experte als *talking head* vor seinem persönlichen Trophäenschrank (mit den gelesenen Büchern und den erhaltenen Urkunden) platziert. Angesichts solch schematischer, katalogisierbarer Professoren-Bilder, die sich ziemlich genau mit dem stereotyp-komischen *dramatis personae* des Campusromans decken, sollte man sich keinen Illusionen darüber hingeben, dass sich eine gründliche, differenzierte Auseinandersetzung mit den Formen des akademischen Betruges demnächst möglicherweise auf der (massen-)medialen Agenda wiederfindet. Ebenso wenig dürfte die Öffentlichkeit an einem nietzscheanischen Gedankenspiel interessiert sein, mit dem sich den akademischen Betrügern durch den legendären Anti-Wagnerianer und Gottesmörder philosophisch

59 Indiana Jones wird in den filmischen Prologen immer mal wieder als engagierter Lehrer gezeigt, flüchtet aber lieber aus dem Fenster seines Büros in die nächste Gefahr, statt eine ordentliche Sprechstunde abzuhalten, so etwa in *Raiders of the Lost Ark* (*Jäger des verlorenen Schatzes*, USA 1981, R: Steven Spielberg). Zu den einschlägigen Typisierungen des Universitätsprofessors in der Fiktion vgl. Schwanebeck: *Annäherungsversuche*, S. 60–64.

beispringen ließe. Nietzsche, den man guten Gewissens als philosophischen Schutzpatron der Hochstapler bezeichnen kann, definiert in seinem Aufsatz „Ueber Wahrheit und Lüge im aussermoralischen Sinne" (1873) bekanntlich die Fähigkeit zur Täuschung als Basisfunktion des Intellekts:

> Der Intellekt, als ein Mittel zur Erhaltung des Individuums, entfaltet seine Hauptkräfte in der Verstellung; denn diese ist das Mittel, durch das die schwächeren, weniger robusten Individuen sich erhalten, als welchen einen Kampf um die Existenz mit Hörnern oder scharfem Raubthier-Gebiss zu führen versagt ist. Im Menschen kommt diese Verstellungskunst auf ihren Gipfel: hier ist die Täuschung, das Schmeicheln, Lügen und Trügen, das Hinter-dem-Rücken-Reden, das Repräsentiren [sic], das im erborgten Glanze Leben, das Maskirtsein [sic], die verhüllende Convention, das Bühnenspiel vor Anderen und vor sich selbst, kurz das fortwährende Herumflattern um die eine Flamme Eitelkeit so sehr die Regel und das Gesetz, dass fast nichts unbegreiflicher ist, als wie unter den Menschen ein ehrlicher und reiner Trieb zur Wahrheit aufkommen konnte.[60]

Muss man sich da noch wundern, dass am Hort intellektueller Entfaltung auch der Entfaltung *dieses* Talents gehuldigt wird? Auf eine bei Nietzsche entlehnte Verteidigungsrede ist nach meinem Kenntnisstand immerhin noch kein überführter Plagiator verfallen. Wehe uns, wenn die akademischen Hochstapler solche Bücher in die Hände bekommen – und sie auch noch zu Ende lesen.

60 Friedrich Nietzsche: Ueber Wahrheit und Lüge im außermoralischen Sinne. In: Ders.: *Sämtliche Werke*, Bd. 1, hrsg. v. Giorgio Colli / Mazzino Montinari. München: dtv 2009, S. 875–890, hier S. 876.

III.
Luftschloss

Betrug des betrogenen Betrügens

Walter Serners (unzuver)lässiges Liebeskonzept in *Die Tigerin*

Sebastian Thede

Der Schriftsteller Walter Serner (1889–1942?) markiert in vielerlei Hinsicht das Exzeptionelle. Einerseits zeichnet er sich als frivol herausragender, aber bis heute unterschätzter Einzelgänger in der Reihe avantgardistischer und sozialkritischer Autoren während der Zwischenkriegszeit aus. Nicht zuletzt aber besticht er als poetischer Kommentator der vom Qualm einer Zigarette oder eines Browning so schummrig wie schrill durchfluteten Zwischenwelt jenes *entre deux guerres*, das sich als akzelerierte Transitstation des Politischen und Kulturellen zwischen Weltkrieg, Dawes-Plan und Wirtschaftskrise wie auch als Basis einer Ästhetik des Zwielichtigen den Namen des Zwischenraums redlich verdient hat.[1] Die in einem halbseidenen Biotop angesiedelten, von diesem hervorgespülten und in ihm reproduzierten Figuren der Demimonde – Spieler, Gangster, Prostituierte, gern auch in Personalunion – erzeugten qua der sie durchdringenden Schwarz-Weiß-Schattierungen, die nicht erst im Film noir auch farbästhetisch zur Geltung kamen, eine narrative Bearbeitung des Halb-Wissens. Darin wurden sie in kolportierenden Karikaturen zum Publikumsmagnet travestiert, was eine ihrer Verzerrung angemessene

1 Die prekären Goldenen Zwanziger werden etwa von Helmut Lethen als Zwischenwesen eines verstärkten Relativismus bzw. Ambivalenten und der Ambivalenzreduktion beobachtet: „So erscheinen die zwanziger Jahre einerseits als Phase einer erhitzten sozialen Mobilität mit verschwimmenden Klassengrenzen und der Inflation alter Orientierungswerte; andererseits als das Jahrzehnt markanter Freund-Feind-Aufspaltungen und klarer Fronten". (Helmut Lethen: *Verhaltenslehren der Kälte. Lebensversuche zwischen den Kriegen*. Frankfurt am Main: Suhrkamp 1994, S. 41.)

Optik verhinderte. Dieses Bild in seinem Rahmen verrückt und damit begradigt zu haben, soweit die vergleichsweise eingeschränkte Wirkung Serners einen derartigen Schluss zulässt, ist eines seiner Verdienste: Den Akteuren des Exzeptionellen – im Sinne des intentional Anti-Normativen und Kontra-Konventionellen –, des Heterogenen und Semi-Permeablen eine gleichermaßen spöttische wie aggressive Poetik zu spendieren, die auch philosophisch eng mit einer auf Exklusivität ausgerichteten Ästhetik der Avantgarde und des osmotischen Künstlertums verbunden war, lässt den als Walter Eduard Seligmann geborenen Karlsbader Juristen, Essayisten und Ex-Theoretiker des Züricher Dada mit seiner bereits zeitgenössisch als ungewöhnlich rezipierten Prosa und dem an subkulturelle Lebensformen geketteten Umgang mit Erotik, Verbrechen und Ironie noch unter den milieuspezifischen und sozialcharakterorientierten *minor writers* oder avantgardistisch geprägten Schriftstellern des frühen 20. Jahrhunderts außergewöhnlich erscheinen.[2]

Dieser Beitrag versteht sich dahingehend als Vorschlag, wie die brisante Logik des Hochstapler-Themas, das nämlich in Sphären des Verbergens residiert und allein durch seine Repräsentation Misstrauen erweckt – wenn Repräsentation, Darstellung, Mimesis des Verbergens und des Verborgenen zunächst verdächtig wirken –, im Schaffen Walter Serners von der soziologischen und literaturhistorischen bzw. diskursanalytischen Kontextualisierung auf ein funktional interessiertes Gleis manövriert werden kann, auf dem die literarischen Qualitäten seiner Texte und des Sujets selbst charakteristisch zur Geltung kommen.

Dies geschieht anhand einer Analyse des Kurzromans bzw. der Langerzählung *Die Tigerin* (1921/1925), einem hierin auch generisch demimondialen Text, wobei mitreflektiert werden muss, dass sich bei näherer Betrachtung entscheidende Binnendifferenzen in den Hochstaplermodellen Serners destillieren lassen, die insbesondere

2 Max Herrmann-Neisse etwa sprach 1925 mit Blick auf *Die Tigerin* von einer „Rarität" der deutschsprachigen Literatur. Vgl. Max Herrmann-Neisse: Walter Serner: Die Tigerin. In: Walter Serner: *Gesammelte Werke in zehn Bänden*, Bd. 10, hrsg. v. Thomas Milch. München: Goldmann 1988, S. 76–78, hier S. 76. Dieser als *Der Abreiser* betitelte Band der *Gesammelten Werke* kompiliert u. a. eine stattliche Palette zeitgenössischer Rezensionen des Sernerschen Œuvres. Serners mysteriöse Lebensgeschichte sowie die der verdienten Recherche nach seinem Verbleib durch Thomas Milch ist auf äußerst sensitive Weise in Christian Schads lesenswerten Erinnerungen an den alten Freund dargestellt: Christian Schad: *Relative Realitäten. Erinnerungen um Walter Serner*. Augsburg: Maro 1999.

durch die Behandlung des Themas mit Hilfe verschiedener Textsorten entstehen. Der Hochstapler des „Prinzipiellen Handbreviers" (1918–1921) der *Letzten Lockerung* unterscheidet sich in seiner theoretischen Hochstapler-Inszenierung von der beinah ein Jahrzehnt später erschienenen Ratgebersatire, die die *Letzte Lockerung* um ein „Praktisches Handbrevier" (1927) komplettiert. Beide grenzen sich wiederum von den literarischen Darstellungstechniken in den Prosatexten ab. Dort ist abermals ein Unterschied zwischen den Anthologien der Kurzprosa und der *Tigerin* als entsockeltem längeren Text zu registrieren, wobei sich letzterer als besondere Entfaltung des Prinzips der Hochstapelei sowie der Reflektion seiner literarischen Inszenierungstechniken, mithin als Kompendium des Themas begreifen lässt.[3] Deswegen sei er auch zur Analyse hier ausgewählt, vorher aber durch die Verhandlungsbasis eines Konzeptes vom Misstrauen, der Unzuverlässigkeit und Uneindeutigkeit eingerahmt.

Betrug *en avant Dada*

Im Zuge der programmatischen Antiprogrammatik des Dada behauptet „der Dadaist" in einer von Richard Huelsenbecks Bricolagen: „Dadaist war Manolescu, als er als Fürst auftrat und sich im Kaiserhof einmietete, ohne zu wissen, wovon er die Rechnung bezahlen würde".[4] Der zeitgenössisch äußerst prominente *Fürst der Diebe*[5] Georges Manolescu ist bewusst in der unaufgeräumten Dada-Manege platziert, auch wenn der zitierte Text einen szenetypischen Totalismus zelebriert, nach dem so ziemlich alles und jedes zu jeder Zeit gleichsam Dada war und/oder nicht war, denn: „Dada ist die große Ironie, es tritt als Richtung auf und ist keine Richtung".[6] Doch gerade die Nähe zwischen Hochstapler und Dadaist verspricht, eine

3 Die Tendenz, den Roman als reines Kontinuum der Kurzprosa Serners zu lesen, sollte mindestens relativiert werden. Vgl. betreffs dieser Tendenz u. a. André Bucher: Text und Performanz. Walter Serners Kriminalgeschichten. In: Ders. / Barbara Sabel (Hrsg.): *Der unfeste Text. Perspektiven auf einen literatur- und kulturwissenschaftlichen Leitbegriff.* Würzburg: Königshausen & Neumann 2001, S. 7–22, hier S. 14, Anm. 20. Das selbst in der Serner-Forschung vernachlässigte Drama *Posada* reizt außerdem, auf die hier vorgenommene gattungspoetologische Prämisse für sich geprüft zu werden.

4 Richard Huelsenbeck: Durch Dada erledigt. Ein Trialog zwischen menschlichen Wesen. In: Ders.: *En avant Dada.* Hamburg: Edition Nautilus 1984, S. 45–49, hier S. 47.

5 Dies der Originaltitel von Manolescus 1905 erschienenen Memoiren.Vgl. Georges Manolescu: *Ein Fürst der Diebe.* Berlin: Langenscheidt 1905.

6 Huelsenbeck: Durch Dada erledigt, S. 47.

solche paradoxale Leerstelle bedienen zu können, die übrigens auch den ursprünglich performativen Gestus des Dada evoziert zu haben scheint.[7]

Zwei Amalgame zeugen von der Blutsbrüderschaft des Dada mit dem Hochstapler. Erstens verweist das habituelle Schema des modernen kosmopolitischen Betrügers auf einen inzwischen fast stereotypen antibürgerlichen Charakter des Dadaismus: Der Hochstapler lebt in dieser Hinsicht Avantgarde. Und zweitens eröffnen die Kompetenzen des Hochstaplers à la Manolescu – die Maskerade, das *method acting*, seine sprachliche Finesse und soziale Anpassungsfähigkeit, seine Chamäleonhaftigkeit und Camouflage – eine Perspektive auf den Dadaismus, die Peter Sloterdijk als Position des „unseriös dafür sein[s]", der Unverbindlichkeit innerhalb einer performativen Multiplikation jener „wahnsinnige[n] Epoche" und deren gleichzeitiger Brechung in kritische Positionen fasst:[8] Zwar rekrutierte sich die Züricher Enklave um das Cabaret Voltaire mehrheitlich aus Kriegsexilanten, die jedoch deswegen noch lange keine allein auf den Pazifismus zu abonnierende Kohorte bildeten, sondern mit offensiv ironischer Affirmation und gleichzeitiger Attitüde des Negativen einen philosophischen Raum der Inversion von Wahrheit bürgerlich-europäischer Provenienz besetzten. Sloterdijk sieht darin u.a. eine Heideggersche Ontologiekritik avant la lettre bzw. in Heidegger einen aposteriorischen Dadaisten.[9]

7 Vgl. Huelsenbecks Statement zu den Züricher Anfangstagen des Dadaismus, die in Abgrenzung zur sogenannten bürgerlichen, realistischen und idealistischen Ausdrucksform auf „abstrakte Kunst" und darin auf eine genuin theatrale Intermedialität setzte: „Abstrakte Kunst bedeutete uns damals, als wir allabendlich im Cabaret Voltaire tanzten, sangen und rezitierten, soviel als unbedingte Ehrlichkeit". (Richard Huelsenbeck: En avant Dada. In: Ders.: *En avant Dada*, S. 9–34, hier S. 11.) Man beachte, wie sich hier Ehrlichkeit als Gestus eines künstlerischen Negativismus von einer üblichen mimetischen Darstellungspraxis nicht nur distanziert, sondern ihr mit Verve opponiert. Vgl. auch eine Diagnose Bruno Hillebrands: „Der Unterschied der Positionen [von Dadaisten und Expressionisten, S.T.] ist bemerkenswert, in ihren Posen unterschieden sie sich nicht. Sie alle schrien: die Expressionisten substantiell, die Dadaisten chaotisch-grell. Sie alle fuchtelten, bejahend, verneinend, in der ausgedünnten Luft des Nihilismus". (Bruno Hillebrand: *Ästhetik des Nihilismus. Von der Romantik zum Modernismus.* Stuttgart: Metzler 1991, S. 158.) Vgl. für einen Forschungsüberblick Walter Fähnders: *Avantgarde und Moderne 1890–1933.* Stuttgart / Weimar: Metzler 2010, S. 189–198.

8 Peter Sloterdijk: *Kritik der zynischen Vernunft*, Bd. 2. Frankfurt am Main: Suhrkamp 1983, S. 715, 713.

9 Vgl. ebd., S. 717.

Huelsenbeck scheint zur Demarkation dieser Zusammenhänge mit der Anrufung Manolesucs als exemplarischem Hochstapler ein Fauxpas unterlaufen zu sein. Der kosmopolitische Schwindler Georges Manolescu sorgte zu seiner Zeit in antibürgerlichen Kreisen zwar fraglos für Furore, sodass auch Serner, stets äußerst stilsicher in seinen Referenzen, ihm in der *Letzten Lockerung* salutiert.[10] Diese ausnahmsweise verdächtig echt scheinende Geste der Affirmation verwundert jedoch angesichts der arrivierten Umstände, unter denen Manolescu zu Berühmtheit gelangte.

Peter Bürgers These von der Kritik an der Institution Kunst durch die Avantgarden hat einige plausible Einwände erhalten,[11] wohingegen seine generelle Beobachtung kaum zu leugnen ist: Der Dadaismus zeugte produktionshistorisch von einem äußerst fruchtbaren problematischen Verhältnis dem „Distributionsapparat, dem das Kunstwerk unterworfen ist" sowie dem „Status der Kunst in der bürgerlichen Gesellschaft" gegenüber und damit zu den Prozessen der institutionalisierten, professionalisierten und gewerblichen Parasphären des Ästhetischen, die im künstlerischen Objekt ihre Eintragungen hinterlassen.[12] Sei die dadaistische Affirmation auch in einer ironischen Spirale eingeklemmt, die sich binären Schemata propositionaler Analyse entzieht, so sind etablierte Markteinbindungen von Kunst in dadaistischer Praxis klar in ihren spontanistischen, punktualistischen und teils destruktiven Prozessen der Werkverfertigung und -exposition von den Füßen auf den Kopf gestellt.

Manolescu wirkt in Huelsenbecks Ensemble deplatziert, weil keine Reflektion auf dessen genuin bürgerlich-kapitalistische Vorgehensweise des literarischen Wirkens stattfindet. Könnte man in dieser Strategie noch eine passende ‚blague' erkennen, da der Verbrecher offen zum Kapitalisten – nämlich zum werbewirksamen

10 Vgl. Walter Serner: Letzte Lockerung. Erster Teil. Das Prinzipielle Handbrevier. In: Ders.: *Gesammelte Werke in zehn Bänden*, Bd. 9, hrsg. v. Thomas Milch. München: Goldmann 1988, S. 9–63, hier S. 23.

11 Mit Blick auf den Dadaismus vgl. u. a. Sloterdijk: *Kritik*, Bd. 2, S. 722. Jonas Peters argumentiert in seiner Arbeit, dass Serners Texte selbst zur Widerlegung Bürgers taugen, vgl. Jonas Peters: *„Dem Kosmos einen Tritt!" Die Entwicklung des Werks von Walter Serner und die Konzeption seiner dadaistischen Kulturkritik*. Frankfurt am Main / Berlin / Bern / New York / Paris / Wien: Lang 1995, S. 11.

12 Peter Bürger: *Theorie der Avantgarde*. Frankfurt am Main: Suhrkamp 1974, S. 29. Ob darin tatsächlich die von Bürger aus Marx' Religionskritik herausgelöste und postulierte „Selbstkritik" der Institution Kunst im von ihm anvisierten Umfang und Ablauf stattfand, bleibt zweifelhaft. Vgl. ebd., S. 26–35.

Bestsellerautor – emporsteigt, wie es bei Manolescu mit seinen ebenso reißerischen wie empfindsamen Herzensergüssen der Fall war, so legt sein Text selbst Zeugnis eines Bedürfnisses der Teilhabe an dieser bürgerlichen Gesellschaft ab, was eine zunächst kritisch konditionierte Haltung als pseudologisch entlarvt: Ein biederes, auf Empathien des versöhnlichen Massenpublikums zugeschnittenes Konzept steht der avantgardistischen Problemgeschichte entgegen. Der Erzähler als Verbrecher (und umgekehrt) agiert nicht als Reflektionsfigur auf die soziale Topographie sowie die Instabilität ihres sprachlichen Materials, sondern als strategieloser Unschuldiger, der nur in *dem* Maße schuldig wird, in dem ihn seine Taten zur gleichberechtigten Konsumption in der Warenwelt befähigen:

> Der tägliche Anblick des Luxus, der Feste und Ausschweifungen, denen viele meiner reichen Kommilitonen sich vor meinen Augen hingaben, peitschte immer von neuem meine Sehnsucht nach ähnlichen Genüssen in mir auf. Ich wollte also um jeden Preis reich sein, und zwar so rasch wie irgend möglich.[13]

Diese letztendlich betriebswirtschaftliche Motivation der subjektiven Gewinnmaximierung wird ausgerechnet nicht durch die strafbare Karriere des Hochstaplers Manolescu, der schließlich im Gefängnis landet, eingelöst, sondern durch den legalen Literaturbetrieb, der seine melodramatisierten Erinnerungen in Großauflage druckt. Gerade der Erfolg jener monokausalen Bekenntnis-Kolportagen im Erbe des Hochstaplerpioniers Manolescu manifestiert das Genre eher als eskapistische Fantasie denn Idee und Vorlage der Avantgarde.

Stellt dieser rekonziliante Diskurs also eigentlich eine Romantisierung des Hochstaplers dar, dessen ästhetisches Potential erst von Thomas Mann in impliziter Sukzession ausgeschöpft wurde,[14] so verfolgt Serner mit seinen Erzählungen eine Unterminierung des Sujets, die es in seinem eigentlichen Halbschatten platziert. Mit präzise 99 Kurzerzählungen, einem Drama und einem Kurzroman, vornehmlich in der ersten Hälfte der Zwanzigerjahre entstanden, skizziert der nunmehr zwischen schwer abzuschüttelnder Dada-Herkunft[15] und nicht

13 Georges Manolescu: *Der Mann mit dem blauen Gehrock. Memoiren eines Hochstaplers.* Frankfurt am Main: Fischer 1987, S. 7. Die erstmals 1905 unter dem Titel *Gescheitert* publizierten Memoiren lösten zu ihrer Zeit den Hype um Hochstapler-Kolportagen aus. Vgl. betreffs dieses Diskurses nach wie vor Stephan Porombka: *Felix Krulls Erben. Die Geschichte der Hochstapelei im 20. Jahrhundert.* Blumenkamp: Salzhemmendorf 2008.

14 Vgl. u. a. Thomas Sprecher: Das grobe Muster. Georges Manolescu und Felix Krull. In: *Thomas Mann Jahrbuch* 19 (2006), S. 175–200, hier S. 192–200.

15 Serners Beitrag zum Dada sowie die kulturellen, literarischen und philosophischen

leicht zu vermeidenden Geboten des neusachlichen Jahrzehnts tätige Autor einen ideologischen und philosophischen Komplex des amoralischen Scheinens. Zwar wusste er selbst, autobiographische Enten geschickt zu platzieren, doch die Inszenierung des eigenen Lebens, welche noch auf die literarischen Falschmeldungen des Dada rückdatiert, ist bereits derartig kokett, dass die allenthalben unterstellte und verwerflich propagierte Verbindung seiner Person zum kriminellen Milieu als falsifiziert gelten kann.[16]

Mit der üblichen Memoiren-Literatur haben seine Kurzerzählungen auch narrativ kaum etwas gemein. Die Fragmente aus dem Leben einer zwielichtigen urbanen Subkultur sind vielmehr Collagen entsubjektivierter Lebensentwürfe aus internationalen und zugleich marginalisierten Räumen denn selbstmitleidige Bekenntnisse der aufpolierten, mondänen Belle Époque. Sie bieten mit ihrer Fünf-Minuten-Erzählzeit Kürzestimpressionen, die gemeinschaftlich als scheinbare Projektoren einer prekären Wirklichkeit diese lebensnah – und das heißt in diesem speziellen Fall: absurd – nachbilden, aber primär den literarischen Ort des Hochstapelns durchmessen, der in der nebligen Hemisphäre des Trucs – so der Fachbegriff für den Modus Operandi des Sernerschen Verbrechers – und dessen hermeneutischen Implikationen sowie ihrer sprachlichen und kommunikativen Ambivalenz exponiert ist. Das Exzeptionelle des Milieus hat instrumentellen Wert. Die Nähe zwischen Hochstapler und Poet über das äquivalente kreative, mimetische Vorgehen beider Gestalten verheddert sich bei Serner in einem Kreislauf des Unvollständigen und Nicht-Vollendeten, und nur selten dürfen wir erfahren, wie die Ereignisse der Erzählungen tatsächlich in den Protagonistenbiographien zu verorten sind.

Diskursfelder, in denen er sich bewegte, sind detailliert und lesenswert nachgezeichnet in Andreas Puff-Trojan. *Wien / Berlin / Dada. Reisen mit Dr. Serner*. Wien: Sonderzahl 1993.

16 Nach einer positiven Rezension Theodor Lessings fühlte sich der NS-Ideologe Alfred Rosenberg zu einem antisemitischen Einspruch gegen Serners und Lessings Personen berufen, dem Serner seinerseits mit einem Artikel begegnete, in dem er die biografische Werbung seines Verlegers Paul Steegemann korrigierte und gleichsam auf die Widersprüche der Verfemung eines Autors aufgrund seiner Texte hinwies. Vgl. dazu Theodor Lessing: Der Maupassant der Kriminalistik. In: Serner: *Gesammelte Werke*, Bd. 10, S. 81–84; Alfred Rosenberg: Der internationale Mädchenhandel [Auszug]. In: Ebd., S. 91–93; Walter Serner: Theodor Lessing und der Mädchenhändler. In: Ebd., S. 95–97.

Als beschleunigte und fragmentarische Äußerungen entsprechen Serners Texte somit nicht allein einer zynischen Philosophie der Moderne, sondern manifestieren mit Hilfe der Modalitäten des Hochstapelns ebenso modernistische Strukturen des Literarischen – eine Funktionalisierung, die insbesondere in der *Tigerin* zur Geltung kommt.

(Be-)Trügerisches Leerlaufen: *Die Tigerin*

Als poetische Zäsur wirkt Serners längste Erzählung, der Kurzroman *Die Tigerin*, über die rein formale Vergrößerung der Kurzprosa hinaus. Die Expansion der Erzählzeit (und auch der erzählten Zeit) hat signifikante darstellerische Konsequenzen, was sich insbesondere in der Plastizität der Figuren niederschlägt, deren sorgfältigere Ausarbeitung im Roman zusätzliche Psychologisierungen zulässt.
Serners *absonderliche Liebesgeschichte*, so der Untertitel, präsentiert uns die männerfressende Femme fatale Bichette, zugleich Titelheldin, welche in der Pariser Halbwelt der Zwanzigerjahre eine in vielerlei Hinsicht komplizierte Beziehung zum frühpensionierten Hochstapler Fec eingeht. Über Fec heißt es eingangs:

> Kein Mensch wußte, wovon er eigentlich lebte. Das ist zwar in den maßgebenden Kreisen von Paris die Voraussetzung dafür, ernst genommen zu werden; der Umstand aber, daß man Fec weder spielen sah, noch je in deutlicher Gesellschaft eines weiblichen Wesens, kurz niemals in einer jener Situationen, welche immerhin gewisse Anhaltspunkte für etwaige Einkünfte bieten, hatte die im allgemeinen unvorteilhafte Folge, daß man ihn nicht ernst nahm.[17]

Mit einem Satz zum Nicht-Wissen wird das Vorzeichen des Textes gesetzt, der sich in konzentrischen Kreisen um den Topos des Rätselhaften und epistemologisch Fragwürdigen bewegt. Das Milieu der Demimonde selbst erweist sich in den beiden Eröffnungssätzen hingegen als durchaus kodifiziert und reguliert, darin aber kontrafaktisch. Die geheimen Gesetze der zwielichtigen Sphäre verfolgen nicht den Betrug der Welt als ganzer, wie es später im „Praktischen Handbrevier" der *Letzten Lockerung* verlangt wird,[18] sondern kreisen vielmehr die Alarmbereitschaft innerhalb der kleinkriminell bis mafiös

17 Walter Serner: Die Tigerin. Eine absonderliche Liebesgeschichte. In: Ders.: *Gesammelte Werke in zehn Bänden*, Bd. 5, hrsg. v. Thomas Milch. München: Goldmann 1992, S. 5. Nachfolgend werden Zitate aus Serners Roman direkt im Haupttext per Seitenangabe in Klammern nachgewiesen.

18 „Die Welt will betrogen sein, gewiß. *Sie wird aber sogar ernstlich böse, wenn du es nicht tust*". (Walter Serner: Letzte Lockerung. Zweiter Teil. Das Praktische Handbrevier. In: Ders.: *Gesammelte Werke*, Bd. 9, S. 65–166, hier S. 162.)

organisierten Boheme zwischen Zuhälterei, Glücksspiel und Drogenhandel ein. Die meisten von Serners Kurzerzählungen behandeln den niederen Dandysmus dieser eigenwilligen Szene, der sich in artikulierter und intellektueller sowie improvisatorischer Überlegenheit der Akteure bündelt, während als stoffliches Einsatzgebiet das wiederkehrende Motiv vom betrogenen Betrüger herangezogen wird.[19] Da die höchste Gefahr also jederzeit in den eigenen Reihen lauert, ist Fec als gleichermaßen auffällige wie mysteriöse Gestalt suspekt. Die üblichen Zeichen der eindeutigen Zuordnung – Investments ins Casino oder in die Prostitution – werden von ihm ignoriert und damit unterminiert; dennoch hält er Kontakt zum entsprechenden Umfeld, er ist zumindest physisch präsent, wenn auch habituell unterdeterminiert. Fec erscheint als unlesbare Figur, deren Korruption gängiger interpretatorischer Muster der Großstadtganoven die Suspension des Rätsels und seine Überführung ins Banale zur Folge hat: Er wird nicht ernst genommen, als signifikante Gestalt seines Milieus ignoriert. Diese Reaktion manifestiert neben einem infantilen Ausschlusscode eine paradoxe Praxis, nach der die Mystifizierung des Lebensunterhaltes einerseits als Ausweis der Zugehörigkeit zum einschlägigen Zirkel fungiert und andererseits in seiner hiesigen Totalität wiederum einen Grundverdacht gegenüber Fec erhärtet. Das Außenseitertum *in* einem Außenseitermilieu erzeugt neben einer soziologisch bemerkenswerten Konstellation die narrative Motivation, welche in diesem Roman weniger als Aussprechen eines Ungesagten denn als Performation des Ungenannten und Obskuren ausgewiesen ist.

Fecs unklare Position in der Demimonde wird zwar bald erhellt, allerdings über die Substitution der Frage durch eine Leerstelle: Fec leidet am „Leerlaufen", von dem es heißt, es sei „blödsinnig. Wenn man nichts mehr haben will, wenn man nichts mehr machen will, geht man besser um die Ecke, in den Duft". (S. 19) Diese psychologisch über das Olfaktorisch-Suizidale als Depression lesbare Aussage Fecs, der eigentlich Henri Rilcer heißt und vormals auch unter dem Decknamen Baron Punschoff skandalöse Trucs beging, was abermals auf die Individualegalität bzw. Substitutionalität (nämlich der Namen)

19 Als integraler Gegenstand in Serners Schaffen wurde die komplexe Unzuverlässigkeit, Unfestlegbarkeit und Unaufrichtigkeit seiner Figuren vielfach interpretiert. Mit Fokus auf *Die Tigerin* vgl. Ewout van der Knaap: Verletze alle Gesetze, auch die eigenen. Die kalte Praxis von Serners Verhaltensregeln in *Die Tigerin*. In: Ders. / Moritz Baßler (Hrsg.): *Die (k)alte Sachlichkeit. Herkunft und Wirkungen eines Konzepts*. Würzburg: Königshausen & Neumann 2004, S. 31–40.

innerhalb des Milieus verweist, etabliert die Figur als Instanz der Absenz: Abwesenheit von Biographie, von Ereignissen, von Affekten, von Bedeutung.

Insbesondere diese semantische Lücke begleitet den Leser durch den gesamten Roman und wird in aller Prägnanz von der Tigerin höchstpersönlich manifestiert. Wenn Bichette spricht – denn häufig kommuniziert sie auch in onomatopoetischem Gejaule und bruitistischem Geschnaufe oder verfällt stundenlangen mysteriösen Weinkrämpfen –, spricht sie Argot, jenen lumpenproletarischen Soziolekt, der mit eigenen injuriösen und vulgären Neologismen angereichert – „Schlaß“ (S. 56 u. a.), „Schnock“ (S. 8 u. a.) oder „Schlingue“ (ebd. u. a.) – einen kontemporären *street slang* simuliert.

Ein Verweis auf den Konstruktions- und Kompositionscharakter des Literarischen ist allerdings nicht nur in Bichettes sprachlicher Kreativität vorhanden, sondern am deutlichsten in einem entscheidenden Problemfeld des Romans angelegt, der sich mit der Liebe im Umkreis des harmonie- und stabilitätsfeindlichen Spelunken-Paris beschäftigt. Um dem Leerlaufen, das auch Bichette plagt, eine weitere Leerstelle entgegenzusetzen, beschließt das Paar, Ro- und Semantik auf Befehl einzuführen, freilich heuristisch konterkariert:

> „Ja, Fec, ja, Fec, machen wir doch etwas! Etwas Neues! Etwas ganz Neues!... Machen wir doch – *uns*!“ (S. 19)
> „Hör, Bichette, wir müssen uns – *lieben!* Das muß – *gemacht* werden“. (S. 23)
> „Bichette, hörst du, ich liebe dich... Und du liebst mich... Abgemacht?“ (S. 24)

Ohne zu wissen, ob die eigentliche Vorsicht unter Halbweltlern parallel zu diesem Kontrakt suspendiert wird, beschließen sie die Codierung des Beisammenseins als verbindliche Liebe, welche mit der Entdeckung des Leerlaufens als höherer Gemeinsamkeit zugleich das Prinzip der traulichen Verbundenheit in der Größenordnung eines Werthers mit Lotte und ihrer gedanklich-emotionalen Synchronisierung, die sich über „Klopstock“[20] äußert, kriminell gefärbt aufruft. Ihre buchstäbliche Wahlverwandtschaft konstituiert so die Anti-Liebe zwischen Romeo und Julia *from the underground*: Bichette und Fec begeben sich mit ihrem Projekt auf unsicherstes Terrain, da sie beide als Betrüger der Betrüger firmieren und letztgültiges Vertrauen, das

20 Vgl. Johann Wolfgang Goethe: Die Leiden des jungen Werthers. In: Ders.: *Sämtliche Werke. Briefe, Tagebücher und Gespräche*, Bd. I/8, hrsg. v. Waltraud Wiethölter. Frankfurt am Main: DKV 1994, S. 9–267, hier S. 52.

auch durch die ratifizierte Vereinbarung nicht in vollem Wert zurückgeholt werden kann, somit komplett auszuschließen ist. In jedem Fall spielen sie falsch, denn entweder sind sie zueinander unehrlich und stricken somit das altbekannte Muster des betrogenen Betrügers fort, oder sie installieren mit Romantik und Sentimentalität Fremdkörper in ihre Hemisphäre, die von dieser üblicherweise sogleich abgestoßen werden müssten und defraudieren in diesem Zuge die von Serner sonst rein sexuell und merkantil denotierten zwischenmenschlichen Beziehungen.

Doch auch das Liebeskonzept bleibt seinerseits nicht unbefleckt: Der intime Prozess des Sich-Verliebens und Liebens wird als projektartige Konstruktion und Verfertigung eines Kugelmenschen, als Truc, vom kontingenten Innenleben ausgelagert und an die Handlungsfähigkeit des intellektuell dominanten Hochstaplers delegiert. Diese offensive und offen verhandelte Kontrafaktur des Prinzips holt es per Ausschluss auf den Verhandlungstisch zurück, von dem es sich den gesamten Roman über nicht erheben wird. Die Unsicherheit bleibt unter den Figuren selbst bestehen und löst sich daher auch nicht für den Rezipienten. Hermeneutisch demnach unbefriedigend, entfaltet es erst seine eigentliche semantische Qualität: Liebe ist unzuverlässig und sich selbst antithetisch. Nur mit der Unsicherheit besteht auch die Potentialität von Liebe, selbst wenn diese zu aktualisieren unmöglich ist. Selbstverständlich sind die promiskuitiven, auf den sexuellen Akt bzw. den machttheoretischen Prozess der Eroberung ausgerichteten Liebesverhältnisse bei Serner als ein zunächst psychologischer und sozialer Gegenentwurf zur romantischen Liebeskonzeption lesbar, der in der *Tigerin* allerdings nicht im Kontrast der rein pragmatischen neusachlichen Liebe aufgeht.[21] Stattdessen wird die einhergehende Unverbindlichkeit der sexuell freizügigen Subkultur mit einer generellen Unverbindlichkeit der Gefühle zusammengedacht. Diese Unverbindlichkeit korrespondiert mit rezeptionstheoretischen Kontexten des Literarischen.

War im Hinblick auf Serners Kurzerzählungen noch von einer Entromantisierung des Manolescu-Hochstaplers zu sprechen, so

21 Vgl. zu diesen beiden Konzepten u. a. Elke Reinhardt-Becker: *Seelenbund oder Partnerschaft? Liebessemantiken in der Literatur der Romantik und der Neuen Sachlichkeit.* Frankfurt am Main / New York: Campus 2005. Vgl. auch Hans Richard Brittnacher: Betrug auf hohen Touren. Walter Serners Poetik sozialer Mobilität. In: Ders. / Magnus Klaue (Hrsg.): *Unterwegs. Zur Poetik des Vagabundentums im 20. Jahrhundert.* Köln / Weimar / Wien: Böhlau 2008, S. 71–88, hier S. 80–81.

unternimmt die *Tigerin* einen Versuch der Entromantisierung dieser Entromantisierung, indem das freizügige Liebeskonzept selbst betrogen wird. Die Simulation der Liebe changiert zirkulär zwischen der libidinösen und physischen Einigung im Sinne eines Projekts bzw. Experiments und den ständig präsenten Fragen nach dem Stellenwert einer etwaigen Zweckgemeinschaft, die als ökonomische Kooperation *with benefits* der im Laufe des Romans miteinander verübten Trucs fungiert.

Nach dergestalt mehr oder weniger erfolgreichen Aktionen in französischen Kurorten verschwindet Bichette jedoch plötzlich, ohne Nachricht. Fec ist mit jenem Rätsel konfrontiert, das sich auch dem Leser stellt: der Haftbarmachung von Bichette für eine schlüssige Interpretation, der Lesbarkeit der Ereignisse und sogar der Lesbarkeit von sich selbst. Denn inwiefern die Figuren ihrerseits unsicher sind bezüglich der Authentizität ihrer Beziehung, bleibt ebenfalls vage. Interne Fokalisierungen sind rar, was nicht verwundert, schließlich laufen beide Figuren leer. Es gibt nichts zu fokalisieren. Finden Introspektionen statt, erhalten wir kaum Zugriff auf das emotionale Inventar der Personen, sondern werden dort lediglich mit einer Generalverunsicherung, der Tatsache des Nicht-Wissens konfrontiert: „Es gab Augenblicke, wo Fec nicht mehr wußte, was er von all dem denken sollte". (S. 51) Die Verschiebung der Erzählsituation von der ersten Person des Memoiren-Genres in die dritte Person des ironisierenden und banalisierenden Voyeurs der Demimonde kann so bereits als entscheidende formale Rekonfiguration des Themas gewertet werden.

Diese neue poetische Möglichkeit der Leere mündet im Blei: Am Ende des Romans wird Fec von einem früheren Geliebten Bichettes erschossen. Die Kugel galt eigentlich bzw. angeblich ihr und ist somit eines der letzten und eindrucksvollsten Stilmittel der Verirrung: Fec geht mit einem kontingenten Knall, der in akustischer Übertönung des *logos* gleichsam das Leerlaufen performativ greifbar macht und mit der Schrecksekunde im Text und für Bichette, als Semantik des Revolvers, das gewalttätige Kommunikat der Kommunikationsstörung figuriert. Schließlich kann auch Bichette, wohlgemerkt in direkter Rede, die betreffende Frage nicht beantworten: „‚Ob ich ihn geliebt habe? Ob er mich geliebt hat? O Gott, wenn ich das nur wüßte! Ich glaube, ich werde noch wahnsinnig'". (S. 134) Die Nachricht der Kugel erreicht auf diese Weise gerade über den Irrweg ihr eigentliches Ziel.[22]

22 Inwiefern sich diese Kugel ggf. als Modifikation eines *lettre volée* bzw. eines *lettre en souffrance* untersuchen lassen könnte, die zweifelsohne ihren Bestimmungsort erreicht

Zuvor findet ein exzessives, beinah ein Drittel des Erzählumfangs belegendes Gespräch zwischen der Tigerin und Fee statt. Dieser Dialog ist die intersubjektiv dramatisierte Vorwegnahme eines Kommentars und einer Interpretation des vorangegangenen Erzählten und Erzähltes zugleich, das von der fliegenden Kugel als Kommunikationsinterferenz abgebrochen wird. Der bedeutungssuspekte Charakter dieser Debatte findet hierin seine gleichermaßen akustische wie vergegenständlichte Entsprechung. Zwei Exegeten ihrer Geschichte versuchen sich im Zwiegespräch einerseits vergeblich am Close-Reading des Geschehenen und ringen andererseits um die Deutungshoheit über das Ambivalente und am Text nicht mehr zu Belegende.[23] Die Ereignisse summarisch aufzuarbeiten scheitert an den ständig kippenden Machtverhältnissen der Kontrahenten. Eitelkeit und Überlegenheit werden als essentielle Ingredienzien des metaliterarischen Diskurses ausgestellt, die als Kompensation zum verlorengegangenen Sinn herhalten.

Dabei sind alle Unwägbarkeiten, die vorher in Form geheimer Zeichen des Textes für eine etwaige echte Liebe als Köder ausgestreut und auch von den beteiligten Akteuren teilweise als solche verstanden wurden, mit Funktionen a posteriori belegt, sogenannten „Hinterher-Motivationen" (vgl. u. a. S. 112). Kausalität ist hierin lediglich das Ergebnis arbiträrer Konstruktionen, die einer Gegenwartsideologie, einem herrschaftsspezifischen Interesse unterworfen sind. Sie sollen einerseits Dominanz über die/den jeweils Andere/n erzeugen und beanspruchen andererseits interpretatorische Souveränität über die gemeinsame Geschichte. Bichette decodiert unter dieser Prämisse beachtlich und gelungen ihren kryptischen Weinkrampf vom Beginn der Erzählung als simuliert und darin nicht-bedeutend: „‚Und man macht sogar Weinkrämpfe'" (S. 104), insinuiert sie, worin das Prädikat vom „machen" bereits jenen Charakter des Aufbauens und Produzierens verbalisiert, der so auch die Produktion wiederum dieser Behauptung zu infizieren droht.[24] Gerade in der vorgeblichen

hat, wäre eine umfassendere Überlegung wert. Vgl. Jacques Lacan: Das Seminar über E. A. Poes „Der entwendete Brief", aus d. Franz. v. Rodolphe Gasché. In: Ders.: *Schriften*, Bd. 1, hrsg. v. Norbert Haas. Berlin / Weinheim: Quadriga 1996, S. 7–60.

23 Der Relativismus als Theorie und Praxis in Kommunikation, Sprache, Moral, Kunst etc. ist Serners durchgängigster Topos, programmatisch etwa im *Prinzipiellen Handbrevier* zusammengefasst: „Weltanschauungen sind Vokabelmischungen". (Serner: Das Prinzipielle Handbrevier, S. 16.) Zur Ideengeschichte der Zwischenkriegszeit vgl. Lethen: *Verhaltenslehren*, S. 64–66.

24 Der Parallelismus des „Machens" in Serners Roman wurde eingehend von Hans

Enthüllung verbirgt sich der Mechanismus des Textes als Nicht-Bedeuten: zunächst auf der nominellen Ebene, für die Bichette mit ihrer Behauptung einsteht; sodann auf der strukturellen Ebene, da ihre Äußerung ebenso als Simulation zu verstehen sein könnte und hierin potentiell alle Sprechakte kannibalisiert. Sind angeblich schon die körperlichen Dispositionen und Automatismen zu steuerbaren Fähigkeiten aufgewertet, werden die Akte der Kommunikation bedeutungslos, so auch dieser. Bichette bietet eine Interpretation des Bedeutungsleeren, die aus sich heraus selbst fragwürdig ist und damit als einschlägiges Prinzip dieser Narration benannt und gleichzeitig als Verfahren exhibiert wird.
Das Indizienspiel gerät zur Aporie, nicht im Sinne eines unauflösbaren Dissens zweier Dialogpartner miteinander, sondern im Sinne einer fundamentalen Störung zwischen Sprechen und Verstehen, zwischen dem hermeneutischen Fragen bzw. dem assertorischen Reden und einem transzendentalen Zeichen, dessen leerer Platz mit der Aporie markiert wird. Die eigenen Behauptungen verweisen in dieser spezifischen Verhandlung über die Vergangenheit auf ein chronologisch Gewesenes sowie semiotisch Vergängliches, denn die Begebenheiten sind genauso leer wie das Innenleben der Figuren. Die Fiktion ist jenseits von Wahrheitswerten als Sprechakt theoretisiert, da die empirische Zuverlässigkeit des Geschehenen als sekundär und stets der Ambiguität zuarbeitende Kulisse desavouiert wird.
Prägnant ist Bichettes Antwort auf die Frage nach den Umständen ihrer plötzlichen Flucht, der Frage, die das ganze Gespräch initiiert, auf die Fec immer wieder zurückkommt, und die er darin als Stellvertreter für den Verlust des Verstehens patentiert. Wir bekommen innerhalb dieser Eintragung tatsächlich als sich selbst verschiebende Antwort den Selbstzweck des Rätsels serviert: „‚Ich blieb nur, um zu einer Zeit davonlaufen zu können, wo ich dir die meisten Rätsel zu knacken geben würde. Wo es ganz unwahrscheinlich und unerklärlich erscheinen mußte, daß ich davonlief.'" (S. 106)
Dieser Vorschlag löst das Enigma nur, insofern er auf ein weiteres Rätsel, auf eine Rätselstruktur, mithin den Willen zum Rätsel verweist.

Richard Brittnacher herausgearbeitet, vgl. Brittnacher: Betrug, S. 81–82. Die Analytik der „Hinterher-Motivationen" in Gestalt der Weinkrampf-Debatte ist außerdem Gegenstand der Lektüre in Manfred Geier: Nachträglichkeit. Eine absonderliche Zeiterfahrung – Stichworte zu Walter Serners „Tigerin". In: Winrich C.-W. Clasen / Gertrud Lehnert-Rodiek (Hrsg.): *Zeit(t)räume. Perspektiven der Zeiterfahrung in Literatur, Theologie und Kunstgeschichte.* Rheinbach-Merzbach: CMZ 1986, S. 29–42, hier S. 34–36.

Symptomatisch imitiert Fecs letztgültige Resignation vor dem Verstehen die Rezeptionshaltung: „Fec, der jetzt wirklich davon überzeugt war, ihr nichts glauben zu können, suchte nach einem für ihn vorteilhaften Abschluß des Gesprächs". (S. 122)
Dieses Pastiche des gesamten Romans enthüllt das leergelaufene Innere des Hochstaplers als inhaltslose, aber gerade darin bedeutende Lücke hinter einem umso persuasiveren potemkinschen Dorf. Bedeutend ist sie, weil sie in Form einer intersubjektiven Korrelation – in diesem Fall zwischen Bichette und Fec – magnetische Zentrifugalkräfte in Bewegung setzt, die zwar nicht letztgültig als Liebe identifizierbar, aber immerhin als Anziehung zwischen leeren Zentren nachvollziehbar sind. Die ausgehöhlte Persönlichkeit des Hochstaplers und seines Milieus wird zur strukturellen Spiegelung eines Signifikationstotalismus und -pluralismus des literarischen Textes umfunktioniert. Der Hochstapler hält als Figuration einer absenten Verbindlichkeit und des Misstrauens her, die eine Priorität des Diskutierens, der sprachlichen und argumentativen Überlegenheit vor einen fassbaren Zustand der Präsenz stellt.
Diese ätherische Figuration bündelt sich im Bild des synästhetischen Duftes, in den Fec verschwinden möchte, der sich aber selbst stetig entzieht, ohne jemals – diegetisch und textuell – ganz verschwunden zu sein.

„Das Ende ist immer eine Art von Duft"

> „Das Ende ist immer eine Art von Duft, meine verehrte Meisterin."
> „Er zitiert mich auch noch."
> „Eigentlich zitiere ich mich – durch dich."
> „Dichtest du schon wieder, du Kamel?"
> „Idiotin!"
> „Merci."
> Sie lachten beide. Es klang, ohne es zu sein, herzlich. Dann faßten sie einander an den Händen. Keiner von beiden wußte jedoch, wer die Hand des andern ergriffen hatte. (S. 124)

Noch einmal lohnt es, auf die Konstanz des Vagen hinzuweisen. In dieser Passage wird gleichsam auf die textuelle Dimension dieses Problems gedeutet – die Validität des Zitats im Zitat –, die sodann paradigmatisch mit dem Dichter einen metaliterarischen Diskurs aufruft. Da der Text sich hier gewissermaßen zum wiederholten Male selbst zitiert, ist auch der Eindruck des Selbstkommentars über klar akzentuierte Redundanzen intensiviert. Das spontanistische Moment des Dialogausschnittes betont des Weiteren den bipolaren Charakter des Gesprächs, welches aus feurigen und verletzenden Wortgefechten heraus mitunter ein derartiges Ritardando der Harmonie anstimmt, in dem die Beleidigung mit einem „Merci" sowie gemeinsamem Lachen quittiert wird; die gereizte Stimmung relativiert sich angesichts solcher Nivellierungen des Gesprächsmodus. Der Erzähler lässt jedoch keine Sekunde vergehen, ohne diesen Eindruck abermals zu drosseln, indem die Einigkeit des Lachens als Einklang in Frage gestellt wird. Ein Lachen, das nicht herzlich sein soll, allerdings doch herzlich klingt, entschärft seine semiotische Potenz, nämlich seine Möglichkeit der akustischen Konnotation, die lediglich sprachlich eindeutig als vage bestimmt werden kann. Die Referenz auf die Sinne nebst der Hinzuziehung von verbaler Harmonie komplettiert den Modus der Entromantisierung einer Entromantisierung: Sofern Serners promiskuitiver und so hartgesottener wie ironischer Hochstapler den Diskurs vom Fürsten der Diebe unterminierte, wird hier durch die Konstruktion von Monogamie abermals ein Kontrast provoziert, der hinter das alte Bild nicht zurückschreitet. Die Ambivalenzen und Ambiguitäten sind darin auch eine Absicherung, diesen regressiven, mithin reaktionären Schritt nicht vollzogen zu haben. Insofern kann auch keine Gewissheit darüber bestehen, wer von beiden die Hand des anderen als erstes ergreift: Die Negation, das Nicht-Wissen, die Unentschlossenheit, das Leerlaufen findet hier wieder chemisch und wahlverwandt auf Augenhöhe zusammen, so wie es sich daraufhin, durch die Kugel geschieden, abermals und diesmal endgültig abzuspalten hat.

Vor diesem Hintergrund lässt sich auch Huelsenbecks Manolescu-Anrufung präzisieren: Vielleicht hat er nämlich doch kein so schlechtes Beispiel gewählt, denn mit der Einmietung Manolescus als Fürst am Kaiserhof, wie Huelsenbeck formulierte, ohne die Zeche zahlen zu können, ist auch ein Titel seiner Memoiren angerufen – *Ein Fürst der Diebe* – und damit der eigentliche Anspruch, den Manolescu nicht einlösen kann. Das illegitime Einkehren in die exklusive Verbrecheraristokratie, für die er letztendlich aufgrund seiner scheinheiligen Expropriation des Milieus nicht kreditwürdig ist, lässt ihn allenfalls als transistorischen Hochstapler gelten, der nur zum Mann der Masken wird, um es irgendwann nicht mehr sein zu müssen. Dass er dennoch als prominenter Trickster zirkuliert, macht ihn zum Schaf im Wolfspelz, zum falschen Fürsten, der sich unter den Adel der literarischen Demimonde gemischt hat. Insofern haben wir es mit einem trivialen

Fall von Betrug des Betrügens zu tun, eventuell von Huelsenbeck ironisch entlarvt und bei Serner auf den schwankenden Boden seiner Tatsachen zurückgeholt.
Dessen Ausschnitte einer demgegenüber permanenten und konsequenten Welt der infinitesimalen Schimären differenzieren das Charakteristische des Hochstaplers, bis hin zum massiven Karriereschub Bichettes nach Fecs Tod, und selbstverständlich auch bis zu dessen eigener Konstanz der fluoreszierenden Sehnsucht nach jenem Duft, in den ihn das profane, aber laute Zischen einer Pistolenkugel orchestral hinabreißt.

Nachahmung und Theatralität
All about Eve im Licht der Philosophie Stanley Cavells

Bernhard Stricker

> I shall never understand the weird process by which a body with a voice suddenly fancies itself as a mind!
> Just when exactly does an actress decide they're her words she's saying and her thoughts she's expressing?
>
> (Lloyd in *All about Eve*)

Einen Film mit philosophischen Mitteln interpretieren zu wollen – das bringt möglicherweise zunächst den Verdacht mit sich, hier werde ein philosophisches Theoriegebäude anhand eines filmischen Werks nur mehr illustriert. Im Fall Stanley Cavells liegen die Dinge hingegen anders, denn Cavell hat das, was er „Emersonian perfectionism" nennt, seine von Ralph Waldo Emerson inspirierte Ethik des guten Lebens, in enger Auseinandersetzung mit dem Medium des Films und auf dem Wege konkreter Analysen von Hollywood-Klassikern der 1930er- und 1940er-Jahre entwickelt.[1] Dabei hat er sich überraschenderweise niemals ausführlich *All about Eve* (USA 1950, R: Joseph L. Mankiewicz) gewidmet, einem Film, in dem gleichwohl viele zentrale Anliegen von Cavells Denken angesprochen werden. Diesen Korrespondenzen möchte der vorliegende Beitrag darum im Folgenden nachgehen. Dabei wird sich auf dem Weg einer Untersuchung des Moments der Theatralität zeigen, wie *All about Eve* an zentraler Stelle Elemente auch der Philosophien Emersons und Nietzsches aufgreift.

1 Vgl. dazu insbes. Stanley Cavell: *Cities of Words. Pedagogical Letters on a Register of the Moral Life*. Cambridge / London: The Belknap Press of Harvard University Press 2004.

Sprechen lernen: vom Zuschauer zum Darsteller

All about Eve, zweifellos einer der erfolgreichsten Hollywood-Klassiker der Filmgeschichte, ist immer noch legendär aufgrund seiner 14 Oscar-Nominierungen (von denen er sechs gewann), und hat auch für den heutigen Zuschauer nichts von seiner Faszination eingebüßt. Der Film erzählt die Geschichte der jungen Eve Harrington (Anne Baxter), die Abend für Abend ein und dasselbe Stück im Theater ansieht, bis sie eines Tages durch Karen Richards (Celeste Holm), die Ehefrau des Autors (Hugh Marlowe), zufällig den Weg in die Garderobe der Starschauspielerin Margo Channing (Bette Davis) findet. Sie kann deren Interesse mit der Erzählung ihrer – wie sich später herausstellt: erfundenen – Lebens- und Leidensgeschichte wecken und wird so ihre Freundin. Margo wird jedoch bald schon eifersüchtig auf die wesentlich jüngere Eve aufgrund ihres Charmes, der auf alle in Margos Umgebung – offenbar auch ihren Lebenspartner, den Regisseur Bill Sampson (Gary Merrill) – ausstrahlt. Ihre Freundschaft findet endgültig ein Ende, als Eve nicht nur Margos Zweitbesetzung im Theater, sondern auch die für Margo geplante Hauptrolle in einem neuen Stück übernimmt, für die sie schließlich sogar mit einem renommierten Theaterpreis ausgezeichnet wird. *All about Eve* zeigt, kurz gesagt, wie eine Zuschauerin selbst zur Darstellerin wird, oder: den Weg vom Fan zum Star – eine Variante des amerikanischen „from rags to riches"-Mythos. Man könnte auch sagen: Der Film zeigt, wie eine Zuhörerin sprechen lernt, wie sie sich von der passiven Position im Publikum aus ihre Rolle auf der Bühne erkämpft und eine eigene Stimme erhält. Etwas geht jedoch nicht gut auf diesem Weg von der Zuschauerin zur Akteurin, denn am Ende steht Eve zwar als erfolgreiche Schauspielerin, dafür jedoch einsam und isoliert von ihren Freunden da. Die Gründe dieses Misserfolges im Erfolg nachzuzeichnen, bedeutet, die Kritik am Starkult, welche *All about Eve* enthält, nachzuvollziehen.[2] Diese lässt sich ausbuchstabieren als eine

2 Dem Starkult widmet sich etwa Edgar Morins Buch *Les Stars*. Paris: Éditions du Seuil 1972. Morin sieht nicht den Grund für das Phänomen der Verehrung von Stars in deren schauspielerischem Können oder in den Vermarktungsstrategien der Kino-Industrie, sondern darin, dass Stars eine Antwort auf ein der Anonymität und Tristesse des Alltags des Publikums entsprungenes reales Bedürfnis bieten: „En dernière analyse, ce n'est ni le talent ni l'absence de talent, ni même l'industrie cinématographique ou la publicité, c'est le besoin qu'on a d'elle qui crée la star. C'est la misère du besoin, c'est la vie morne et anonyme qui voudrait s'élargir aux dimensions de la vie du cinéma. La vie imaginaire d'écran est le produit de ce besoin réel. La star est la projection de ce besoin." (Ebd., S. 91.) Die im Folgenden vorgelegte Interpretation

Kritik falscher oder falsch verstandener Ideale: Indem Eve sich zu dem Ort erhebt, von dem eine Bedeutung auf ihr gewöhnliches, alltägliches Leben auszustrahlen schien, fällt ihr gerade nicht der Glanz zu, den sie sich erhofft hatte, sondern wird ihr eine Enttäuschung zuteil, die sie sich selbst und ihren engsten Freunden entfremdet.
Um eine Kritik falscher Ideale geht es auch in den *Philosophischen Untersuchungen* Ludwig Wittgensteins, an die Stanley Cavells Philosophie der Alltagssprache anschließt.[3] Die von Wittgenstein entwickelte Auffassung, dass die Bedeutung eines Ausdrucks in der Art und Weise seines Gebrauchs besteht, entsteht in kritischer Auseinandersetzung mit metaphysischen Bedeutungstheorien, welche Bedeutung als ‚gegeben' verstehen, d. h. als unabhängig von der jeweiligen konkreten Verwendung eines Ausdrucks durch einen Sprecher in einem spezifischen Kontext.[4] Nach Wittgenstein haben die Ausdrücke unserer Sprache Bedeutung nicht deshalb, weil sie als Abbilder von Gegenständen, mentalen Bildern oder Ideen fungieren, sondern weil sie Teil einer gemeinschaftlichen Praxis des Sprechens sind.[5] Im Rahmen dieses Sprachverständnisses ist die Art und Weise, wie wir Sprache lehren und lernen, von entscheidender Bedeutung.[6] Jedoch gelangen wir zu einem verzerrten Verständnis von Sprache oft genug gerade deswegen, weil der Spracherwerb außerhalb unserer Erinnerung liegt, die ihrerseits in vielerlei Hinsicht schon auf Sprache beruht. Indem Wittgensteins *Philosophische Untersuchungen* die Erinnerung an den

der in *All about Eve* verfochtenen Kritik am Starkult weist zweifellos eine gewisse Nähe zu Morins Ideen auf, unterscheidet sich aber grundlegend in ihrem Vorgehen. Zur Entstehung des sogenannten *star system* in Amerika s. a. Richard de Cordova: *Picture Personalities. The Emergence of the Star System in America.* Champaign: University of Illinois Press 2001. Im Gegensatz zu Morins eher sozial-anthropologisch fundierter Analyse des Starkults als auf mythischen Relikten beruhend stehen für De Cordova die mit dem *star system* verbundenen ökonomisch-strategischen Interessen im Vordergrund.

3 Vgl. Ludwig Wittgenstein: Philosophische Untersuchungen. In: Ders.: *Werkausgabe*, Bd. 1: Tractatus logico-philosophicus. Frankfurt am Main: Suhrkamp 2006, S. 225–580, hier bspw. S. 297 (§ 105): „Wenn wir glauben, jene Ordnung, das Ideal, in der wirklichen Sprache finden zu müssen, werden wir nun mit dem unzufrieden, was man im gewöhnlichen Leben ‚Satz', ‚Wort', ‚Zeichen' nennt." Zu Wittgenstein siehe auch Stanley Cavell: The Availability of Wittgenstein's Later Philosophy. In: Ders.: *Must We Mean What We Say?* Cambridge: Cambridge University Press 2002, S. 44–72; ders.: *The Claim of Reason. Wittgenstein, Skepticism, Morality, and Tragedy.* New York / Oxford: Oxford University Press 1999, insbes. S. 168–190.

4 Wittgenstein: Philosophische Untersuchungen, S. 237–238. (§ 1).

5 Vgl. ebd., S. 262 (§ 43).

6 Vgl. ebd., S. 239 (§ 5).

immer schon vergangenen Erwerb von Sprache wachzurufen versuchen, vermitteln sie uns ein Verständnis der Bedeutung des Sprechens überhaupt und der transzendentalen Rolle der Sprache.
Die Fähigkeit zu sprechen wird nun Wittgenstein zufolge nicht erworben, indem einem die Bedeutung von Ausdrücken erklärt wird (was letztlich voraussetzen würde, dass die Bedeutung eines Ausdrucks von diesem selbst abtrennbar und für sich gegeben wäre). Die Initiation in die Gemeinschaft der Sprechenden vollzieht sich vielmehr auf dem Wege, dass dem Sprach-Lernenden die Verwendung von Ausdrücken beispielhaft vorgeführt wird, sodass er in den Stand versetzt wird, diese selbst zu gebrauchen. In dieser Hinsicht beruht die Sprachverwendung des Lernenden auf Nachahmung seiner Lehrer. Sofern jedoch keine allgemeine Regel für die Verwendung eines Ausdrucks in allen möglichen Situationen gegeben werden kann, bleibt die Vermittlung der Bedeutung eines Ausdrucks auf die Eigeninitiative des Lernenden, seine Fähigkeit zur Projektion des Ausdrucks in neue Kontexte, angewiesen.[7] Das Lehren von Sprache stößt hier unweigerlich an eine Grenze, an welcher der Lernende selbst imstande sein muss, die Reihe möglicher Verwendungen eines Ausdrucks fortzusetzen. Sprechen beruht nach diesem Verständnis also auf der Anerkennung zweier konstitutiver Eigenschaften der Sprache: dass sie sowohl eine Gemeinschaft wie auch eine Differenz der Sprecher instituiert – eine Gemeinschaft, insofern meine Worte nur als Ausdrücke einer geteilten Sprache eine Bedeutung haben, und eine Differenz, insofern Sprache auf meinen tatsächlichen Gebrauch angewiesen ist, um überhaupt etwas zu bedeuten. Diese Eigenschaften machen die Konventionalität von Sprache aus und implizieren letztlich, dass Sprechen sowohl auf der Endlichkeit jedes Sprechers beruht (meine Worte gehören nicht mir, sondern bedeuten nur etwas, sofern ich sie mit anderen teile) als auch eine Verantwortung seitens des Sprechers beinhaltet (nur wenn ich sie tatsächlich gebrauche, haben meine Worte Bedeutung).
Metaphysische Bedeutungstheorien, wie Wittgenstein sie kritisiert, sind nun von einem Ungenügen an der Konventionalität der Bedeutung motiviert, das Cavell in seinem systematischen Hauptwerk *The Claim of Reason* (1979) als Verweigerung der Anerkennung ebenjener Endlichkeit und Verantwortlichkeit versteht, welche Sprechen impliziert. Im Lichte von Vorstellungen idealer Reinheit, Notwendigkeit

7 Vgl. hierzu insbes. Cavell: *The Claim of Reason*, S. 168–190.

und Absolutheit des Wissens erscheint die gewöhnliche Sprache schließlich als minderwertig und unbefriedigend, während es eigentlich darauf ankäme, eben den Gründen nachzuspüren, welche überhaupt ein Verlangen nach einem Ort idealer Bedeutungen entstehen lassen.

Was hat das alles nun mit *All about Eve* zu tun? Sehnt sich nicht auch Eve nach einem idealen Ort, wie ihn für sie die Bühne darstellt? Jene Bühne, die ihrem Leben allabendlich, wenn sie im Publikum sitzt, ein wenig von der Bedeutung verleiht, die sie außerhalb des Theaters so schmerzlich vermisst? Und wenn man sagen kann, dass sie selbst sprechen lernt, eine Stimme erhält, indem sie Schauspielerin wird, was ist es dann, was ihren Lernerfolg und den Verlust, der damit einhergeht, ausmacht?

Nachahmung und Theatralität

Tatsächlich besteht Eves ‚Ausbildung' zunächst in einem Prozess der Nachahmung: Sie beginnt, ihr Vorbild Margo zu imitieren, und es ist diese unmerklich zunehmende Nachahmung, die Margo zuerst Unbehagen bereitet, als sie ihrer gewahr wird. Imitiert zu werden, weckt bei Margo zunächst die Angst, von einer jüngeren Konkurrentin abgelöst zu werden, also ersetzbar, nicht einzigartig zu sein. Sie möchte, wie sie sagt, dass ihr Lebenspartner Bill *sie* liebt, nicht „Margo Channing" – und diese Differenz zwischen ihrer Wahrnehmung durch andere und der Weise, wie sie wahrgenommen werden möchte, wird für sie erstmalig erfahrbar durch Eves Auftreten als ihr Double. Sie spürt plötzlich, wie wenig die Worte, die sie für ihre eigenen gehalten hat – bis hin zu ihrem Namen –, ihr wirklich gehören. Margo gelingt es, dieser Lektion Anwendung zu verleihen durch den Verzicht, als sie beschließt, eine neue Rolle abzulehnen, die zwar für sie geschrieben ist, aber eine Schauspielerin jüngeren Alters erfordert. Margos Selbstüberwindung koinzidiert und kontrastiert an dieser Stelle mit Eves Selbstbehauptung, die vor unlauteren Mitteln wie der Erpressung ihrer Freundin Karen nicht zurückschreckt, mit der sie sich die Rolle, von der Margo nun freiwillig zurücktritt, längst erobert hat. Während Margo durch ihren Verzicht sich selbst, ihr Alter und ihre Rolle als Ehefrau anzunehmen lernt, verliert Eve durch die Verstellung und die Nachahmung einer anderen die Möglichkeit eines authentischen Verhältnisses zu sich selbst, gerade indem sie die angestrebte Hauptrolle bekommt.

Eve ist eine Figur, deren Wirkung auf den Zuschauer in der ersten Hälfte des Films zwischen Anteilnahme und Unbehagen oszilliert. Erst spät erweist sich, dass sie tatsächlich nicht so unschuldig an Margos Eifersucht ist, wie der Zuschauer zunächst denkt, da sie mit Hilfe des Theaterkritikers Addison DeWitt (George Sanders) gegen diese intrigiert hat, um ihre Rolle zu bekommen. Erst kurz vor dem Ende des Films erfahren wir schließlich, dass Eve ihren Aufstieg von Anfang an einer Hochstapelei verdankt, weil ihre Lebensgeschichte, mit der sie Margos Sympathie erworben hat, bloße Erfindung gewesen ist. Auf diese Weise hat Eve sich in Distanz zu ihren Mitmenschen und Freunden gebracht, indem sie sie zu ihren Zuschauern anstelle von Gesprächspartnern gemacht hat, und mit ihrer initialen Lüge hat sie von Beginn an die Grenzen von Theater und Wirklichkeit verwischt.

Theater ist zweifellos die alles bestimmende Metapher in *All about Eve* – „theatre is everywhere", wie Bill sagt: Margo bereitet sich auf ihren Auftritt bei der eigenen Party nicht anders vor als für die Bühne; Bill wartet im Gespräch mit Margo auf seinen „cue"; die Atmosphäre auf der Party ist „Macbethish"; und Eve wird von Karen als „something out of a book" bezeichnet. Dabei fungiert Theater jedoch nicht vorrangig als Metapher des sozialen Rollenspiels; vielmehr geht es in *All about Eve* vor allem um Theatralität als Weigerung, die Konventionalität von Sprache und damit die eigene Gewöhnlichkeit anzuerkennen, um Theatralität also als degenerierte Form des Umgangs mit der Notwendigkeit, unsere Worte nicht nur zu sagen, sondern zu verkörpern, ihnen Anwendung und Bedeutung zu verleihen, und gleichzeitig zu akzeptieren, dass diese Worte ein von uns unabhängiges Leben führen.[8]

8 Mankiewiczs Faszination für das Theater ist wiederholt erörtert worden. Vgl. z. B. Vincent Amiel: *Joseph L. Mankiewicz et son double*. Paris: Presses Universitaires de France 2010. Amiel betrachtet Mankiewiczs Theater-Obsession nicht allein als generationsbedingtes Phänomen, d. h. als Folge der empfundenen Notwendigkeit, das Medium Film durch den Kontrast zum Bühnenschauspiel zu bestimmen, sondern auch als ‚europäisches' Erbe desjenigen, für den Shakespeare und Ben Jonson nach wie vor den Gipfel kultureller Errungenschaften darstellen: „Mankiewicz appartient à cette génération que le modèle théâtral continue de hanter, comme une structure invisible, un dessin que la tapisserie du film ne peut éviter. Et dans son cas peut-être s'ajoute une autre dimension, d'ordre social: le theâtre pour lui représente un monde intellectuel et cultivé, tout ce à quoi prétend ce fils d'universitaire européen pour qui Shakespeare ou Ben Jonson sont la quintessence de la civilisation." (Ebd., S. 59) Zur Bedeutung des Theaters für Mankiewicz vgl. auch Bernard F. Dick: *Joseph L. Mankiewicz*. New York: Twayne Publishers 1983, S. 163: „Mankiewicz's outstanding

Stanley Cavell spricht von Theatralität in diesem Sinne in seinem Essay über Shakespeare's *King Lear*.[9] Vor ihm war bereits John Austin im Rahmen seiner Vorlesungen *How to Do Things with Words* (1962) auf die Frage nach der Rolle des Theaters im Kontext einer Theorie sprachlicher Äußerungen zu sprechen gekommen. Dort heißt es an einer vielzitierten Stelle:

> [A]s *utterances* our performatives are *also* heir to certain other kinds of ill which infect *all* utterances. And these likewise, though again, they might be brought into a more general account, we are deliberately at present excluding. I mean, for example, the following: a performative utterance will, for example, be *in a peculiar way* hollow or void if said by an actor on the stage, or if introduced in a poem, or spoken in soliloquy. This applies in a similar manner to any and every utterance – a sea-change in special circumstances. Language in such circumstances is in special ways – intelligibly – used not seriously, but in ways *parasitic* upon its normal use – ways which fall under the doctrine of the *etiolations* of language. All this we are *excluding* from consideration. Our performative utterances, felicitous or not, are to be understood as issued in ordinary circumstances.[10]

Austin schließt hier Theater und Fiktionalität vorläufig aus der Untersuchung performativer Äußerungen aus, weil ihre Form der Unernsthaftigkeit ihm zufolge keine für *performative* Äußerungen *spezifische* Form des Misslingens ist. Berühmt ist diese Passage vor allem deshalb, weil sie von Jacques Derrida in „Signature événement contexte" (1971) zitiert und zum Angelpunkt seiner Kritik an Austin gemacht wird. Derrida wirft Austin vor, die konstitutive Rolle der Wiederholbarkeit von Äußerungen in unterschiedlichen Kontexten, ihre allgemeine „Zitathaftigkeit", zu ignorieren und damit einer Metaphysik der Präsenz zu verfallen. So sagt er:

> Denn ist nicht schließlich, was Austin als Anomalie, Ausnahme, „unernst", das *Zitieren* (auf der Bühne, in einem Gedicht oder in einem Monolog), ausschließt, die bestimmte Modifikation einer allgemeinen Zitathaftigkeit – einer allgemeinen Iterierbarkeit vielmehr –, ohne die es sogar kein „geglücktes" *performative* gäbe?[11]

achievement was to perceive theater in filmic terms and to show that theater exists wherever life is raised above the mundane and people aspire to higher, although not necessarily to better, forms of themselves. For the elevation of the self means the elevation of everything connected with the self including language. Even the act of raising the vernacular to the level of stage dialogue is part of the transfiguring process known as theater."

9 Vgl. Stanley Cavell: The Avoidance of Love. A Reading of *King Lear*. In: Ders.: *Must We Mean What We Say?*, S. 267–353, hier insbes. S. 333–334.

10 John Austin: *How to Do Things with Words*. Cambridge: Harvard University Press 1975, S. 21–22.

11 Jacques Derrida: Signatur Ereignis Kontext. In: Ders.: *Randgänge der Philosophie*,

Nach Derridas Interpretation von Austin wären Sprechakte im Theater diesem zufolge in derselben Weise ein abgeleitetes, sekundäres, letztlich parasitäres Phänomen wie es nach Condillac, dem sich Derrida im ersten Teil seines Vortrags widmet, die Schrift ist, nämlich insofern beide, Schrift und Theater, ernsthafte mündliche Sprechakte nur nachahmen oder verdoppeln.

Was Derrida in Austins kurzer Abhandlung des Theaters auszumachen meint, ist die verborgene Absicht, die Bedeutung von Sprechakten auf eine selbst-transparente Sprecher-Intention als Ursprung, auf die Präsenz einer Stimme also, zurückzuführen. Demgegenüber hat Cavell im Anschluss an Austin und Wittgenstein, wie oben gezeigt, die Rolle der Wiederholbarkeit von Äußerungen in unterschiedlichen Kontexten und die damit verbundene Einschränkung der Sprecher-Intentionalität durchaus bekräftigt. Auch Cavell zufolge wird die Tatsache, dass Worte nur durch ihre Wiederholung im Rahmen einer geteilten Sprachpraxis etwas bedeuten, allzu gern zugunsten der metaphysischen Vorstellung eines reinen, absoluten Ursprungs der Bedeutung vergessen. Daraus zieht er jedoch nicht die Konsequenz einer emphatischen Affirmation einer allgemeinen Differentialität oder *différance*, welche die Idealität der Bedeutung je schon unterminiert hätte; er widmet sich vielmehr in den Fußstapfen Wittgensteins dem unermüdlichen Nachweis der Widersprüche, die daraus entstehen, dass wir immer wieder außerhalb von Sprachspielen zu sprechen versuchen, d. h. die Konventionalität sprachlicher Bedeutung und die Bedingtheit, die dem Gebrauch einer gewöhnlichen, geteilten Sprache eignet, zugunsten eines unbedingten, ‚absoluten' Sprechens zu umgehen versuchen. Aus diesem Versuch eines Sprechens außerhalb von Sprachspielen resultiert nach Cavell der Verlust nicht der Bedeutung der Worte, aber der Verlust dessen, was wir mit ihnen meinen: Wir werden uns selbst undurchsichtig.[12] Dabei hat

aus d. Franz. v. Gerhard Ahrens. Wien: Passagen 1999, S. 325–351, hier S. 345. Eine ausführliche Auseinandersetzung Cavells mit Derridas Kritik an Austin findet sich in Stanley Cavell: *A Pitch of Philosophy. Autobiographical Exercises*. Cambridge / London: Harvard University Press 1994, S. 53–127.

12 „What is left out of an expression if it is used ‚outside its ordinary language game' is not necessarily what the words mean (they may mean what they always did, what a good dictionary says they mean), but what we mean in using them when and where we do. The point of saying them is lost. And how great a loss is that? To show how great is a dominant motive of the *Investigations*. What we lose is not the meaning of our words – hence, definitions to secure or explain their meaning will not replace our loss. What we lose is a full realization of what we are saying; we no longer know what we mean." (Cavell: *The Claim of Reason*, S. 207.)

unsere Nicht-Anerkennung der Konventionalität der Sprache ihren unbewussten Grund in einer Ablehnung der darin implizierten Verantwortung. Eine Form, welche diese Nicht-Anerkennung der Konventionalität des Sprechens annimmt, nennt Cavell „Theatralität". Anstatt unsere sprachliche Gemeinschaft mit und Unterschiedenheit von anderen anzuerkennen, rücken wir mit unseren Äußerungen dann unsere Zuhörer im gleichen Maße auf Distanz, wie wir uns selbst dagegen verwahren, Ausdruck in unseren Worten zu finden:

> How is acknowledgment expressed; that is, how do we put ourselves in another's presence? In terms which have so far come out, we can say: By revealing ourselves, by allowing ourselves to be seen. When we do not, when we keep ourselves in the dark, the consequence is that we convert the other into a character and make the world a stage for him. There is fictional existence with a vengeance, and there is the theatricality which theater such as *King Lear* must overcome, is meant to overcome, shows the tragedy in failing to overcome. The conditions of theater literalize the conditions we exact for existence outside – hiddenness, silence, isolation – hence make that existence plain. Theater does not expect us simply to stop theatricalizing; it knows that we can theatricalize its conditions as we can theatricalize any others. But in giving us a place within which our hiddenness and silence and separateness are accounted for, it gives us a chance to stop.[13]

Im Gegensatz zu Derrida ordnet Cavell also Sprechakte im Theater nicht einer allgemeinen Zitathaftigkeit unter. Vielmehr bestimmt Cavell die Beziehung zwischen Zuschauer und Bühnenfigur im Theater geradezu als Verbuchstäblichung der menschlichen Isolation, wie sie sich im alltäglichen Umgang dort findet, wo Anerkennung ausbleibt und wir uns hinter unseren Worten eher verschanzen als ihnen zu erlauben, etwas von uns zu zeigen. Das Theater wäre Cavell zufolge also der Ort, der die Einsicht in ein Missverhältnis zur Sprache erlaubt, bei welchem die Theatralisierung unseres Sprechens

13 Cavell: The Avoidance of Love, S. 333–334. Cavells Verwendung des Theatralitätsbegriffs weist Übereinstimmungen mit dessen Verwendung bei dem Kunsthistoriker Michael Fried auf. Cavell und Fried haben gegenseitig auf Parallelen in ihrem Gebrauch des Begriffs Theatralität hingewiesen. Bei Fried spielt er eine prominente Rolle etwa in *Art and Objecthood. Essays and Reviews.* Chicago / London: The University of Chicago Press, S. 153: „[T]he literalist espousal of objecthood amounts to nothing other than a plea for a new genre of theater, and theater is now the negation of art. Literalist sensibility is theatrical because, to begin with, it is concerned with the actual circumstances in which the beholder encounters literalist work [...]." Für Fried ergibt sich die Theatralität dessen, was er „literalist art" nennt (ebd., S. 160), aus dem Versuch, die konventionelle Natur der Kunst auf eine reine Gegenständlichkeit hin zu überschreiten. Der Theatralität liegt also bei Fried und Cavell gleichermaßen eine Nicht-Anerkennung des Gewöhnlichen, der Konventionalität der Sprache oder der Kunst, zugrunde.

nicht nur den Verlust eines unverstellten Verhältnisses zu anderen, sondern auch den Verlust eines unverstellten Verhältnisses zu uns selbst nach sich zieht.

Anstatt ihre eigene Gewöhnlichkeit anzuerkennen, verfällt auch Eve mit ihrer erfundenen Lebensgeschichte darauf, etwas darzustellen, um die Anerkennung ihrer Mitmenschen zu gewinnen. Indem sie diese solcherart in Distanz zu sich rückt, sie zu ihrem Publikum degradiert, scheitert sie aber schließlich gerade daran, in einer geteilten Sprache Ausdruck zu finden. Das zeigt sich nirgendwo deutlicher als bei der Verleihung des Sarah Siddons Award an Eve, in jener Szene also, mit welcher der Film beginnt und schließt und welche die in *flashbacks* erzählte Haupthandlung rahmt. In der Rede, die Eve hält, nachdem wir gegen Filmende zum Abend der Preisverleihung zurückgekehrt sind, heißt es:

> Honoured members of the Sarah Siddons Society, distinguished guests, ladies and gentlemen, what is there for me to say? Everything wise and witty has long since been said by minds more mature and talents far greater than mine. For me to thank you as equals would be presumptuous. I am an apprentice in the theatre, and have much to learn from all of you. Let me say only that I am proud and happy, and that I regard this great honour not so much as an award for what I have achieved, but as a standard to hold against what I have yet to accomplish. And further, that I regard it as bestowed upon me only in part. The larger share belongs to my friends in the theatre, and to the theatre itself, which has given me all I have. […] How can I repay the many others, so many that I couldn't possibly name them all, whose help, guidance and advice have made this, the happiest night of my life, possible. Although I am going to Hollywood next week to make a film, do not think for a moment that I am leaving you. How could I? My heart is here in the theatre, and 3,000 miles are too far to be away from one's heart. I'll be back to claim it, and soon. That is, if you want me back.

Was Eve in dieser Rede sagt, könnte ihrer Situation nicht angemessener sein: Es geht um die Schwierigkeit, etwas Eigenes zu sagen, um das, was sie anderen – allen voran ihren Freunden – verdankt, und darum, dass sie ihre Vorstellung vom Glück mit der Verleihung dieses Preises verwirklicht sieht. Die Frage ist aber, ob Eve das, was sie sagt, auch wirklich meinen kann (und zwar nicht in ihrem tiefsten Innern, sondern aufgrund der Art und Weise, wie sie sich ihren Zuhörern im Filmverlauf dargestellt hat). Der Film macht deutlich, dass Eve an dieser Stelle gleich in mehrfacher Hinsicht nicht weiß, was sie sagt: Erstens erhält ihre Aussage, ihr Herz gehöre dem Theater, in den Ohren des Zuschauers, der ihren Werdegang kennt, eine

Doppelbödigkeit, infolge derer sie sich sowohl auf Eves Verlangen nach dem schauspielerischen Erfolg als auch auf ihre Verstellung auf dem Weg dorthin bezieht. Sodann erhält sie auf die Rede von ihrem Herzen, das beim Theater bleibe, wenn sie nach Hollywood geht, von Margo kurz darauf die schlagfertige Replik: „I wouldn't worry too much about your heart. You can always put that award where your heart ought to be." Hier wird offensichtlich ein Wettstreit in Schlagfertigkeit ausgetragen, bei dem Eve unterliegt. Denn dass Eve sich von der Bemerkung getroffen fühlt, zeigt sich wenig später, als sie auf DeWitts Aufforderung, zu der Party zu gehen, die ihr Produzent ihr zu Ehren veranstaltet, sagt, diese Party sei nicht für *sie*, sondern für *dies* – wobei sie auf die Trophäe zeigt. Was Eve auf diese Weise artikuliert, ist ihre Unfähigkeit, sich selbst in ihrem Erfolg und in der Anerkennung, die ihr zuteilwird, wiederzuerkennen: Genau die Anerkennung, die sie sich erhofft und für die sie gekämpft hat, scheint ihr nun einer anderen zu gelten. Das ist die verspätete Einsicht in ihr misslungenes Verhältnis zu sich selbst, das verhindert, dass sie wirklich das Glück über ihren Erfolg empfindet, von dem sie spricht.[14]
Dass Eves Worte nicht ihre eigenen sind, wird aber noch in einer anderen Weise vom Film markiert, denn ihre Rede von dem Ort, an dem unser Herz ist, stellt eine Anspielung auch auf den Beginn von Nietzsches *Genealogie der Moral* (1887) dar, wo es heißt:

> Wir sind uns unbekannt, wir Erkennenden, wir selbst uns selbst: das hat seinen guten Grund. Wir haben nie nach uns gesucht, – wie sollte es geschehn, dass wir eines Tags uns *fänden*? Mit Recht hat man gesagt: „wo euer Schatz ist, da ist auch euer Herz"; *unser* Schatz ist, wo die Bienenkörbe unsrer Erkenntniss stehn. Wir sind immer dazu unterwegs, als geborne Flügelthiere und Honigsammler des Geistes, wir kümmern uns von Herzen eigentlich nur um Eins – Etwas „heimzubringen". Was das Leben sonst, die sogenannten „Erlebnisse" angeht, – wer von uns hat dafür auch nur Ernst genug? Oder Zeit genug? Bei solchen Sachen waren wir, fürchte ich, nie recht „bei der Sache": wir haben eben unser Herz nicht dort – und nicht einmal unser Ohr![15]

Wenn Nietzsche den Bibelvers „Wo euer Schatz ist, da ist auch euer Herz"[16] zitiert, dann geht es ihm, anders als dem Evangelisten Matthäus, nicht um den Gegensatz von irdischer Sorge um Reichtum und

14 Die Handlungsstruktur, der zufolge in dem Moment, da alle Bedingungen für die Erfüllung unserer Wünsche gegeben sind, sich diese Wünsche als fehlgeleitet erweisen, findet sich auch in Mankiewiczs Film *The Quiet American* (USA 1958).

15 Friedrich Nietzsche: Genealogie der Moral. In: Ders.: *Sämtliche Werke*, Bd. 5, hrsg. v. Giorgio Colli / Mazzino Montinari. München: dtv 1999, S. 245–412, hier S. 247.

16 Mt 6,21.

einem Vertrauen auf das Wohlergehen im Jenseits, sondern darum, dass der Mensch über dem Streben nach Erfolg – denn nichts anderes bedeutet Erkenntnis an dieser Stelle – sich selbst vergisst, einschließlich des Werts seiner Erlebnisse, d.h. letztlich seines Lebens. Mit dem Herzen bei der Sache sein, ist nach Nietzsche nicht zuletzt eine Sache des Ohrs, des Zuhörens also, und nicht zuletzt: des Sich-selbst-Zuhörens. Dass Eve in ihrer doppeldeutigen und zitathaften Rede unwillentlich etwas artikuliert, das ihr nicht bewusst ist, markiert also deutlich die Selbstentfremdung, die mit ihrem scheinbaren Erfolg einhergeht.

Stanley Cavell hat in der oben zitierten Nietzsche-Passage auch eine Anspielung auf den ersten Satz von Emersons Essay *Experience* gesehen,[17] der lautet: „Where do we find ourselves?“[18] Emerson zeichnet das Bild des Fortschritts im menschlichen Leben gleich darauf als das eines stufenweisen Aufstiegs, bei dem wir stets die zurückliegenden und die nächsthöheren Stufen erblicken, aber kein Ziel oder Ende unseres Wegs. Sich zu finden und seinen Platz im Leben, bedeutet diesem für Cavells ‚perfectionism‘ zentralen Bilde Emersons zufolge also immer, sich auf halbem Wege zu befinden. Das nicht-teleologische Fortschreiten auf Emersons Stufen des Lebens beinhaltet folglich, unbedingte Ideale, ein stabiles Selbstbild und den jeweils erreichten *status quo* aufzugeben und der Veränderung zu überantworten. Eve hingegen hat ihren Platz nicht durch Selbstüberwindung, die immer auch Verzicht und die Anerkennung von Verlust impliziert, sondern durch die Behauptung eines Bildes von sich selbst gewonnen, das sie der Wirklichkeit, den anderen Menschen und sich selbst aufgezwungen hat.

Theater und Leinwand – Der Film und sein Zuschauer

„Where do we find ourselves?“ ließe sich schließlich aber auch im Hinblick auf uns, das Publikum von *All about Eve*, fragen. Wo befinden wir uns *als* Filmzuschauer? Diese Frage stellt sich *a fortiori*, wenn es um einen Film geht, der selbst den Werdegang von der Zuschauerin zur Darstellerin zum Thema hat und der zudem beständig die mediale Differenz und Konkurrenz von Theater und Film thematisiert.

17 Vgl. Stanley Cavell: *This New Yet Unapproachable America. Lectures after Emerson after Wittgenstein.* Chicago / London: The University of Chicago Press 2013, S. 24–25.

18 Ralph Waldo Emerson: Experience. In: Ders.: *Nature and Selected Essays.* London: Penguin 2003, S. 285–311, hier S. 285.

Jean-Louis Baudry hat auf die Analogie hingewiesen, welche zwischen dem Dispositiv des Kinos und der Situation der Gefesselten in Platons berühmtem Höhlengleichnis besteht.[19] Insofern aber die Kritik am Starkult, welche *All about Eve* nach den bisherigen Ausführungen enthält, nicht einfach der Nachahmung Margos durch Eve gilt, sondern schon der Annahme, dass die Bühne der Ort einer bedeutsameren Realität als das gewöhnliche Leben sei, erweist sich *All about Eve* vielleicht weniger als solidarisch mit der platonischen Mimesis-Kritik denn vielmehr als kritisch gegenüber der platonischen Ideen-Metaphysik selbst.

Ein im Film selbst angebotenes Vergleichsmodell, um das Medium Film zu verstehen, ist das Zeitungswesen. Dass es der Theaterkritiker DeWitt ist, dessen *voice over* in den Film einführt und der am Ende eine Tür schließt, die dem Zuschauer den Blick auf Eves Hotelzimmer versperrt, könnte zur Identifikation mit dem Zynismus desjenigen einladen, der beruflich unbarmherzig von seiner Wahrnehmung der Doppelgesichtigkeit der Menschen profitiert, wie er sie aus dem Theater kennt. Vor allem ist es aber das Theater selbst, mit dem *All about Eve* sich beständig misst, und zwar insbesondere dann, wenn das Gespräch im Film auf Hollywood kommt, das zwar mit Verachtung gestraft, aber auch als Einnahme- und Reputationsquelle genutzt wird.[20] Schließlich bricht Eve selbst am Ende des Films nach Hollywood auf – wo sie für den Zuschauer freilich längst angekommen ist.

Eve selbst nennt einmal, als sie ins Schwärmen gerät, den Applaus des Publikums als entscheidendes Moment des Theaters. Einmal wird sie von Margo beim Posieren mit einem Kostüm vor den leeren Rängen des Theaters überrascht, während sie sich den Beifall eines begeisterten Publikums vorstellen mag. Das Ende des Films wiederholt nun nicht nur dessen Anfang, wenn Eve in ihrem Hotelzimmer Phoebe (Barbara Bates), einen jungen Fan, vorfindet, die sich ebenso an Eve hängt, wie diese es zu Beginn des Films mit Margo tut. Auch Phoebe posiert in der letzten Einstellung unbemerkt mit Eves

19 Vgl. Jean-Louis Baudry: Das Dispositiv. Metapsychologische Betrachtungen zum Realitätseindruck. In: *PSYCHE* 11,48 (1994), S. 1047–1074.

20 Der Produzent von *All about Eve*, Darryl F. Zanuck, wird beispielsweise im Gespräch im Film selbst namentlich genannt. – Bernard F. Dick, einer der Biographen Mankiewiczs, vertritt die These, dass Mankiewiczs Filme trotz ihrer beständigen Theater-Referenzen essentiell dem Medium Film angehören. Vgl. Dick: *Mankiewicz*, o. Pag. (Vorwort).

Abb. 1: Letzte Einstellung von *All about Eve*: Phoebe beim Posieren vor ihrem ins Unendliche vervielfachten Spiegelbild.

Abendgarderobe und dem Sarah Siddons Award vor dem Spiegel. Signifikant ist, dass die Position des unbeobachteten Beobachters, die in der früheren Szene Margo innehatte, bei der Wiederholung dieser Geste durch Phoebe leer bleibt. Sie wird von niemand anderem mehr ausgefüllt als vom Filmzuschauer, der schließlich ebenfalls ein unbeobachteter Beobachter ist, bar jeder auch nur konventionalen Verpflichtung, zu applaudieren. Stanley Cavell hat diesen Zustand des Sehens ohne gesehen zu werden in *The World Viewed* zum Angelpunkt seiner Filmtheorie gemacht. Es genügt nicht, wie Cavell feststellt, die Präsenz des Schauspielers im Theater mit seiner Abwesenheit im Kino zu kontrastieren; eher schon handelt es sich um unterschiedliche Formen der Abwesenheit von Schauspieler und Zuschauer im Verhältnis zueinander.

> The audience in a theater can be defined as those to whom the actors are present while they are not present to the actors. But movies allow the audience to be mechanically absent. The fact that I am invisible and inaudible to the actors, and fixed in position, no longer needs accounting for; it is not part of a convention I have to comply with [...]. In viewing a movie my helplessness is mechanically

> assured: I am present not at something happening, which I must confirm, but at something that has happened, which I absorb (like a memory).[21]

Film zeigt mir so, Cavell zufolge, die Präsenz meiner eigenen Abwesenheit. Was der Film mir vorführt, ist eine Welt ohne mich, eine Welt, außerhalb derer ich mich befinde und deren Vorhandensein das Funktionieren der technischen Apparatur vollständig Rechnung trägt.[22] Die produktionsästhetische Kehrseite dieser rezeptionsästhetischen Bestimmung der Differenz von Theater und Film durch den Automatismus des Films besteht im Verhältnis von Schauspieler und Rolle:

> The actor's role is his subject for study, and there is no end to it. But the screen performer is essentially not an actor at all: he *is* the subject of study, and a study not his own. (That is what the content of a photograph is – its subject.) On a screen the study is projected; on a stage the actor is the projector.[23]

Während der Theaterschauspieler sich also selbst zur Projektionsfläche seiner Rolle *macht*, *wird* der Filmschauspieler projiziert, er gibt sich nicht in seiner Rolle auf, sondern wird in diese aufgesogen. Wenn das Können des Theaterschauspielers in der Kontrolle darüber besteht, was er von sich zu sehen gibt, so besteht das Können des Filmschauspielers darin, sich sehen zu lassen. Wie der Film mich als Zuschauer von der Notwendigkeit der Anerkennung meiner Präsenz befreit, so befreit er den Schauspieler von der Notwendigkeit des Darstellens, des Verkörperns einer Rolle.[24] Und das ist der Grund für die besondere Affinität des Films zu der Art von Voyeurismus mit gutem Gewissen, derer wir Zuschauer am Ende von *All about Eve* teilhaftig werden, wenn wir Eves jungen Fan beim Posieren vor ihrem ins Unendliche vervielfachten Spiegelbild beobachten.[25] Die unendliche

21 Stanley Cavell: *The World Viewed. Reflections on the Ontology of Film.* Cambridge / London: Harvard University Press 1979, S. 25–26.

22 Man kann sich fragen, inwieweit Cavells Bestimmung des Films Übereinstimmungen mit Derridas Auffassung von Sprache als Ort meiner eigenen möglichen Abwesenheit aufweist.

23 Ebd., S. 28.

24 Siehe hierzu auch Fried: *Art and Objecthood*, S. 164: „It is the overcoming of theater that modernist sensibility finds most exalting and that it experiences as the hallmark of high art in our time. There is, however, one art that, by its very nature, escapes theater entirely – the movies. […] Because cinema escapes theater – automatically, as it were – it provides a welcome and absorbing refuge to sensibilities at war with theater and theatricality."

25 Cavell nennt in *The World Viewed* „candor" als das Gegenteil von Theatralität und macht im Medium Film ein Versprechen der „Aufrichtigkeit" (wenn man „candor"

Reflexion ihrer selbst im Spiegel ist dabei für uns Zuschauer gerade das Siegel der Abgeschlossenheit der filmischen Welt und unserer eigenen Außerhalbbefindlichkeit als Zuschauer.

Was Margo vor Eve auszeichnet, ist ihre emphatische Affirmation dieser Distanz zum Publikum, die sie zu Beginn des Films artikuliert, wenn sie über ihr Publikum spricht als „Autograph fiends! They're not people. […] They're nobody's fans. They're juvenile delinquents. […] They're nobody's audience. They never see a play or a movie even. They're never indoors long enough." Dagegen strebt Eve von Beginn an vor allem nach Anerkennung – das ist der Grund, warum sie die anderen zu ihrem Publikum macht. Wo *All about Eve* eine Kritik der ungebührlichen Verehrung von Stars darstellt, gilt diese Kritik aber nicht der Figur Eve als Person. Da sie aus ärmlichen Verhältnissen kommt und da ihre Hochstapelei ihr als die einzige Möglichkeit erscheint, jemandes Anteilnahme zu wecken, ließe sich vielmehr mit großem Recht fragen, ob die Art und Weise, in der Eve versucht, sich zu artikulieren, nicht der einzige Weg ist, der ihr zur Verfügung steht in einer Welt, in der – zumindest ihrer Wahrnehmung zufolge – nur derjenige, der etwas darstellt, auch jemand ist.

Eves Verlangen, sich zu dem Ort zu erheben, von dem aus eine Bedeutung auf ihr Leben auszustrahlen scheint, ist schließlich nicht nur nachvollziehbar, sondern vielleicht sogar ein Wunsch, der uns Zuschauern selbst nicht ganz fremd ist. Was als Kritik des Starkults erscheint, wäre so zugleich eine Kritik unserer eigenen metaphysischen Sehnsüchte. Am Anfang von *All about Eve* wurde der Zuschauer von Addison DeWitt direkt angesprochen und gefragt: „You all know all about Eve. What can there be to know that you don't know?" Auch auf diese Frage greift der Film am Ende zurück, als DeWitt zu Phoebe sagt, wenn auch sie einmal den Sarah Siddons Award gewinnen wolle, müsse sie Eve fragen, wie man das anstellt, denn Eve wisse alles darüber. So, wie die Dinge liegen, wissen nun

so übersetzen kann) aus: „[Candor] must occur independently of me or any audience, that is, it must be complete without me, in that sense closed to me. […] Setting pictures to motion overcame what I called the inherent theatricality of the (still) photograph. The development of fast film allowed the subjects of photographs to be caught unawares, beyond our or their control. […] Film takes our very distance and powerlessness over the world as the condition of the world's natural appearance. It promises the exhibition of the world in itself. This is its promise of candor: that what it reveals is entirely what is revealed to it, that nothing revealed by the world in its presence is lost." (Fried: *Art and Objecthood*, S. 111, 118–119.)

auch wir als Zuschauer, die Eves Werdegang verfolgt haben, alles darüber. Lädt der Film also auch uns Zuschauer zur Nachahmung Eves ein? Oder ist es nicht vielmehr so, dass wir in seinem Licht die Gelegenheit erhalten, das Verlangen, alles zu wissen, das uns zu allererst der Verführung, „alles über Eva" zu erfahren, folgen ließ, kritisch zu reflektieren? Der biblische Name der Protagonistin wäre so mehr als eine Mahnung vor den Konsequenzen einer Übertretung: die Erinnerung nämlich, dass wir Kinder Evas immer schon von dieser Übertretung gezeichnet sind.

Die Blindtext-Generation

Hochstaplerische Strategien der Textproduktion in zeitgenössischen medialen Kontexten

Lukas Stopczynski

Ihilit occaepudit aut expe volendi que pra net repedipsam quae. Et laboratem velit doluptatest, odit eatium, si cumquaes volore, sit officip santias magni asperumque cus consectaque pe voloribero blat mo eturersperis intus aut volupta spitae. Quiam, cusam etur min cuptaesti dolorem voluptat occusci anihil eum voluptiis dolorum rem ipsuntem qui derro expla volorrunt min comnimpeles is as enihici que maiores atur? Quiae con conem vid et, tem. Nequis si ilibus vendusd aecus.

Ecusapidus aspiet quamus, ipienimus solupta soluptatur? Venis ilia sitisit atiorehent quodipsuntus ea delibus acea pores volorrunt quas molum intus qui nimincia seque eici iliqui dis dis quistia di sum nos molorpor seque idelecepror as estrum isquam aut pellorr ovitatu ritatum, offic te volupti oreperspis sit, untore poresero molut is invenis essit molut que moles que consectiatio occuptatem ium harum eatures ditae volupta erisquo ommoluptam que volectatio voluptasint, sequodit, ut mo ipsamus aut et audit ma enime prepudam ipsam esti delit officto tatatior maximpore venis enis rerum ut ut ut et ma in rem ad eicac rem quias adis accatetur, idictus excesequam qui que quiasped quidit eos ped moluptatem et od quam, ommolor minveli ctiore niminitia in plaut fuga.[1] Ucipit quiaerios aut utas dolenim ustiist eatum quam in consequibus et alit eum nonemposam fuga. Ut et venemodi dolum estrum hilitatendi solore, si totas quasitio expliquas voluptatur sinctus dandesci blanis estiorem ilis as ant ratibusda

1 Lukas Stopczynski: *The 99 Pages of Pain. Do-lorem ipsum.* Stuttgart: Smashwords Online 2014, S. 12.

dolupti onsequis nus dolorum quistrupta evenem. Omnisit asit laut volori doluptaque et aliat.
Ecus, alit que verum alibus ad magnihictiis volo to doloribus et inverum esedictur rest fugiatis eostrum que quae rem voleniendaes dellaci enimus solenihicit la es perferat que id ellatem lit aut quo blante doluptatur aut eum idem re volupta simi, offici dolutent labores rectur? Quiae eum que occumqui as rerro bere ventem ium num faccus es anihita tendand andae. Icabo. Am nonsequi atentiam que etur, nimolup taspera et latium repro moluptatur, sedit alit et ea imaximin res nullautem aut laborum vent, que sed maxim sequia ea sitem.[2] Et alictur moluptus ulpa volor aut volupicient, odi dolorep eroviditatem doluptatius susamendae venis magnis dunt ut ati aut etur, voleceped quam repe dolore consequ assinci illuptatem quam harchil et vitatestiam culluptate volupictiam doluptatur, quidis im fuga. Et latessum cum que comnimaximus di dipid maio. Nam, tem aut ipsandit, sedit, torunt, seque ressequiam volenda sit moditaq uamenim poribus,[3] omnis eume et doluptatent vel ipsunt porrorum es sita as dolor am, optatia cor susa se vendi blaborae etus dite occum eius apienis etus evendipsus, vollitam, veligni quam faccuptiaero iuscidem harumqui voluptatist harum cus dundell enist, quat et ventem atureritam facitibus quam expedignisti rernam, cus dollab imaiorae imi, cum vitiisi mporeptatur?
Lorem ipsum dolor sit amet, consetetur sadipscing elitr, sed diam nonumy eirmod tempor invidunt ut labore et dolore magna aliquyam erat, sed diam voluptua. At vero eos et

> accusam et justo duo dolores et ea rebum. Stet clita kasd gubergren, no sea takimata sanctus est Lorem ipsum dolor sit amet. Lorem ipsum dolor sit amet, consetetur sadipscing elitr, sed diam nonumy eirmod tempor invidunt ut labore et dolore magna aliquyam erat, sed diam voluptua. At vero eos et accusam et justo duo dolores et ea rebum. Stet clita kasd gubergren, no sea takimata sanctus est Lorem ipsum dolor sit amet. Lorem ipsum dolor sit amet, consetetur sadipscing elitr, sed diam nonumy eirmod tempor invidunt ut labore et dolore magna aliquyam erat, sed diam voluptua. At vero eos et accusam et justo duo dolores et ea rebum. Stet clita kasd gubergren, no sea takimata sanctus est Lorem ipsum dolor sit amet.[4]

2 Anthony Savage: *The Lorem Ipsum Story*. Amazon Online Kindle Edition 2013, S. 22–29.

3 Christopher Jones / Sybille Jones: Lorem ipsum. http://www.loremipsum.de/index.html (Zugriff am 12.01.2014).

4 Jen Orator / Phil Space: *Lorem ipsum: The Novel*. Amazon Online Kindle Edition 2012, S. 219.

Duis autem vel eum iriure dolor in hendrerit in vulputate velit esse molestie consequat, vel illum dolore eu feugiat nulla facilisis at vero eros et accumsan et iusto odio dignissim qui blandit praesent luptatum zzril delenit augue duis dolore te feugait nulla facilisi. Lorem ipsum dolor sit amet, consectetuer adipiscing elit, sed diam nonummy nibh euismod tincidunt ut laoreet dolore magna aliquam erat volutpat.
Ut wisi enim ad minim veniam, quis nostrud exerci tation ullamcorper suscipit lobortis nisl ut aliquip ex ea commodo consequat. Duis autem vel eum iriure dolor in hendrerit in vulputate velit esse molestie consequat, vel illum dolore eu feugiat nulla facilisis at vero eros et accumsan et iusto odio dignissim qui blandit praesent luptatum zzril delenit augue duis dolore te feugait nulla facilisi. Nam liber tempor cum soluta nobis eleifend option congue nihil imperdiet doming id quod mazim placerat facer possim assum. Lorem ipsum dolor sit amet, consectetuer adipiscing elit, sed diam nonummy nibh euismod tincidunt ut laoreet dolore magna aliquam erat volutpat. Ut wisi enim ad minim veniam, quis nostrud exerci tation ullamcorper suscipit lobortis nisl ut aliquip ex ea commodo consequat. Duis autem vel eum iriure dolor in hendrerit in vulputate velit esse molestie consequat, vel illum dolore eu feugiat nulla facilisis. At vero eos et accusam et justo duo dolores et ea rebum. Stet clita kasd gubergren, no sea takimata sanctus est Lorem ipsum dolor sit amet. Lorem ipsum dolor sit amet, consetetur sadipscing elitr, sed diam nonumy eirmod tempor invidunt ut labore et dolore magna aliquyam erat, sed diam voluptua. At vero eos et accusam et justo duo dolores et ea rebum. Stet clita kasd gubergren, no sea takimata sanctus est Lorem ipsum dolor sit amet. Lorem ipsum dolor sit amet,[5] consetetur sadipscing elitr.[6] At accusam aliquyam diam diam dolore dolores duo eirmod eos erat, et nonumy sed tempor et et invidunt justo labore Stet clita ea et gubergren, kasd magna no rebum. sanctus sea sed takimata ut vero voluptua. est Lorem ipsum dolor sit amet. Lorem ipsum dolor sit amet, consetetur sadipscing elitr, sed diam nonumy eirmod tempor invidunt ut labore et dolore magna aliquyam erat. Consetetur sadipscing elitr, sed diam nonumy eirmod tempor invidunt ut labore et dolore magna aliquyam erat, sed diam voluptua. At vero eos et accusam et justo duo dolores et ea rebum. Stet clita kasd gubergren, no sea takimata

5 Morel Muspi: *Lorem Ipsum. A Gag Gift Just for You.* Amazon Online Kindle Edition 2010, S. 189.

6 Stopczynski: *The 99 Pages of Pain*, S. 54.

sanctus est Lorem ipsum dolor sit amet. Lorem ipsum dolor sit amet, consetetur sadipscing elitr,[7] sed diam nonumy eirmod tempor invidunt ut labore et dolore magna aliquyam erat, sed diam voluptua. At vero eos et accusam et justo duo dolores et ea rebum. Stet clita kasd gubergren, no sea takimata sanctus est Lorem ipsum dolor sit amet. Lorem ipsum dolor sit amet, consetetur sadipscing elitr, sed diam nonumy eirmod tempor invidunt ut labore et dolore magna aliquyam erat, sed diam voluptua. At vero eos et accusam et justo duo dolores et ea rebum. Stet clita kasd gubergren, no sea takimata sanctus est Lorem ipsum dolor sit amet Dundam earum vent percimaio ius as sit, sequae sequiatio. Occae provid magnam re nam quiduciis expel idus assundi beaqui con repe nobit estiis incilit atiisquate voluptas ma estendi beat. Ut ut dolecus ex eum qui as dolorias rem ius pa sed qui cus, cusdam faccaeptae comnisque vere, qui vollant audamus con cullo magnitibus et fuga. Nemquam sunt pelique pro inveriati aut ant fugiae. El moluptat mosti odiste quiberrovid endit, cum conse dit exerum comnis sundandem iunt ommodic ilitiae ctotas voluptaqui nonecae sit lant ipsandione nem et laboreium quuntium aut magnatest aliquam nimusciet de veliame esenderae nonsecu piditam aut voluptaturi dolor re consequiam velique nobitate porum sitasita dolut asped que secus. Uptasinciat unt, sunducilit exerit veliquis endani del in consenducium la vidundit erit magnimo ditatemquis sentoriandi utent laut et et, ut ipsam nimi, te omni acepudam quo dolupta ssimusdae moluptaturio od estrumq uiaeriorum, eos nienim con comni volorundebis iurio volorestem fuga. Henis experitat volupta tiumquos quasitior aute pro magnia qui sitatibus magniendaest quatem dolum la venda il modionse mos abo. Idelia con nis suntus. Sita que dolut laciassit vel moluptaqui nihicia nturibust, conecepudam quatio inus doluptae rest, sum ra idem ipsunt quatum exeror sit volumetur? Qui utatur ant.

Itam, invendi tatecte officia sinciustrum quo voloris molo bernatu reratiam, odia nes dollestias eos volesed et as quassequi offici natur?[8]

> Facitium fugit, ius non prem ipsam, tem derumet molorestia dolo volorepe voluptas peria veritiunt. Gitia volum nobis eaquasi vendunt opta volestorem nulparum quiant vendae iderupta si a niendandant alibusdae maximusae

7 Thorsten Hagen / Immo Seebörger: Lorem ipsum. http://www.blindtextgenerator.de (Zugriff am 10.02.2014).

8 Lukas Stopczynski: *Fun, the Latin Way*. Stuttgart: Smashwords Online 2014, S. 1.

> volestrum faciamus de dolor solupta si tempore doluptur renimaxim illia con cum facea voluptatio volescia sundit rerspero ipienesedi tor re ere isti dolupta tur autasit aspideris rem. Esti ulligenda conse re velecusciis re natur mincto con eici officat lit ulpa eati ipsunte nobitat atiorep rehent aut moditati to blaut eos sam alia nossequi odigenisti odis aut liqui doluptibus magni corehendi omnissi deribus repudis in consectae coritatint dolendiae.[9]

Ut ut dolecus ex eum qui as dolorias rem ius pa sed qui cus, cusdam faccaeptae comnisque vere, qui vollant audamus con cullo magnitibus et fuga. Nemquam sunt pelique pro inveriati aut ant fugiac. O Praecox, de per Facio qua Mansuctus ara Neudum. Spiro praeclarus Desero alica for Amoena, qui apto Zephyr fabre Felix era Ferratus prosum amicabiliter, ops statua ops is Labo curriculum Paene tum lea aut plane Subdo eia Permetior luxuria. Se Velamen ora advoco. Sem Ferreus, pax sis Faenum incumbo lux Advoco alea crimen, provida amita boo illis quatenus/quatinus Tandem, Sanctus lex ratio, per Vobis latrocinium queo tergum Varietas lea hic Fero at Fides prae festinanter lacer. Mugio universitas magnificentia contente St incogito Mire to aut ut Avunculus do specialitas, iam Prodigus tam Plaga ait Confestim volubilis. Ymo Humilitas, ex palpo Obses te ruo praetermissio, senex cum Stips sed vas sesquimellesimus nemo, fas differo, sui episcopalis Inhabito me cornu, hos induco veho, ars saevio, emo lac, Cito eia. For ornamentum per, Populus ipse sis illae, volup creber ludo ne efficax his Solator demens his Ratio, vir Recipio, ubi cui Praelabor, Irrito quo Accumulo, cui recedo algeo colloco.[10] Sed ut omittam pericula, labores, dolorem etiam, quem optimus quisque pro patria et pro suis suscipit, ut non modo nullam captet, sed etiam praetereat omnes voluptates, dolores denique quosvis suscipere malit quam deserere ullam officii partem, ad ea, quae hoc non monus declarant, sed videntur leviora, veniamus. Quid tibi, Torquate, quid huic Triario litterae, quid historiae cognitioque rerum, quid poetarum evolutio, quid tanta tot versuum memoria voluptatis affert? Nec mihi illud diceris: „Haec enim ipsa mihi sunt voluptati, et erant illa Torquatis.“ Numquam hoc ita defendit Epicurus neque Metrodorus aut quisquam eorum, qui aut saperet aliquid aut ista didicisset. Et quod quaeritur saepe, cur tam multi sint Epicurei, sunt aliae qupque causae, sed multitudinem haec maxime allicit, quod ita putant dici ab

9 Ebd., S. 4.

10 K. L. Hamen: *Lorem Ipsum. Definitive Edition.* Amazon Online Kindle Edition 2013, S. 12.

illo, recta et honesta quae sint, ea facere ipsa per se laetitiam, id est voluptatem.[11] Phas tereturius. Phar landre nongue lorttibultrittiendre euis arculacus nunce sod alisqu leifericum utaectestibullacus amendittiacero condipsuadapit. Pra, egestibus. Aentum nis el dipis urisquisi id diet eroinim esquam. Nula alenat. Cura egetum vella idapies noncincel. Vesque nectuscet scipis quismolucinibh endia mat ulvita conc portorcus nuntus in menturpis estis vuluctur contestis egerdim trat. Sus.

Nulvivallectus rhoneantempullutas velis en lis alisl noneque sequ lornat gravit sed id or modapiscel. Pel leo quereet bi tisque etur lamus. Sus dapis aurutpat. Ut mollemperidunc lum elec blam ferabit taece ut massed put por conc hent non, vultravivare. Etis quam orttique feu dipisus semet in aucit malem modapis pursum. Etius velero lut te matean et tem. Maece etris ortae in sed nectum lereet nonvalis gra andin telestiquis teget valissagit tet potesque, cula faci san at. Intus et amenduis. Sed vingiliciduinc venend. Quis rhon. Sed ida lit dio. Nulus san quat et lique. In incittinibus egeturna, lamet augiam vehicendret nonsed cor. Duis malibh lique rus tit arcula amet selicestat. Duistaece aligue ingia conula nulpuraes que im. Donvarero. Mae eui. Vestium. In diac lorttit at velemputpat. Ves henimporto lum or molutatet sec sod nequissed jus fris. Mae dismolla nonec scibero. Mortorpereet utpat vuluctus. Aligullus. In iamet sod ortiquis lestaeo phased phas dio. Sus neque suscid ac la vollantum acullacienas. Maugue rit etiestortae que, orempor, imet a conc susperosuam. Pharis sceliqueremporer. Pra temperistor egetum id nec solum utpar putae massequisl dum sec volus alentenat utris faugulacincidum urpie. Pel ur vesquam licitassec torpist allis amconvam nonvallit alest nent tien. Mauci im nonduis a frin pretur bla mat. Phassecter a con. Don sum mauctetris grat mi fendinturnarempor, met lust tacipsus rhonsempentustium mas id temet purismonci rhondipis velem. Cra idunte. Ut por el tuscid putae mat vametumsan necel si tus aculustique egetrisce utae. Cursum telit.[12]

> Blindtext

11 Hamen: *Lorem Ipsum*, S. 12.

12 Alexander Bentkamp / Lukas Bentkamp: Blind Zebra. Der Blindtext-Generator. http://www.bentkamp.de/blindzebra/de/Generator (Zugriff am 15.01.2014).

> Blindtext Blindtext Blindtext Blindtext Blindtext Blindtext Blindtext Blindtext Blindtext Blindtext Blindtext Blindtext[13]

Lorem ipsum dolor sit amet, consectetuer adipiscing elit, sed diam nonummy nibh euismod tincidunt ut laoreet dolore magna aliquam erat volutpat. Ut wisi enim ad minim veniam, quis nostrud exerci tation ullamcorper suscipit lobortis nisl ut aliquip ex ea commodo consequat. Lorem ipsum dolor sit amet, consectetuer adipiscing elit, sed diam nonummy nibh euismod tincidunt ut laoreet dolore magna aliquam erat volutpat. Ut wisi enim ad minim veniam, quis nostrud exerci tation ullamcorper suscipit lobortis nisl ut aliquip ex ea commodo consequat.[14] Et laboratem velit doluptatest, odit eatium, si cumquaes volore, sit officip santias magni asperumque cus consectaque pe voloribero blat mo eturersperis intus aut volupta spitae. Quiam, cusam etur min cuptaesti dolorem voluptat occusci anihil eum voluptiis dolorum[15] rem ipsuntem qui derro expla volorrunt min comnimpeles is as enihici que maiores atur? Quiae con conem vid et, tem. Nequis si ilibus vendusd aecus. Cum sociis natoque penatibus et magnis dis parturient montes, nascetur ridiculus mus. Donec quam felis, ultricies nec, pellentesque eu, pretium quis, sem. Nulla consequat massa quis enim. Donec pede justo, fringilla vel, aliquet nec, vulputate eget, arcu. In enim justo, rhoncus ut, imperdiet a, venenatis vitae, justo. Nullam dictum felis eu pede mollis pretium. Integer tincidunt. Cras dapibus. Vivamus elementum semper nisi. Aenean vulputate eleifend tellus. Aenean leo ligula, porttitor eu, consequat vitae, eleifend ac, enim. Aliquam lorem ante, dapibus in, viverra quis, feugiat a, tellus. Phasellus viverra nulla ut metus varius laoreet. Quisque rutrum. Aenean imperdiet. Etiam ultricies nisi vel augue. Curabitur ullamcorper ultricies nisi. Nam eget dui. Etiam rhoncus. Maecenas tempus, tellus eget condimentum rhoncus, sem quam semper libero, sit amet adipiscing sem neque sed ipsum. Nam quam nunc, blandit vel, luctus pulvinar, hendrerit id, lorem. Maecenas nec odio et ante tincidunt tempus. Donec vitae sapien ut libero venenatis faucibus. Nullam quis ante. Etiam sit amet orci eget eros faucibus tincidunt. Duis leo. Sed

13 (IR) Titeltest. http://www.axelspringer.de/artikel/-IR-Titeltest_42061.html (Zugriff am 04.01.2014).

14 Michael Pohl: Blindtexte. http://www.micpo.de/blindtexte.htm (Zugriff am 17.01.2014).

15 Michael Knott: Verkehrte Netzwelt. Lorem Ipsum. http://www.netzwelt.de/news/76737-verkehrte-netzwelt-lorem-ipsum.html (Zugriff am 07.02.2014).

fringilla mauris sit amet nibh. Donec sodales sagittis magna. Sed consequat, leo eget bibendum sodales, augue velit cursus nunc, quis gravida magna mi a libero. Fusce vulputate eleifend sapien. Vestibulum purus quam, scelerisque ut, mollis sed, nonummy id, metus. Nullam accumsan lorem in dui. Cras ultricies mi eu turpis hendrerit fringilla. Vestibulum ante ipsum primis in faucibus orci luctus et ultrices posuere cubilia Curae; In ac dui quis mi consectetuer lacinia. Nam pretium turpis et arcu. Duis arcu tortor, suscipit eget, imperdiet nec, imperdiet iaculis, ipsum. Sed aliquam ultrices mauris. Integer ante arcu, accumsan a, consectetuer eget, posuere ut, mauris. Praesent adipiscing. Phasellus ullamcorper ipsum rutrum nunc.[16] Nunc nonummy metus. Vestibulum volutpat pretium libero. Cras id dui. Aenean ut eros et nisl sagittis vestibulum. Nullam nulla eros, ultricies sit amet, nonummy id, imperdiet feugiat, pede. Sed lectus. Donec mollis hendrerit risus. Phasellus nec sem[17] in justo pellentesque facilisis. Etiam imperdiet imperdiet orci. Nunc nec neque. Phasellus leo dolor, tempus non, auctor et, hendrerit quis, nisi. Curabitur ligula sapien, tincidunt non, euismod vitae, posuere imperdiet, leo. Maecenas malesuada. Praesent congue erat at massa. Sed cursus turpis vitae tortor. Donec posuere vulputate arcu. Phasellus accumsan cursus velit. Vestibulum ante ipsum primis in faucibus orci luctus et ultrices posuere cubilia Curae; Sed aliquam, nisi quis porttitor congue, elit erat euismod orci, ac placerat dolor lectus quis orci. Phasellus consectetuer vestibulum elit. Aenean tellus metus, bibendum sed, posuere ac, mattis non, nunc. Vestibulum fringilla pede sit amet augue. In turpis. Pellentesque posuere. Praesent turpis. Aenean posuere, tortor sed cursus feugiat, nunc augue blandit nunc, eu sollicitudin urna dolor sagittis lacus.[18] Donec elit libero, sodales nec, volutpat a, suscipit non, turpis. Nullam sagittis. Suspendisse pulvinar, augue ac venenatis condimentum, sem libero volutpat nibh, nec pellentesque velit pede quis nunc. Vestibulum ante ipsum primis in faucibus orci luctus et ultrices posuere cubilia Curae; Fusce id purus. Ut varius tincidunt libero. Phasellus dolor. Maecenas vestibulum mollis diam. Pellentesque ut neque. Pellentesque habitant

16 Jenni Zylka: Blind durch die Bleiwüste. http://www.taz.de/!89011 (Zugriff am 10.02.2014).

17 Norbert A. Hammermann: Zeit zur Entspannung. http://www.dr-hammermann.de/html/aktuelles.html (Zugriff am 01.02.2014).

18 Lorem sirum epsum. Business. http://www.textilwirtschaft.de/business/Lorem-sirum-epsum_3841.html (Zugriff am 09.02.2014).

morbi tristique senectus et netus et malesuada fames ac turpis egestas. In dui magna, posuere eget, vestibulum et, tempor auctor, justo. In ac felis quis tortor malesuada pretium. Pellentesque auctor neque nec urna. Proin sapien ipsum, porta a, auctor quis, euismod ut, mi.[19] Aenean viverra rhoncus pede. Pellentesque habitant morbi tristique senectus et netus et malesuada fames ac turpis egestas. Ut non enim eleifend felis pretium feugiat. Vivamus quis mi. Phasellus a est. Phasellus magna. In hac habitasse platea dictumst. Curabitur at lacus ac velit ornare lobortis. Curabitur a felis in nunc fringilla tristique.[20]

19 Constantin Television GmbH: Highlight. http://www.constantin-television.de/fileadmin/templates/ctv/html (Zugriff am 24.01.2014).

20 Stopczynski: *The 99 Pages of Pain*, S. 98.

Über die Notwendigkeit, die Hochstapelei auf höchstem Niveau flach zu legen (Epilog)

Stephan Porombka

1.

Wer nach aktuellen Hochstaplerfällen sucht, wird sofort fündig. Man findet sogar ein Prachtexemplar der Hochstaplergeschichte. Im Mittelpunkt dieser Geschichte steht der 1961 geborene Christian Gerhartsreiter. „Der aus Bergen am Chiemsee stammende Gerhartsreiter", so schrieb der *Spiegel*,

> reiste nach Erkenntnissen der US-Behörden vor drei Jahrzehnten in die USA ein. Anschließend gab er sich eine ganze Reihe falscher Namen und gefälschter Identitäten […]. Zuletzt nannte er sich Clark Rockefeller und behauptete, er gehöre der legendären US-Milliardärsfamilie an. Mit seiner Phantasie-Geschichte, seiner Intelligenz und seinem Charme gewann der vermeintliche Rockefeller 1993 das Herz der Harvard-Absolventin Sandra Boss.[1]

Nun hat man aber 2010 an einem Ort, an dem sich 16 Jahre zuvor Gerhartsreiter bewegt hat, die sterblichen Überreste eines lange Zeit vermissten jungen Mannes gefunden. Und weil die Staatsanwaltschaft ohnehin dabei war, die Vergangenheit des falschen Rockefeller zu durchforsten, trug sie einige Puzzlestücke zusammen, die den Verdacht erhärteten, dass Gerhartsreiter nicht nur ein Hochstapler, sondern auch ein Mörder ist. Als solcher wurde er im April dieses Jahres von einem Gericht in Massachusetts verurteilt. „Gerhartsreiters Geschichte", schrieb einmal mehr der *Spiegel*, „seit 2008 weltweit

1 Benjamin Schulz: Deutscher Hochstapler in den USA. Falscher Rockefeller wegen Mordes angeklagt. In: *Spiegel Online*, 16.03.2011. http://www.spiegel.de/panorama/justiz/deutscher-hochstapler-in-den-usa-falscher-rockefeller-wegen-mordes-angeklagt-a-751217.html (Zugriff am 07.02.2014).

verbreitet, erscheint damit in einem völlig neuen Licht. Aus der Saga eines Taugenichts wird ein düsteres Melodram: Bestätigt sich der Verdacht, war er kein liebenswertes Phantom – sondern ein psychopathischer Mörder, der seine Spuren zu verwischen wusste."[2]

Auch wenn es einige Artikel über diesen Fall zu finden gibt, so kann man nun nicht gerade sagen, dass es um jenen deutschen Hochstapler ein großes *ballyhoo* gab, obwohl er doch alles Wichtige im Programm hat. Sein Fall bringt Namens- und Titelschwindel (der Klassiker im Grundrepertoire jeder guten Hochstaplergeschichte), zudem mit einem wirklich hochkarätigen Namen (denn mit Rockefeller spielt man gleich in der höchsten Liga, immerhin wurde dem echten Rockefeller gleich mehrfach der Königstitel zugesprochen: König des Petroleums, König der Millionäre), dann wäre da noch der Ort, Amerika, der auch als bestes Terrain für Narrative vom rasanten Aufstieg gelten darf. Erstens ist Amerika der Ort des *selfmade man*, wo man schnell vom Tellerwäscher zum Millionär oder eben auch vom Gerhartsreiter zum Rockefeller werden kann. Zweitens sind die Vereinigten Staaten von Amerika der Ort, an dem das abendländische Ordnungssystem ausgehebelt worden ist, wo die Grundfesten der alten Gesellschaften mit ihren alten Adelstiteln ausdrücklich nichts mehr gelten und stattdessen neue Formen des Adels etabliert worden sind. Drittens ist Amerika der Ort, der sich aus sich selbst heraus erfunden hat.

Die Gerhartsreiter/Rockefeller-Geschichte nimmt all diese Narrative auf und operiert mit ihnen auf raffinierte Weise. Der bayerische Provinzjunge lernt nämlich, die neuen Regeln zu verstehen, nach denen man in Amerika bis nach ganz oben aufsteigen kann. Damit erteilt er den Amerikanern eine Lektion. Sie können etwas über ihr eigenes System lernen. Er macht sichtbar, dass hier der Schein über dem Sein steht und dass, wenn jemand nur gut genug den medialen Schein mit dem Geldschein verkoppeln kann (mehr noch: wenn jemand medialen Schein und Geldschein über die Nennung eines bloßen Namens verkoppeln kann), man es in Amerika sehr weit bringen kann.

2 Marc Pitzke: Deutscher unter Mordverdacht. Mann mit vielen Masken. In: *Spiegel Online*, 17.03.2011. http://www.spiegel.de/panorama/justiz/deutscher-unter-mordverdacht-mann-mit-vielen-masken-a-751399.html (Zugriff am 07.02.2014).

2.

Obwohl also alle Komponenten vorhanden sind, kommt Gerhartsreiter/Rockefeller mit der Geschichte nicht besonders groß heraus. Es gibt ein paar Meldungen, aber zu einer symptomatischen Kult- und Kulturgeschichte taugen sie nicht. Man muss nur probeweise so große Ereignisse wie das vom Hauptmann von Köpenick oder vom falschen Prinzen Harry Domela (der in den ersten 20 Jahren des 20. Jahrhunderts den Enkel des Kaisers mimte) dagegenhalten und an den Medienrummel erinnern, von dem diese Fälle begleitet und fortgeschrieben worden sind. Und man muss sich auch noch einmal an die Wirkmächtigkeit dieser Hochstaplergeschichten erinnern, an ihre kulturelle Prägekraft, an ihre Kraft, *das* Hochstaplerereignis als Hochstaplerstory schlechthin zu definieren, um zu begreifen, dass aus dem Fall Gerhartsreiter eben so gut wie gar nichts gemacht wird.

Dabei darf man natürlich nicht übersehen, dass es hier mit dem Mordfall einen Aspekt der Geschichte gibt, der nicht in das Schema der üblichen Hochstaplerstory hineinpasst. Gerhartsreiter lässt sich am Ende nicht mehr als genialer Trickser inszenieren. Stattdessen treten eher psychotische Strukturen in den Vordergrund. Denn auch das gehört schon zur Topik des Hochstapler-Narrativs und der Überlieferung ihrer Stories: dass sie im Kern etwas Lustiges enthalten und unser Gelächter provozieren, weil Hochstapler angeblich etwas sichtbar machen, was sich sonst nicht sehen lässt. Das gelingt dem Hochstapler, so heißt es, weil er einen Spiegel vorhält und dabei zeigt, dass die Welt dem bloßen Schein huldigt und in ihren strukturellen Selbsttäuschungen entlarvt werden kann, blind an etwas zu glauben und deshalb nicht sehen zu können, wenn ihr nur noch etwas Hohles geboten wird.

Je genauer man hinschaut, umso deutlicher erkennt man an dieser Aufzählung, dass die Geschichten zwar humoristisch verpackt sind, dass es aber um viel grundsätzlichere kulturelle Problemkonstellationen geht, welche die Hochstaplergeschichte in eine Schlüsselgeschichte verwandeln, in der diese Problemkonstellationen griffig verhandelt und mit möglichen Lösungsvorschlägen versehen werden.

Die Topik des Hochstaplernarrativs macht deutlich, dass diese zentrale Problemkonstellation im Beziehungsgefüge von Schein und Sein liegt. Und wenn es richtig ist, wie Robert Spaemann pointiert hat, dass die Unterscheidung von Sein und Schein „die erste und fundamentalste Unterscheidung [ist], mit der die Philosophie beginnt",[3] dann wird klar, dass mit den Hochstaplergeschichten nicht irgendetwas Beliebiges, Unterhaltsames, sondern eine fundamentale Frage verhandelt wird.

Traditionell erscheint dabei das Sein als das eigentlich Sichere und Stabile, das überhaupt verbürgt, dass etwas ist und nicht viel mehr *nichts*; der Schein dagegen gilt als das Unbehaftbare, das Unverlässliche und Ephemere, auf das man nicht setzen kann, an dem man sich auch nicht festhalten kann, auf das man sich nicht einmal richtig beziehen kann. Kurzum: Wer sich auf den bloßen Schein verlässt, der ist verlassen.

Interessanterweise wird in der Geschichte der Philosophie die Scheinhaftigkeit die längste Zeit der äußeren Welt, der Er*schein*ungswelt, wie es ja nicht zufällig heißt, zugeschrieben. Das macht diese Problemkonstellation natürlich kompliziert. Denn damit ist ja gerade das, was ich sehe und was ich anfassen kann, dessen ich mich haptisch und kommunikativ versichern kann, das Unverlässliche. Das heißt: Ausgerechnet das, woran man sich *nicht* festhalten darf und worauf man sich *nicht* verlassen darf, erscheint im Gegenteil als das, worauf man sich verlassen kann.

Anthropologisch geht das auf Zeiten zurück, in denen der Großteil der Welt als nicht stabil wahrgenommen worden ist. Nicht nur gilt, dass alles, was da ist, auch gleich wieder verschwinden kann; auch ist alles, was aus der Fremde kommt, also in der eigenen aufwendig stabilisierten Wahrnehmungswelt erscheint, etwas potentiell Bedrohliches. Fremde lassen sich generell schlecht einschätzen, mögen sie auch behaupten, wer sie sind, woher sie kommen und mit welchem Ziel sie unterwegs sind – verlassen kann man sich eben nicht auf sie. Vertrauen ist in diesen Kontexten, in denen Kontakte nur *face to face* gepflegt und darüber hinaus kaum abgesichert werden können, schwer herzustellen. Deshalb kommt in diesen Kontexten der Entwicklung und Optimierung von Erkundungs-, Reflexions- und Sicherungsstrategien höchste Bedeutung zu. Diese halten immer bewusst, dass sich hinter der Erscheinung etwas ganz Anderes verbergen kann. Und sie halten sich an das, was der Idee nach einigermaßen sicher erscheint (eben weil es gerade nicht die Erscheinung ist, sondern sich platonisch aufs Reich der Ideen zurückbeziehen lässt, wo alles in reiner Form existiert).

3 Robert Spaemann: Wirklichkeit als Anthropomorphismus. http://www.kath-info.de/wirklichkeit.html (Zugriff am 07.02.2014).

Ideale sind in diesem Denkmodell paradoxerweise die allerhärteste Währung, während alles, was realer und greifbarer wird, je mehr es durch die Wirklichkeit determiniert wird, umso unverlässlicher ist. Es wird erst Nietzsche sein, der diese eigenartige Paradoxie als solche erkennt und sie provokativ umdreht, um dem Schein den Vorzug vor dem Sein zu geben, genauer: Er wird der sein, der dem Sein nichts anderes zuschreibt als Scheinqualitäten, und der deshalb dann auch der Dauerarbeit am Schein als ästhetischer Grundhaltung des Menschen (insbesondere des Philosophen und des Künstlers) den Vorzug gibt.

Thomas Mann wird bekanntlich nicht nur mit seinen Hochstaplerfiktionen, sondern mit dem gesamten Selbstverständnis des Künstler- und Schriftstellerdaseins genau auf diesem Drehmoment Nietzsches ansetzen und dann seinen *Felix Krull* in immer neuen Varianten seine Runden drehen lassen. Nietzsche auf Seiten der Philosophie und Thomas Mann auf Seiten der Literatur ordnen damit die so lange Zeit über das Paradox definierte, gültige Problemkonstellation, um es in *neue* Paradoxien zu überführen. Sie tun das aber nicht aus heiterem Himmel. Besser versteht man sie als Seismographen für größere kulturelle Veränderungen, die seit Mitte des 19. Jahrhunderts das zwar prekäre, aber als Problemkonstellation dennoch stabile Verhältnis von Schein und Sein irritieren. Das hat, um auch dies ganz kurz und knapp zu sagen, mit der Dynamisierung des Kapitalismus im Zuge der Industrialisierung zu tun, die sukzessive dazu führt, dass die kulturellen Sicherungssysteme derart umgebaut werden, dass Schein und Sein nicht mehr wie bisher miteinander in Beziehung gesetzt werden können, und dass ausgerechnet das Sein als eigentlicher Bezugs- und Festwert der Kultur gilt.

Dieser Vorgang ist für die Zeitgenossen so heikel, so risikoreich und so schwer umzusetzen, dass er immer wieder neu auf affektive Weise thematisiert werden muss. Grundsätzlich wird der Wandel sichtbar in den Konzepten des sozialen Aufstiegs bzw. der kulturellen Machtübernahme. Diese konzentrieren sich nämlich ab dieser Zeit immer weniger auf die Herkunft von Individuen. Sie konzentrieren sich immer stärker auf die *Potentiale*, die das Individuum aus sich selbst heraus und für sich entfalten kann. Sie achten immer weniger auf das, was man mitbekommen hat, und immer mehr auf das, was man aus den eigenen Möglichkeiten macht.

Die *selfmade men* – die Männer, die etwas aus sich gemacht haben – werden damit zu den wichtigeren Orientierungsgestalten. Der alte Adel verschwindet – was seine politische, ökonomische und kulturelle Bedeutung anbetrifft – immer weiter von der Bildfläche. In den Vordergrund treten stattdessen die neuen Adeligen, Leute wie der Bankier Rothschild etwa, den bekanntlich Heinrich Heine 1841 in einem Moment porträtiert hat, wo er dem französischen Monarchen den Rang alleine dadurch abläuft, dass er mehr Geld zur Verfügung hat, und es ihm leihen kann.[4] Rothschilds Vater war am Ende des 18. Jahrhunderts noch ein jüdischer Geldhändler im Frankfurter Ghetto, aber seine Söhne operieren 30 Jahre später international über mehrere europäische Filialen mit eigenem Kommunikationssystem. Ihr Geld verdienen sie mit Geld. Böse Zungen lügen ihnen hinterher, sie seien reich geworden, weil sie auf die Niederlage Napoleons bei Waterloo gewettet haben, was nicht stimmt. Richtig ist nur, dass sie mit neuerarbeiteten, ständig optimierten Strategien nicht nur Geld verleihen, sondern auch spekulieren und damit eben doch Wetten auf die Zukunft abschließen, was aber nichts anderes heißt, als dass sie sich gleich in mehrerer Hinsicht der alten Sein-und-Schein-Problemkonstellation widersetzen: Sie lösen sich (auch wenn die Rothschilds natürlich darauf achten, dass ihre Geschäfte gedeckt sind, also das Risiko entsprechend abgefedert ist) von der Rückrechnung des Geldes auf Festwerte ab und orientieren sich am Tauschwert. Der Tauschwert ist dabei etwas, das erstens in der Gegenwart gilt und zweitens in der Zukunft interessant wird. Seine Vergangenheit interessiert nicht (allenfalls, um hochzurechnen, was in der Zukunft aus ihm werden könnte). Sie lösen sich damit von der Herkunft ab – und zwar nicht nur von der Herkunft des Geldes, sondern auch bei der Wahl von Geschäftspartnern, deren jetzige und zukünftige Solvenz interessiert, während alles andere, was zuvor die Kreditwürdigkeit verbürgt hat (Adelstitel, Familiennamen, Familientradition, Tiefe der Verwurzelung im Machtgefüge), an Interesse verliert. Das betrifft auch die Rothschilds selbst, die ja eben selbst nicht auf ihre Familientradition verweisen können, weil sie als Juden gerade noch geächtet waren und weil ihr unglaublicher Reichtum nicht über Jahrhunderte hinweg akkumuliert und gesichert worden ist, sondern durch rasante Spekulationen im Wimpernschlag entstanden ist. So sind die Rothschilds

4 Vgl. Heinrich Heine: *Lutetia. Erster Teil.* In: Ders.: *Werke und Briefe in zehn Bänden*, Bd. 6, hrsg. v. Hans Kaufmann. Berlin / Weimar: Aufbau 1972, S. 378.

selfmade men im eigentlichen Sinn. Sie pflegen dieses Image übrigens bis heute, hat doch gerade erst David Baron de Rothschild von sich behauptet, Ehre, Ruhm und Familiengeschichte sei nichts, worüber er lange nachdenke; was zähle, sei die eigene Leistung.[5]

Wenn Heine nun für die Mitte des 19. Jahrhunderts mit seiner Formel behauptet, der damalige Rothschild sei der Prophet des Gottes namens Geld, dann meint er damit: Dieser Bankier und sein spezifischer Umgang mit Geld stehen für das Neue, das Nächste, das Kommende, bei dem die allerhöchste Instanz, die das Sein sichert, verbürgt und mit Sinn ausstattet, ausgerechnet das ist, was sich immer weiter von jeder Festwertsicherung entfernt und mit sich selbst auf die Zukunft wettet, also auf das, was allerhöchstens als Vorschein existiert, weil es ja eben noch nicht ist.

Diese Zukunft, auf die hier gewettet wird, bringt enorme Blüten, Schrägheiten, Absurditäten, Erfolge, riesige Blasen und auch immer wieder Krisen und Katastrophen hervor. Diese schaffen Wahrnehmungsprobleme und Anpassungsprobleme ganz besonderer Art. „In einer so verunsicherten Welt", schreibt Peter Sloterdijk in seiner *Kritik der zynischen Vernunft*, die auch dem Hochstapler und der Weimarer Republik als Hochstaplerrepublik ein Extrakapitel widmet,

> wuchs der Hochstapler zum Zeittypus *par excellence* heran. Nicht nur zahlenmäßig vermehrten sich Fälle von Betrug, Täuschung, Irreführung, Heiratsschwindel, Scharlatanerie etc.; vielmehr wurde der Hochstapler auch im Sinn der kollektiven Selbstvergewisserung zu einer unentbehrlichen Figur, zum Zeitmodell und zur mythischen Schablone.[6]

Ihre Aktionen und die Geschichten, die über sie erzählt werden, beweisen, dass Täuschung in dieser Zeit „zu einer Branche und *Täuschungserwartung* […] zu einem allgemeinen Bewußtseinszustand geworden war."[7] So thematisieren Hochstapleraktivitäten und die Geschichten, die über sie erzählt werden, die Verschiebung und Neufassung einer kulturellen Problemkonstellation. Sie ziehen ihre Konturen nach, weisen auf Veränderungen hin und schlagen gleichzeitig probehalber neue, zumindest andere Lösungsfiguren vor.

5 Vgl. Robert Landgraf / Thomas Hanke: David Baron de Rothschild. Nur die eigene Leistung zählt. In: *Der Tagesspiegel*, 20.11.2012. http://www.tagesspiegel.de/meinung/davidbaronderothschild-nur-die-eigene-leistung-zaehlt/7410958.html (Zugriff am 07.02.2014).

6 Peter Sloterdijk: *Kritik der zynischen Vernunft*, Bd. 2. Frankfurt am Main: Suhrkamp 1983, S. 850.

7 Ebd., S. 852.

Sloterdijk koppelt seine Diagnose übrigens noch an etwas anderes. Dass der Hochstapler im ersten Drittel des 20. Jahrhunderts eine derartige Hochkonjunktur erlebt, hat nicht nur mit dem Geld zu tun, sondern auch mit einer zweiten Verschiebung vom Sein zum Schein, die wesentlich am Erfolg der Medien hängt: an der Zeitung, an der Photographie, am Film und der mit ihnen verbundenen Prominenten-, Star- und Sternchenkultur. Für alle Zeitgenossen sichtbar und von vielen Zeitgenossen auch offen kritisiert, wird hier das Sein allein durch das definiert, was die vorgestellten Persönlichkeiten zu sein scheinen. Es ist ihre Inszenierung, ihr Spiel *in* der Öffentlichkeit und *mit* der Öffentlichkeit. Wer immer auch in den Medien auftaucht, der ist durch die Medien gemacht, formiert, formatiert und ausgestellt. Die Verdienste, die dazu führen, dass man dieser Behandlung zuteil wird, erscheinen dabei nicht immer ganz unzweifelhafter Natur. Im Gegenteil wird der Verdacht immer stärker, dass auch das, was als Verdienst zählt, um in den Medien zu erscheinen, von den Medien gleich mit gemacht, formiert und formatiert wird. Genau an dieser Neu-Definition der Beziehung von Schein und Sein (in der nun massenmedial der Schein das Sein bestimmt), an diesem Übergang erscheint der Hochstapler. Und mit dem, was er tut, und mit dem, was von ihm erzählt wird, passiert nun dreierlei:

* *Erstens* rechnet er der Kultur die Kosten vor, die es mit sich bringt, wenn man von den alten Sicherungsmechanismen, die über das Sein laufen, umstellt, und sich nur noch auf den bloßen Schein verlässt. In jeder Hochstaplergeschichte steckt ein „Siehste!", ein „Ätsch!", ein „Haben wir doch gesagt!", eine Schadenfreude, die man gegenüber den Besserwissern hegt, die eigentlich nur Idioten sind, Ahnungslose, die zwar glauben, dass man alles irgendwie anders und neu machen kann, aber gar nicht wissen, welches Risiko sie eingehen.
* *Zweitens* rechnet der Hochstapler der Gesellschaft mit jeder Geschichte, die über ihn erzählt wird, das vor, woran sie glaubt, worauf sie sich bezieht, woran sie sich festhält, und er macht es lächerlich, weil er das nur als Hohlform vorstellt. Er richtet sich in diesem Sinn nicht bloß gegen die Leichtgläubigkeit derer, die von Sein auf Schein umstellen. Er richtet sich zugleich gegen all jene, die kontrafaktisch meinen, dass sie noch immer an den alten Vorstellungen vom Sein festhalten wollen. Wenn es immer heißt, der Hochstapler halte einer Welt den Spiegel vor, die betrogen sein wolle, dann gilt das also für die Traditionalisten wie für die Progressiven gleichermaßen: An der Kante,

der Bruchstelle, an diesem Übergang, an dem zwei gegensätzliche Formen der Verknüpfung von Sein und Schein aneinander stoßen und die eine Form *keine* Orientierung und die andere die Orientierung *noch nicht* garantieren kann, da nimmt er einfach alle hoch.

*Das macht er *drittens*, indem er sich selbst als jemand vorführt, der schlitzohrig begriffen hat, wie man mit den neuen, unübersichtlichen, überkomplexen Verhältnissen umgeht und daraus seinen Nutzen zieht. Wenn alle verwirrt sind und nicht mehr richtig durchblicken, ist es der Hochstapler, der die Spielregeln vielleicht nicht ganz verstehen kann, der sein Spiel aber so raffiniert auf diese Regeln abstimmt, dass er schneller ist als alle anderen, die auch noch mitspielen. Das lässt es so aussehen, als verfüge er über das, was eigentlich alle in unübersichtlichen, undurchsichtigen, strukturell überfordernden Gemengelagen brauchen: Spielkompetenz, Schnelligkeit und eben die grundsätzliche Losgelöstheit von allen Bindungen an das, was mal die Verlässlichkeit des Seins ausgemacht und deshalb potentiell eher unbeweglich gemacht hat.

Der Hochstapler kann sich zum Schein auf jede Situation gut einstellen und deshalb als Vorbild für alle anderen erscheinen. Weil das so ist und weil wir beim Zusehen oder Zuhören natürlich genau wissen, dass diese Vorbildhaftigkeit keine ist, dass sie nur auf einem Trick einerseits und auf der Beschränktheit der Leute andererseits beruht, die auf diesen Trick reinfallen, und weil dabei plötzlich schlagartig klar wird, wie komplex das Verhältnis von Sein und Schein sich eigentlich gestaltet, lachen wir auch immer, wenn uns von Hochstaplern berichtet wird. Es sind kleine lustige Lehrgeschichten darüber, wie man überkomplexe, unübersichtliche Situationen so manipuliert, dass man in ihnen bestehen kann.

3.

Behält man all dies im Sinn und betrachtet abermals die Gerhartsreiter/Rockefeller-Geschichte, dann erkennt man, dass diese Geschichte zwar alle diese Bedingungen erfüllt. Doch erkennt man jetzt auch, dass sie, auch wenn sie in der Gegenwart spielt, doch auf eigenartige Weise aus der Welt gefallen scheint, und überhaupt nicht so *up to date* ist, wie Hochstaplergeschichten das noch um 1900 herum gewesen sind.

Tatsächlich scheint die Geschichte vom bayerischen Jungen, der mittellos in die USA geht und dort zum Schein-Millionär aufsteigt, eher eine Geschichte des 19. Jahrhunderts zu sein, vielleicht noch der ersten Hälfte des 20. Jahrhunderts, wo genau dieser Mythos vom Land der unbegrenzten Aufstiegsmöglichkeiten Konjunktur hatte. Seine Geschichte lebt vom Verweis auf alte Trickserelen, die eine Problemkonstellation aufzurufen versuchen, eine Konfrontation von zwei unterschiedlichen Sein- und Schein-Mustern, die zu Beginn des 21. Jahrhunderts, rund hundert Jahre nach der großen Hochstaplerkonjunktur keine echten Problemkonstellationen mehr sind.

* Während die Hochstaplergeschichten uns etwas davon erzählen wollen, wie man mit dem Spielen von Rollen andere übers Ohr hauen bzw. selbst übers Ohr gehauen werden kann, wissen wir, dass wir immer auch Rollen spielen (und sie gut spielen müssen, um gut sein zu können).
* Während Hochstaplergeschichten uns etwas über das kulturelle und individuelle Risiko der Auflösung von Identität erzählen wollen, wissen wir längst, dass Identität nicht stabil ist, sondern immer auch situativ neu hergestellt werden muss.
* Während uns Hochstaplergeschichten immer noch etwas vom rasanten Aufstieg in Gesellschaftsformationen erzählen wollen, die pyramidal, hierarchisch gebaut sind und wo es nur von unten nach oben und dann wieder von oben nach unten geht, leben wir längst in netzartigen, hyperdimensionalen Zusammenhängen, in denen die Ströme ganz anders laufen, auf jeden Fall nicht so, dass man sie in einen Titel packen kann, um damit eine kometenhafte Karriere hinzulegen.
* Während Hochstaplergeschichten uns erzählen wollen, dass mit Zeitung, Film und Rundfunk Scheinwelten entstehen, in denen sogenannte Stars, Sternchen und Prominente als überlebensgroße, mit Wünschen aufgeladene, leere Hüllen existieren, bewegen wir uns als abgeklärte Mediennutzer längst mit einem Zappen durch die Kanäle und einem Klicken durch die Seiten und Timelines, bei dem wir jedes Mal das kleine und das große Einmaleins der Konstruktion der Welt durch die Medien aufsagen können (denn wissen wir nicht alles, was wir über die Welt wissen, durch die Medien?), um dann das, was wir sind und das, was andere sind, durch unser Wissen der Strategien der Selbstinszenierung zu multiplizieren und durch die Ordnungsregeln der Diskurse bei YouTube, Facebook, Twitter, Xing und LinkedIn wieder zu dividieren.
* Während uns Hochstaplergeschichten erzählen wollen, dass der Umgang mit neuen Situationen nicht mehr mit den alten Mitteln,

aber jenseits davon eigentlich nur mit destruktiven oder produktiven Betrugsformen probeweise erlernt werden kann, wissen wir auch, dass wir keineswegs immer die Wahrheit sagen müssen und dürfen, sondern manchmal experimentell verfahren, d. h. uns auf ungesicherte Weise bewegen müssen. Wir erwarten sogar von Leuten, dass sie experimentell verfahren oder uns Experimente dieser Art vorführen und damit zeigen, dass sie sich an neue Situationen anpassen und innovative Lösungen finden können.

* Während uns Hochstaplergeschichten etwas über die Folgen der Titel- und Namenssucht beibringen wollen, wissen wir auch, dass wir uns grundsätzlich und weitestgehend in Feldern bewegen, in denen uns weder Titel noch große Namen weiterhelfen. Vielleicht kennen wir noch hier und da Beispiele dafür, die das Gegenteil beweisen, aber keiner von uns würde ernsthaft behaupten wollen, dass man sich (in unseren Milieus) strukturell Vorteile verschaffen kann, indem man sich als Arzt, als Doktor, als Professor, als Diplomat, als Pilot ausgibt, schon gar nicht als Baron, als Graf, womöglich als Prinz. All das hat ja mittlerweile nur noch die Qualität von dem, was Susan Sontag als Camp bezeichnet hat.[8]

* Während uns Hochstaplergeschichten erzählen wollen, wie heikel es ist, wenn man sich nicht mehr über die Tradition, die Herkunft und die tiefe Verwurzelung im Sein legitimiert, sondern freischwebend agiert, wissen wir genereller und grundsätzlicher, dass uns die Orientierung an der Vergangenheit, das Berufen auf eine Tradition, der Verweis auf bisher im kulturellen, familiären oder individuellen Rahmen nur bedingt weiterhilft.

* Während uns nämlich Hochstaplergeschichten etwas über das Umschalten der Kultur von Vergangenheitsorientierung auf Gegenwartsorientierung erzählen wollen, also von den ersten Versuchen, mit dem, was gerade eben jetzt passiert, gerade eben jetzt situativ umzugehen und dabei zu scheitern oder zu bestehen, haben wir uns an diese Umstellung langst gewöhnt, kennen ihre Vorteile, kennen ihre Nachteile und sind mittlerweile dabei, uns mit einer ganz anderen Umstellung anzufreunden, nämlich mit der Ablösung von der Gegenwart und der verstärkten Antizipation von dem, was in Zukunft passiert. Denn mittlerweile haben wir es, wie der Soziologe Dirk Baecker pointiert hat, „mit einer Gesellschaft zu tun bekommen, die auf die

8 Vgl. Susan Sontag: Notes on ‚Camp'. http://www9.georgetown.edu/faculty/irvinem/theory/sontag-notesoncamp-1964.html (Zugriff am 07.02.2014).

Orientierungsfigur des nächsten geeicht [ist].“ Diese Gesellschaft wird laut Baecker „in all ihren Strukturen auf das Vermögen fokussiert sein, einen jeweils nächsten Schritt zu finden und von dort aus einen flüchtigen Blick zu wagen auf die Verhältnisse, die man dort vorfindet“.[9] Das hat etwas mit den neuen Zeitverhältnissen zu tun, in denen die Innovationsgeschwindigkeiten erhöht und damit die Alterungs- und Verfallsprozesse von Bestehendem derart dynamisiert worden sind, dass Gegenwartskompetenz allein nicht ausreicht. Erhellend ist in diesem Zusammenhang auch die Lektüre von Micael Dahléns Buch *Nextopia*, das die von Baecker beschriebene Umstellung aus Marketingperspektive in den Blick nimmt:

> Wir leben also in einer Erwartungsgesellschaft. Morgen ist der einzige relevante Zeitrahmen, und unser Alltags-, Geschäfts- und Liebesleben kreist um die Erwartungen an die Zukunft. […] Wir führen unser Leben als kommendes Werk, […] können uns niemals auf vergangenen Leistungen ausruhen und drängen uns immer dazu, mit unseren nächsten Leistungen herauszuragen.[10]

Wir haben es demnach mit einer Gesellschaft zu tun, „in der man niemals besser ist als mit seinem nächsten Erfolg.“[11] Die Fähigkeit zur Antizipation wird hier zur Schlüsselqualifikation, mit der allerdings die alte Problemkonstellation der Hochstaplergeschichten nichts zu tun hat, weil die sich eben eher auf das Spiel mit den Regeln der Vergangenheit zur Herstellung von Gegenwart konzentrieren.

Das aber heißt: Wir haben es jetzt mit ganz anderen Problemkonstellationen zu tun. Es geht jetzt um ganz neue Fragen der Anpassung, die wir mit den Geschichten, die am Ende des 19. Jahrhunderts verbreitet werden, nicht mehr bewältigen. Der Hochstapler kann unter diesen Bedingungen keine Kultfigur mehr sein, er kann uns weder etwas über die Kultur erzählen, die wir gerade verlassen, noch kann er etwas an der Kultur des Nächsten sichtbar machen. Wo er heute noch auftaucht und gehypt wird (wenn überhaupt), da umweht ihn sofort etwas ganz und gar Nostalgisches, da werden wir noch einmal zurückgeführt an eine Bruchstelle, die nun schon weit über hundert Jahre alt ist. Er erscheint als eine Art Zitat, Hochstapeleien sind Performances mit Retro-Charakter.

9 Dirk Baecker: *Studien zur nächsten Gesellschaft*. Frankfurt am Main: Suhrkamp 2008, S. 8–9.

10 Micael Dahlén: *Nextopia. Freu dich auf die Zukunft – du wirst ihr nicht entkommen*, aus d. Engl. v. T. A. Wegberg. Frankfurt am Main / New York: Campus 2013, S. 13–14.

11 Ebd., S. 17.

4.

Zuletzt hat nun aber ausgerechnet Peter Sloterdijk noch einmal den Versuch gemacht, den Hochstapler zu hypen. Sloterdijk hat nämlich anlässlich einer Rede, die er an der Universität Bayreuth gehalten hat, auf die Aktualität der Hochstaplerfigur hingewiesen. „Sie gehört“, so Sloterdijk,

> nicht nur empirisch, sondern auch rechtens und prinzipiell ins Zentrum der modernen Kultur. Tatsächlich liefert die Figur des Hochstaplers den Steckbrief zu jenem Subjekt, nach dem die moderne Philosophie von Descartes' Tagen an fahndet, um ihm im Guten wie im Bösen die größten Lasten aufzubürden. Kein anderer als er, der Hochstapler, ist das Subjekt, das sich selbst begründet und doch auf vorgängigen Stiftungen ruht; das originell sein soll und im Herkommen verankert bleibt; das sich selbst wählt und sich zugleich an Engagements bindet; das alles selbst tun will und es im Ernstfall nie gewesen ist; das sich zur Revolution aufschwingt und sich zugleich in die Durchschnittlichkeit bettet; das immer ganz bei sich sein möchte und sich doch ständig in den Medien sieht. Was immer man über das Subjekt der Moderne sagen mag, es läuft auf den Hochstapler hinaus.[12]

Und wenn Sloterdijk nun noch dran hängt, dass „diese Beobachtungen Konsequenzen für die Beurteilung jener Aktivitäten nach sich [ziehen], die man Plagiate oder geistige Diebstähle nennt“, dann wird klar, warum er überhaupt über den Hochstapler spricht und das auch noch an der Universität Bayreuth. „Man darf unterstellen“, sagt Sloterdijk,

> Thomas Mann hätte sich im Stillen ganz außerordentlich über die Affaire erheitert, die im Februar 2011 die Bundesrepublik erschütterte, als man einem damaligen deutschen Minister, einem gewissen Herrn zu Guttenberg, eine beeindruckende Fülle von unmarkierten Übernahmen langer und kurzer fremder Textstücke in seine Dissertation zu einem verfassungsrechtlichen Gegenstand nachwies. Er hätte sich fürstlich amüsiert bei dem Gedanken, daß ein Mann mit einem so gut entwickelten Krull-Faktor es bis an die Spitze des Verteidigungsministeriums eines mächtigen Landes bringen konnte, eines Landes, dessen Armee noch ein gutes halbes Jahrhundert zuvor die Welt in Furcht und Schrecken versetzt hatte.[13]

Und dann hebt er es noch auf die Höhe, auf der die Hochstaplergeschichten generell platziert werden:

12 Peter Sloterdijk: Der Heilige und der Hochstapler. Von der Krise der Wiederholung in der Moderne. http://www.swr.de/swr2/programm/sendungen/essay/-/id%3D9761112/property%3Ddownload/nid%3D659852/1ihuoxj/swr2-essay-20120625.pdf (Zugriff am 24.01.2014), S. 13.

13 Ebd., S. 14.

> Ausgerechnet Bayreuth! Ein starker Coup! Es mochte noch angehen, daß Felix Krull sich durch einen vorzüglich gespielten epileptischen Anfall vor dem Musterungsarzt dem Militärdienst entzog. Aber daß ein aufstrebender Politiker, der bald fürs Militärische zuständig werden sollte, durch eine nicht allzu gut gefälschte rechtswissenschaftliche Arbeit sich akademische Ehren erwarb – das bringt eine neue, gefährlich plumpe, nahezu makabre Farbe ins Krullsche Spiel. Nichtsdestoweniger, müßte der Romancier bei sich gedacht haben, es paßt letztlich nicht übel zum *genius loci*. Ja, um die Wahrheit zu sagen, diese Bayreuther Posse hätte kein superkluger Regisseur, kein auf Provokation sinnender Arts-Director sich besser ausdenken können [...].[14]

Nun sieht man aber genau an dieser Wendung, wie tief Sloterdijk in die staubige Kulturkiste greifen muss, um aus dem Guttenberg-Fall etwas zu machen: Militär, Politik, Adelstitel gemischt mit Doktortitel, dazu noch Bayreuth, Wagner, und damit natürlich auch Nietzsche, Thomas Mann, Felix Krull. Sloterdijk erzählt den Fall als große Oper, um aber zugleich darauf hinzuweisen, dass es sich doch nur um eine Operette handelt.

Je mehr er aber versucht, den Fall Guttenberg auf die richtige Größe zu projizieren, umso weiter muss er sich damit von der Gegenwart entfernen. Statt an ihm etwas Neues freizulegen, kann er nichts anderes tun, als das alte Narrativ mit seiner alten Topik und seinen alten Formeln zu nutzen. Somit erzählt er uns nichts, was man nicht schon um 1920 hätte erzählen können, und das eben in einer Zeit, in der genau diese Problemkonstellation, die hier als symptomatische verhandelt wird, eine ganz andere Bedeutung gehabt hat.

Das objektive Moment, das sich in diesem Versuch, sich aus der Gegenwart zu entfernen, ausdrückt, ist allerdings, dass es sich bei der ganzen Guttenberg-Geschichte tatsächlich um etwas geradezu verstörend Altbackenes handelt. Tatsächlich war die Melange von Politik, Adel, Militär, Doktortitel, Bayern, Berlin und Bayreuth von Beginn an eine Geschichte mit Retro-Kult-Charakter. Bis in die Artikel und Fotostrecken der Illustrierten hinein lässt sich nachweisen, dass hier noch einmal der absurde Versuch gemacht wurde, Tradition mit Moderne zu verbinden, den Adel unter neuesten Medienbedingungen noch einmal aufleben und hochleben zu lassen. Am ausdruckreichsten und schrägsten kommt das wohl auf jenem berühmten Foto zum Ausdruck, auf dem sich Minister Guttenberg in „Was kostet die Welt?"-Pose im Glühbirnenlicht auf dem New Yorker Times Square hat fotografieren lassen, ein Fotomotiv, das so sehr aus der Zeit

14 Sloterdijk: Der Heilige und der Hochstapler, S. 15.

Abb. 1: Karl-Theodor zu Guttenberg am Times Square (2009).

gefallen ist, dass es nur zum Zitat eines Zitats eines Zitats taugt, aber dennoch echt sein will und die Leute beeindrucken soll: ‚Seht her, ich in Amerika, im Land der unbegrenzten Möglichkeiten, im Glitzerlicht der Traum- und Geld- und Medien-Welt!'

So definiert sich das objektive Moment, das in der Guttenberg-Geschichte zum Ausdruck kommt: In Deutschland hat man tatsächlich für einen Moment gedacht, mit Retro-Kitsch könne man noch einmal so wie 1954 rufen: ‚Seht her, wir sind wieder wer!' Wenn Guttenberg im Nachhinein ein Hochstapler genannt wird, weil herauskommt, dass er seine Doktorarbeit gar nicht selbst geschrieben hat, dann verdoppelt und verdreifacht sich das alles – weil man selbst im Moment der Aufdeckung des Schwindels glaubt, hier noch immer einem Stück beizuwohnen, das aus der Zeit gefallen ist und mit ihm man selbst.

Der Versuch, diesen Fall so richtig hochzuschäumen und den Schaum noch eine Zeit lang luftig zu halten, ist aber nicht richtig gelungen. Die Politik hat Guttenberg aussortiert. Weder dem Ministerium noch der Bundeswehr hängt noch nach, dass hier ein angeblicher Hochstapler aufgekreuzt ist. Auch die Medien haben schnell das Interesse verloren. Nur die Universitäten haben mit dem Fall Guttenberg nach wie vor ihre liebe Mühe. Hier gibt es den längsten Nachhall, die größte Empörung, auch die stärksten Proteste und den schärfsten

Zynismus. Hier ist das Betrugs- und Hochstaplerthema am schnellsten wieder auf die Agenda gekommen, verbunden mit einer symptomatisierenden Kritik der Uni-Welt. Schließlich *will* diese betrogen sein, zieht sie doch den Schein dem Sein vor. Zudem lässt sie sich schnell und nachdrücklich blenden, weshalb es sich hier offensichtlich noch lohnt, aus guter Familie zu sein und einen Adelstitel zu tragen, um ungeprüft mit seiner Arbeit durchgewunken zu werden, damit man fortan seinen Namen noch um einen Titel verlängern und sein Ansehen in der Öffentlichkeit steigern kann.

An dieser besonders intensiven Reaktion und der Anbindung der Guttenberg-Geschichte an die Hochstapler-Topik erweist sich, dass wir es mit einem Retro-Phänomen zu tun haben, das nur in einem Retro-System so nachdrücklich wirken kann. Statt grundsätzlicher darüber nachzudenken, wie sich die Kultur des Nächsten, also die Ablösung von der Gegenwartsorientierung auf die nächste Zukunft – wie sie Dirk Baecker diagnostiziert und Micael Dahlén aus Marketing-Perspektive gehypt hat – auf die Frage nach wissenschaftlicher Ausbildung auswirken könnte, hält man sich hier an die Topik des 19. Jahrhunderts und versucht mit Nadelstreifen, Einstecktuch und der alten Sein/Schein-Konstellation aktuelle Probleme zu lösen.

Einer wie Guttenberg tritt auf, von Sloterdijk wird das Cartesianische Subjekt beschworen, werden Bayreuth, Wagner und Thomas Mann bemüht, und am Ende empfiehlt Sloterdijk übrigens in seiner Rede an der Bayreuther Uni den Professoren, die Doktorarbeiten genauer und bissiger zu lesen. Das ist natürlich einerseits zu viel, andererseits zu wenig: Zuviel ist es, weil Guttenberg wirklich nur ein ganz schlichter Typ ist, der die schlichteste Form von Doktorarbeit anfertigt und dafür einen schwachen Titel bekommt, von dem er ja selbst im Retrokitsch glaubt, dass er ihm irgendetwas nützen könnte. Guttenberg beweist ja nicht, dass der Doktortitel immer noch so begehrt ist, weil er so viel bringt. Er beweist lediglich, dass vor allem die Leute ihn als Namens-Schmuck begehren, die noch im falschen Jahrhundert leben und dort auch gerne wohnen bleiben möchten.

Der richtige Weg, mit den Fragen der Hochstapelei umzugehen, ist dementsprechend nicht, sie solchen armen Gestalten wie Guttenberg hinterherzutragen. Der richtige Weg ist, die Topik zu historisieren und sie als etwas herauszustellen, was nicht mehr in unsere Zeit passt und uns damit auch nichts mehr über die Problemkonstellationen, mit denen wir heute zu tun haben, sagen kann.

Daher sollte man diese Hochstaplergeschichten nicht aufwärmen und schon gar nicht mit einem Schmunzeln versehen oder gar behaupten, dass sie uns heute irgendetwas erklären. Wenn überhaupt, dann ist es an der Zeit, darüber nachzudenken, an welcher Schwelle wir jetzt stehen, ob und wie Schein und Sein neu austariert werden und was das für unsere Lebensentwürfe bedeutet, nicht zuletzt für die Wissenschaft.

Abbildungsnachweise

Lukas Stopczynski: Mika lügt nicht.

Sämtliche Abbildungen © Lukas Stopczynski.

Felix Lempp / Jannis Funk: „Some New Things Never before Seen!"

Sämtliche Abbildungen aus *Rain of Madness*. Als Bonus Feature enthalten auf der 3-Disc Special Edition von *Tropic Thunder* (USA 2008, R: Ben Stiller). DVD. DreamWorks Home Entertainment 2009.

Wieland Schwanebeck: Willkommen im Hochstapler-Biotop.

Abb. 1 *Krippendorf's Tribe* (*Jagabongo: Eine schrecklich nette Urwaldfamilie*, USA 1998, R: Todd Holland). DVD. Walt Disney Studios 2005.

Abb. 2 Hellmuth Karasek: Die Keule als Bumerang. In: *Hamburger Abendblatt*, 20.07.2013. http://www.abendblatt.de/glosse/article118228249/Die-Keule-als-Bumerang.html (Zugriff am 09.06.2014). © Andreas Laible.

Bernhard Stricker: Nachahmung und Theatralität.

Abb. 1 *All about Eve* (*Alles über Eva*, USA 1950, R: Joseph L. Mankiewicz). DVD. Twentieth Century Fox 2005.

Stephan Porombka: Über die Notwendigkeit.

Abb. 1 Karl-Theodor zu Guttenberg – Der Herr der Bilder. In: *Spiegel Online*, 03.03.2011. http://www.spiegel.de/fotostrecke/karl-theodor-zu-guttenberg-der-herr-der-bilder-fotostrecke-65286.html (Zugriff am 09.06.2014). © DDP.

Autorinnen und Autoren

Anna Foerster studiert Psychologie im Masterstudiengang an der Universität Würzburg. Sie interessiert sich für den Einfluss von Lügen auf beobachtbares Verhalten und untersucht diese Fragestellung mit Verhaltensexperimenten und elektrophysiologischen Methoden.

Jannis Funk studierte Film- und Fernsehproduktion in Potsdam-Babelsberg. Bis zum Diplom 2014 wurde er von der Verwertungsgesellschaft der Film- und Fernsehproduzenten mbH (VFF) sowie der Studienstiftung des deutschen Volkes als Stipendiat gefördert und war u. a. Teilnehmer des Berlinale Talent Campus 2012. Er betreut als Mitherausgeber das Online-Lexikon *Making-of. Ein Lexikon*, das eine Plattform für die interdisziplinäre Erforschung des Phänomens Making-of in der Gegenwartskultur bietet.

Anne Herrmann studierte in Leipzig Kommunikations- und Medienwissenschaft und war als Stipendiatin der Studienstiftung des deutschen Volkes und des DAAD zu Forschungsaufenthalten u. a. an der E. W. Scripps School of Journalism (Ohio University), der University of Southern California (Los Angeles) sowie am Centre Nationale de la Recherche Scientifique (Paris). Zu ihren Forschungsinteressen zählen die Gerüchteforschung, Innovations- bzw. Diffusionsforschung, Wissenschaftskommunikation sowie qualitative Sozialforschung.

Felix Lempp studierte Germanistik, Geschichtswissenschaften und Erziehungswissenschaften in Eichstätt und seit 2013 Deutsche Literatur in Freiburg im Breisgau. Bis zum 1. Staatsexamen für ein Lehramt am Gymnasium in Bayern wurde er von der Studienstiftung des deutschen Volkes und dem Max Weber-Programm des Freistaates Bayern als Stipendiat gefördert. Neben dem Studium betreut er als Mitherausgeber gemeinsam mit anderen (ehemaligen) Stipendiat_innen der Studienstiftung das Online-Lexikon *Making-of. Ein Lexikon*.

Roland Pfister, Wissenschaftlicher Mitarbeiter am Institut für Psychologie der Universität Würzburg, beschäftigt sich mit den kognitiven Grundlagen menschlicher Verhaltenssteuerung. Er hat im Jahr

2013 mit einer Arbeit über kognitive Auswirkungen bewusster Regelverstöße promoviert (*Breaking the Rule: Cognitive Conflict during Deliberate Rule Violations*). Darüber hinaus interessiert er sich für methodische Ansätze der experimentellen Verhaltensforschung und hat in diesem Zusammenhang verschiedene Artikel sowie ein Lehrbuch (*Inferenzstatistik verstehen: Von A wie Signifikanztest bis Z wie Konfidenzintervall*, 2013) veröffentlicht.

Stephan Porombka ist experimenteller Kulturwissenschaftler und produktiver Gegenwartsbeobachter. Nach Tätigkeiten an den Berliner Universitäten FU und HU sowie an der Universität Hildesheim ist er seit 2013 Professor für Texttheorie und Textgestaltung an der Universität der Künste Berlin. Ausgewählte Publikationen: *Hypertext. Zur Kritik eines digitalen Mythos* (2001), *Felix Krulls Erben* (2001), *Kollektive Kreativität* (hrsg. mit Wolfgang Schneider und Volker Wortmann, 2005), *Kritiken schreiben. Ein Trainingsbuch* (2006), *Ästhetik – Religion – Säkularisierung. Die klassische Moderne* (hrsg. mit Silvio Vietta, 2009), *Schreiben unter Strom* (2012).

Wieland Schwanebeck ist Wissenschaftlicher Mitarbeiter der Professur für Englische Literaturwissenschaft an der TU Dresden, wo er sein Studium der Anglistik und Germanistik 2009 mit dem 1. Staatsexamen und 2010 mit dem Magister Artium abschloss, und schließlich 2013 mit einer Arbeit zum Hochstaplermotiv im Werk von Patricia Highsmith promoviert wurde. Zu seinen Schwerpunkten in Forschung und Lehre zählen u. a. Gender Studies und Männlichkeitsforschung, britische Filmgeschichte, Alfred Hitchcock und Hochstaplerfiguren. Ausgewählte Publikationen: *Annäherungsversuche: Der Universitätsroman und die deutschsprachige Gegenwartsliteratur* (2012), *Der flexible Mr. Ripley: Hochstapelei und Männlichkeit in Literatur und Film* (2014), *Männlichkeit. Ein interdisziplinäres Handbuch* (hrsg. mit Stefan Horlacher und Bettina Schötz, in Vorbereitung), zahlreiche Aufsätze u. a. in *Literature/Film Quarterly*, *Adaptation* und *Wirkendes Wort.*

Katharina Schwarz ist Diplom-Biologin und Wissenschaftliche Mitarbeiterin am Institut für Systemische Neurowissenschaften am Universitätsklinikum Hamburg-Eppendorf. Sie untersucht, wie Erwartungen kognitive Leistung und Schmerzwahrnehmung beeinflussen und schreckt dabei auch nicht vor pharmakologischen Interventionen oder gefürchteten Geschlechter-Stereotypen zurück.

Sophie Spieler studierte Englisch und Deutsch an der Ernst-Moritz-Arndt Universität Greifswald, der Technischen Universität Dresden und als Fulbright-Stipendiatin an der Fairfield University in Connecticut (USA). 2012 schloss sie das 1. Staatsexamen mit einer Arbeit zur Konstruktion von Männlichkeit in ausgewählten Werken Edith Whartons ab und entwickelte als Wissenschaftliche Hilfskraft am Lehrstuhl für Nordamerikanische Literatur an der TU Dresden ein Dissertationsprojekt zum Elitendiskurs in den USA. Seit Oktober 2013 ist sie Promotionsstipendiatin an der Graduate School of North American Studies des John-F.-Kennedy-Instituts der Freien Universität Berlin.

Lukas Stopczynski studierte Design und Architektur in Münster, Wien und Stuttgart. Nach dem Bachelor (2010) erhielt er u. a. Stipendien für Valerio Olgiatis Masterclass in Istanbul und die AA Summer School in Tel Aviv. Neben Freelancetätigkeiten im Spannungsfeld von Grafik, Architektur und Kunst partizipierte er u. a. mit seiner Rauminstallation „Neubau 4“ an der Bewerbung von Katowice zur Europäischen Kulturhauptstadt 2016 und entwickelte als Stipendiat der Studienstiftung des deutschen Volkes diese Ideen in seinem Forschungsprojekt zum alternativen Tourismus für die Region Schlesien weiter. Hieran schlossen sich Workshops zur Architekturvermittlung in Polen sowie seine Teilnahme als DAAD-Stipendiat an der Sommerakademie der GUC in Kairo an. 2013 gewann er mit der interdisziplinären Projektgruppe unter Prof. Cordula Güdemann und Prof. Mark Blaschitz den Akademiepreis der Stuttgarter Kunstakademie für die Installation „living with art“.

Bernhard Stricker studierte als Stipendiat der Studienstiftung des deutschen Volkes Philosophie und Allgemeine und Vergleichende Literaturwissenschaft an der Ruhr-Universität Bochum. Letzte Veröffentlichungen: „Die ethische Bedeutung des Skeptizismus – Stanley Cavell und Emmanuel Lévinas“ (in: *Phänomenologische Forschungen*, hrsg. von Karl-Heinz Lembeck, Karl Mertens und Ernst Wolfgang Orth. Hamburg: Meiner 2013, S. 127–161) und „Oberflächen und

Tiefen der Philosophie. Wittgenstein über Skeptizismus und Alltagssprache“ (in: *Oben und Unten. Oberflächen und Tiefen*, hrsg. von Kurt Röttgers und Monika Schmitz-Emans, Essen: Die Blaue Eule 2013, S. 141–151).

Sebastian Thede studierte Neuere deutsche Literatur, Neuere Geschichte und Philosophie an der Freien Universität Berlin. Er ist seit 2011 Mitglied des Promotionsstudiengangs Literaturwissenschaft der Ludwig-Maximilians-Universität München. 2013 besuchte er als Visiting Scholar die New York University. Seine Dissertation beschäftigt sich mit Narration, Zufall und Glücksspiel in der Literatur des 19. und frühen 20. Jahrhunderts.

Sonja Veelen ist Diplom-Soziologin und Wissenschaftliche Mitarbeiterin an der Philipps-Universität Marburg, wo sie zwischen 2001 und 2007 Soziologie, Psychologie und Medienwissenschaften studiert hat. Seit 2007 beschäftigt sie sich in ihrer wissenschaftlichen Arbeit mit dem Hochstapeln. 2012 erschien ihr Buch *Hochstapler: Wie sie uns täuschen. Eine soziologische Analyse der Hochstapelei* im Tectum Verlag. Aktuell promoviert sie zur Frage der Personalauswahl im Hinblick auf hochstaplerisches Bewerbungs*faking*.

Markus Wierschem studierte Anglistisch-Amerikanistische Literatur- und Kulturwissenschaft sowie Germanistik, Medienwissenschaft und Philosophie an der Universität Paderborn und am St. Olaf College in Northfield, Minnesota. Er unterrichtet Amerikanistik in Paderborn und promoviert zur thematischen Trias von Gewalt, Mythos und Entropie im Romanwerk des amerikanischen Gegenwartsautors Cormac McCarthy. Neben Publikationen zu McCarthy und Peter Ustinov schreibt er auch Musikrezensionen sowie Gedichte und Kurzgeschichten.

Robert Wirth hat Psychologie an der Universität Würzburg studiert und promoviert dort gegenwärtig über Verhaltenskorrelate bewusster Regelverstöße. Dabei versucht er, das klassische Methodenarsenal der Experimentellen Psychologie um neue Technologien zu erweitern, um etwa die Trajektorie von Fingerbewegungen über Tablet-Computer und Smartphones empirisch zu erfassen.